女装と日本人

三橋順子

講談社現代新書

1960

はじめに

夏のある日、私は共同研究員をつとめている国際日本文化研究センターの研究会に出席するため、京都に出張しました。お昼時、祇園の外れにある定宿を出て、夏の花を織り出した深い藍色の夏大島に、大輪の百合を刺繡した薄鼠色の夏帯を角出しに結んだ出で立ちで、白い日傘をさして、河原町の駅に向かいます。

真夏の京都の暑さはきびしく、少しでも涼を感じようと白川沿いの道に入ると、やがて流れの向こう岸に「白梅《しらうめ》」という小さな割烹旅館の看板が目にとまります。大学受験の時に亡き母とともに泊まったお宿です。でも、あの時、私はたしかに少年でした。それを思うと、なんだかずいぶん遠くまで歩いてきたような気がします。

男性として生まれ育った私が、女装の技術を本格的に習得し始めたのは、一九九〇年のことでした。そして、一九九五年の夏頃から、新宿女装世界の老舗である歌舞伎町区役所通りの女装スナック「ジュネ」のお手伝いホステスとして毎週一～二日の夜を過ごすようになります。男と「女」、お酒と歌とおしゃべりに彩られた夜の新宿で過ごした六年余りは、世の中で「女」として生きること、少し難しい言い方をすれば、「女」としての社会的関係性を作ることが念願だった私にとって、貴重な自己実現の場でした。

たしか一九九八年頃だったと思います。どういう話の流れだったか忘れましたが、先輩ホステスの中山麻衣子さんに、こんなことを言われました。

「誰かが私たちとこの世界（女装者と女装の世界）のことをちゃんと記録して残さなかったら、私たちはいなかったことになっちゃう。それができるのは、歴史学をきちんと勉強した順ちゃん、あなたしかいないのよ」

私のような世間一般の人とは違う生き方をしている者にとって、同じ道を歩いた先達の姿はつねに意識されるものです。また、自分が身を置いている、この小さなコミュニティの成り立ちも気になり、ママや古手のお客さんからよく昔話を聞いていました。麻衣子さんの言葉がひとつのきっかけになって、私は、女装の世界のこと、この世界に生きた女装の先輩たちのことを、記録し、調査分析して、叙述することが自分の使命なのだと思うようになりました。

その後、ネオンきらめく世界からお日様の下に出る努力を自分なりに重ね、昼間の世界で出会った大勢の方々に導かれて、「女」としての私をなんとか社会的な存在にすることができました。現在ではほとんどの社会的活動を三橋順子（筆名）という女性人格で行っています。

今の私は、性（ジェンダー／セクシュアリティ）についての歴史、とりわけ性別越境（トランスジェンダー）の社会・文化史研究者として、いくつかの研究機関や研究会に所属し、大学の教壇に立って講義したり、時には外国の学会に招かれてスピーチをしたりしています。二〇〇五年度には、お茶の水女子大学で、日本では初めて開設された「トランスジェンダー論」の講座を担当しました。

最近ではホームグラウンドだった新宿のネオン街ともすっかりご無沙汰で、調査、資料収集、分析、論文執筆、著述という地道な研究活動に明け暮れています。数少ない息抜きは、唯一の趣味である着物を通じて仲良くなった女友達とのお出掛けと、女装仲間との年に一度の旅行くらいでしょうか。

ここまで読まれた方の中には、「ああ、最近よく耳にする性同一性障害の人の本か」と思う方も多いと思います。最初に誤解がないように言っておきますと、私は「性同一性障害」という立場を取りません。私の自己規定は、単なる男性から女性への性別越境者（トランスジェンダー）です。なぜそうなのかは、本書をお仕舞いまで読んでいただけたら、理解していただけると思います。

この本は、そんな女装の実践者・研究者である私の視点から、過去と現在における女装と日本人との関わりを述べたものです。いわば、女装の日本史、性別越境の日本文化論です。

と、大上段に振りかぶったものの、女装、性別越境というマイナーな事象を、すこぶる怪しい研究者である私が論じるのですから、お堅い内容になるはずがありません。どうかお気軽に手に取り、楽しみながら読んでいただければと思います。

目次

序章　日本人は女装好き？

ニューハーフ・ショーの盛況

手元に「はとバス」ツアーのパンフレットがあります。「はとバス」は東京を拠点とする定期観光バスで、たくさんのコースが掲載されています。ページをめくっていくと「ニューハーフ・ショー&グルメナイト」という大活字が目に飛び込んできます。見開きページのトップには、ピンクの羽飾りをつけた妖艶なニューハーフダンサーが並ぶ写真がレイアウトされ、パンフレット全体の中での扱いも大きく、すごく目立ちます。売れ筋のコースであることがうかがえます（図序―1）。

二〇〇五年冬期のパンフレットで数えてみると、ニューハーフ・ショーを見せるお店（五店）とレストランとの組み合わせを変えて七コースが用意されていました。たしか一〇年ほど前は、夜の東京観光コースの中に、女性ダンサーのショーと並ぶ形で数コースがあっただけなのに、ずいぶん増殖しています。女性ダンサーがメインのナイトショーは、フラメンコショーを組み込んだコースが別ページにひとつ載っているだけで、完全にニューハーフが女性を圧倒してしまった形です。

少し前のことになりますが、一九九九年一二月、友人たちと「はとバス」の「ニューハーフと和牛食べ放題」というコースに乗りました。東京駅前を出発して、湾岸の夜景を眺めながら走行し、品川のお肉食べ放題のしゃぶしゃぶ屋で夕ご飯を食べ、新宿歌舞伎町区役所通りのニューハーフ・ショーパブ「アルカザール」でショーを見るというコースでした。同乗メンバーは、ＯＬ風の三人組、おばさまの四人連れ、東京見物の熟年夫婦二組、町内会の小旅行のグループといった具合で、年齢層は二〇〜六〇歳代と幅広く、私たち以外は、いたって普通の人たちでした。

図序－１　「はとバス」のパンフレット（2005年10月〜2006年3月期）

　ニューハーフの華やかなダンスショーと軽妙なトークは、十分に見ごたえがあり楽しめました（ニューハーフは「食べ放題」ではありませんでしたが）。たしか料金は八〇〇〇円ほどだったと思います。バス代・食事代・ショー入場料込みですから、東京の一夜を楽しむには手軽なお値段でしょう。ちなみに「アルカザール」は、現在でもパンフレットのトップを飾り、浅草の牛鍋の老舗「米久《よねきゅう》」や「ホテル・ニューオータニ」の中華バイキングなどと組み合わせた三コースが組まれている人気店です。

このように現代日本では、ニューハーフ、つまり、女装した男性、あるいは身体を女性化した男性であることをセールスポイントとする人たちのショーを、誰でも（一八歳未満は駄目）手軽に観賞することができ、実際に多くの人が楽しんでいます。その観客のほとんどは、ニューハーフという存在にちょっと興味はあるにしろ、特別な性的な嗜好をもっているわけではなく、気楽な娯楽を求めるごく一般の老若男女です（女性の方が多いような気がしますが）。そして、そうした現象が存在することに、ほとんどの日本人は、それほど奇異な感じを抱いていないように思います。

しかし、こうした現象は、世界的に見ると、かなり特異なことのようです。少なくとも欧米諸国においては。あるアメリカ人の男性研究者は「欧米の大都市にもそういう（女装した男性がショーを見せるような）場所はありますが、それは特別な（性的指向の）人たち（男性同性愛者）の場で、かなりアンダーグラウンドで、ポピュラーな場所ではありませんん」と教えてくれました。その上で「日本でこれほど（女装した男性のショーが）ポピュラーなのは歌舞伎の（女形の）影響ですか？」と質問されました。

歌舞伎の女形とニューハーフが、どうつながるかはしばらく措《お》くとして、外国人からすると、やはりかなり奇異な現象のようです。日本と似た状況があるとすれば、東南アジア、とりわけタイ、フィリピンなどの国でしょうが、それでも日本ほどはポピュラーではないと思いますし、そうした国のショーの成り立ちには日本からの文化的影響（日本人観光客の嗜好、現地のダンサーの日本への出稼ぎ）も考慮すべきでしょう。

どうやら「はとバス」のニューハーフショーコースの盛況は、日本人の特異な嗜好の表れという気がしてきます。

図序－２　お座敷列車での即席ショー。左端でマイクを持って歌っているのが筆者（1997年）

「ニューハーフと一緒」が楽しい

一九九七年七月、私が主宰する新宿のアマチュア女装者の親睦団体「クラブ・フェイクレディ」の仲間とＪＲ東日本「山形　さくらんぼ　お座敷列車の旅」に参加しました。天童温泉での宴会のカラオケ大会で美川憲一の「さそり座の女」を歌って大喝采を受けた私は、同行の人たちから「○号車だから、明日、遊びに来てね」という誘いを数多く受け、翌日の帰路、それに応えて各号車を巡ることになりました。

まず数人の仲間が前座として乗り込み、しゃべったり歌ったりして場を盛り上げたところに、私が登場して二曲ほど歌い、その横で仲間が怪しげなダンスを踊るというショーもどきでした。それでも千円札を握らせてくれるおばさん、「桃色吐息」を歌っている私の胸の谷間に割り箸に挟んだ一万円札を差してくれるおじさんもいました（図序―2）。

終着の大宮駅が近づいた頃、ＪＲ東日本の責任者の方が、私たちの席を訪ねてきて、こんな提案をしました。「ありがとうございました。お陰さまで大いに盛り上がり、皆さん、とても喜んでおられます。そこでご相談なのですが、次回の企画の時にもぜひご乗車いただけないでしょうか。全員とはいきませんが、数名様分は割り引かせていただきますので」。どうもお座敷列車の乗客の中に、私たちをＪＲの「仕込み」と思った人がいて、「楽しかったわ。次もあの人たち呼んでね」と担当者に伝えたようなのです。

私の歌のレベルは、素人にしてはまあ上手かなという程度ですから、私たちが一般の男性、あるいは女性の集団だったら、こんな「ご相談」はなかったでしょう。女装（性別越境）という要素が加わったからこそ、こうした評価になったのだと思います。

同乗の人たちに「次回もぜひ」と言うほど楽しんでもらえたのは、とてもうれしいことでしたが、私たちはプロではないし、仕事にしてしまったら旅行を楽しめないので、この話は丁重に辞退させていただきました。

実は、先ほど触れた「はとバス」の「ニューハーフと和牛食べ放題」のコースも、女装仲間のグループでの参加でした。東京駅を出発する時、他の乗客に「わ〜っ！　最初からニューハーフさんが乗っている」と喜ばれました。しばらくして、「はとバス」のパンフレットを見たら、いつの間にか本物のニューハーフが同乗するスペシャルコースができていて、びっくりしました。まさか私たちが乗ったのがきっかけではないと思いますが。

手元にあるパンフレットにも、美形のニューハーフ嬢がほほえんでいる写真が添えられた「ニューハーフがご案内　魅惑の？X'mas」という限定スペシャルツアーが載っています。「？」がちょっと気になりますし、なんでクリスマスにニューハーフなのかよくわからないのですが、こんな企画が成り立つのも日本だからこそでしょう。

つまり、これらの私の経験は、「ニューハーフと一緒」というのを喜ぶ日本人はかなりたくさんいて、集客の際のセールスポイントになることを示しています。やっぱり、日本人は女装している人が好きなのでは、と思えてきます。

日本はパラダイス!?

私は女姿で世の中に出るようになって一五年ほどになりますが、ホームグラウンドだった夜の新宿の街でも、昼間の仕事の関係でも、女装の人であるという理由で、あからさまに侮辱されたり、拒絶されたり、危険な目にあったりしたことは数えるほどしかありません（あからさまでない差別はたくさんありますが）。

それは、東京という大都市を離れても同じです。毎年一度、女装仲間と九州から北海道まで全国あちこちを旅行して、相当な田舎に行ったこともありますが、地元の人に珍しがられたり、見知らぬ人に「いっしょに写真を」と言われたり、歓迎されることはあっても、不愉快な目にあった経験はありません。世の中には私たちのような性別越境者に強い拒絶感をもつ人もたぶん全人口の五％ぐらいは確実にいますが、そういう人は近くに寄ってこないので、ほとんどトラブルにはならないのです。

そんな体験から、少なくとも個人レベルでは、女装している人に対する比較的寛容な意識は、日本全国、都鄙《とひ》を問わず、社会の基層に広く存在しているように思います。もちろん、女装している側がそれなりの「女」レベルであることは必要ですが。しかし、そうした状況は、世界的に見て、やはりかなり特異なことらしいのです。

そのことに気づいたのは、私が新宿歌舞伎町の女装スナック「ジュネ」のお手伝いホステスをしていたころでした。ある夜、珍しく外国人の女装者が来店しました。大柄で一目で女装者とわかってしまう体格のアメリカ人の「彼女」は、「夜の街を安全に歩ける。レストランに入っても追い出されない。ちゃんと応対してくれる。なんてすばらしい！　日本は、トランスジェンダーにとってパラダイスだ」と感激していました。

アメリカでは、大都市でも女装者が安全に歩けるエリアはかなり狭く、まして保守的な地方では身の安全すらおぼつかないといいます。実際、トランスジェンダーや同性愛者が、そうであるという理由だけで殺傷されるヘイトクライム（Hate Crime）は、さして珍しいことではありません。男装者であることが露見し、レイプされ殺されてしまう男装の女性を主人公にした映画『ボーイズ・ドント・クライ』（アメリカ、一九九九年）は、一九九三年にネブラスカ州で起こったほとんど実話なのです。

また、韓国から来日した女装者は、なかなかの容姿レベルの人でしたが、ソウルの繁華街明《ミョンドン》洞を歩いていたら、いきなり見知らぬ男性に後ろから頭を殴られ、道端で「この不孝者め！　男のくせに女の格好などして、親や先祖に対して恥ずかしくないのか！」と説教され、集まった野次馬も「そうだ、そうだ」と唱和するという辛い体験を語ってくれました。その後で「日本はいいですね。安心して街を歩けるし、こういう仲間が集まれる店もあるし、ほんとうにパラダイスですよ」としみじみ語っていました。

外国から来日した女装者が異口同音に「日本は、パラダイス」と語るのが、とても印象的でした。いずれも一九九〇年代末の話ですから、現在ではそれぞれの国の状況は幾分なりとも改善されているかもしれません。しかし日本が、女装している人に対して、世界でたぶん二番目に寛容な国であることは、今でも変わりないと思います（一番、寛容なのは、たぶんタイ）。

「女装好きの日本人」の原点を探して

これまで述べたことをまとめるならば、つぎのようになるでしょう。

① 日本人は、性別越境の芸能に強い嗜好があること。
② 異性装者に対して、少なくとも個人レベルでは、比較的寛容な意識を持っていること。
③ そうした文化や意識は世界の中でかなり特異であること。
④ そしてそのことにほとんどの日本人が気づいていないこと。

④に関して言えば、本書の書名である「女装と日本人」のようなテーマの本が、今までまったくなかったことが何よりの証拠でしょう。①〜③が現象として存在しても、意識されなければ論じられないからです。そのことに気がついたのは、私が男性から女性への性別越境者だからこそだと思います。

この本では、女装の実践者であり、女装の社会・文化史の研究者である私の視点から、

「女装好きの日本人」の原点を探ってみようと思います。具体的には、古代から現代までの日本における女装文化の在り様を歴史的に明らかにし、日本人の女装に対する嗜好と性別認識の特性を考えてみます。そのことは、必ずや、日本文化の特質のひとつに通じていると思うからです。

本書は、大きく二部構成になっています。第一部は歴史編（第1章から第4章）。長い日本の歴史の中に女装者の姿を探してみようと思います。時空を越えた女装をめぐる歴史ツアーです。神話時代から昭和戦後期まで、二〇〇〇年の女装の歴史を一気にたどります。女装という行為、女装する人の存在が、日本文化の中に深く根差すものであることが見えてくるでしょう。

第二部は現代編（第5章以降）。現代日本における数少ない「知られざる世界」である東京新宿の女装者のコミュニティをご案内します。一人ではなかなか行けない「秘境」探訪ツアーです。そこでは日本人の性別認識を考えるヒントがいろいろ観察できるはずです。続いて、社会の中を生きる現役の女装者である案内人（私）の多彩な自己体験を語ってみようと思います。現代の日本人が女装者という存在にどんな反応をするのか、そこから日本社会における性別越境者の在り様を考えてみます。

なお、本書の書名は、本来なら女装と男装とを合わせた「異性装と日本人」、あるいは

「トランスジェンダーの日本文化史」とでもすべきでしょう。しかし、女装者である私の経歴と関心、さらには資料的な制約と研究者としての私の力不足から、どうしても女装の比重が高くなってしまうので、敢えて「女装と日本人」としました。その点、男装に興味がある方には、たいへん申し訳なく思います。

本書に出てくる用語の意味

本論に入る前に、簡単に用語の意味を解説しておきましょう。

すでに何度も登場している「女装」ですが、実はなかなかやっかいな言葉です。そもそも「女装」とは、単に「女性の服飾（身につけるもの、ファッション）」を指す言葉でした。岩瀬涼山『歴世女装考』、吉川観方《かんぽう》『日本女装史』などはそうした用法です。ところが、明治の中頃から「男性が女性の服飾を身にまとう」という意味が派生して、次第にそちらの用法が主流になりました。詳しくは、井上章一＆関西性欲研究会『性の用語集』（講談社現代新書、二〇〇四年）で述べましたので参照していただけるとうれしいです。

ということで、本書では「女装」とは「身体的な男性が女性の服飾（衣服・装飾品・髪形・化粧）を総体的に身にまとうこと」と定義しておきます。わざわざ「総体的に」としたのは、忘年会の余興で髭面《ひげづら》の男性がスカートだけをはくようなのはとりあえず論外ということです。

「女装者」という言葉はさらに新しい言葉で、一九六〇年代に「女装を商売にするプロフェッショナルではないアマチュアの女装をする男性」という意味で用いられるようになりました。そうした言葉の含意や歴史を踏まえると、「女装者」という言葉を、過去に遡及させて使うことには大いにためらいがあるのですが、他に適当な用語がないので、「女装者」を単に「女装した男性」の意味で使うことにします。また、本書では、「女」という表記も「女装した男性」を意味します。

その裏返しで「男装」は「身体的な女性が男性の服飾を総体的に身にまとうこと」、「男装者」もしくは「男」は「男装した女性」の意味になります。

女装と男装を合わせて言う場合は「異性装」という言葉を使います。意味は「身体とは逆の性別の服飾を総体的に身にまとうこと」となります。

また、見かけの服飾だけでなく、しぐさや言葉使い、社会における役割までも、身体とは逆の性別のそれを行うような場合は、「性別越境」（トランスジェンダー Transgender）という概念を用います。この場合、男性から女性へ（Male to Female）の転換をMｔF、女性から男性へ（Female to Male）の転換をFｔMと称します。

さて、前置きが長くなってしまい、ずいぶんお待たせしてしまいました。それでは、まず、女装をテーマにした時空を越える歴史ツアーに皆さんをご案内しましょう。しかも、出発地点から女装者が添乗する「魅惑の?」スペシャルコースです。きっとご満足いただけるものと思います。

本日は、フェイクレディ・ツアーズの「時空を越えて 日本女装史の旅」にご参加いただき、まことにありがとうございます。ご旅行中は、時空の裂け目に落ち込まないよう、足元にはくれぐれもご注意くださいま〜せ。

第1章　古代〜中世社会の女装

1　女装の建国英雄ヤマトタケル——日本神話の女装観

ここは、九州、現代の地名では熊本県あたりでしょうか。下に見えるのが、この地の豪族、熊曾建《くまそたける》兄弟の館です。今日は館の新築祝いの宴会が開かれるとかで、配下の人たちが忙しそうに立ち働いています。

館の裏木戸の近くの木陰に注目してください。少年が一人なにやら身ごしらえをしていますね。みずらに結っていた髪をほどいて垂らし、袋から女性の衣装を出して身につけて、ちょいちょいとお化粧をすれば、たちまち少女に変身。宴席に奉仕する女性たちの中に交じって館の内に入っていきます。私たちも中の様子を見にいきましょう。

館の大広間では宴会の真っ最中。正面の座に並んで座った熊曾建兄弟が、給仕の娘の一人を手招きしています。あっ、さっきの女装の少年です。一見したところ、鄙《ひな》には稀な気品のある美少女ですから目をつけられるのも当然かも。よほど気に入られたのでしょうか、兄弟の間に座らされました。「お〜、よちよち、怖がらなくてもいいぞ。お前、かわいいな、名はなんと言う？」なんて言われているみたいです。お酌をさせられながら、抱き寄せられ、身体をいじられています。まったくいつの世でもスケベなオジさんのすることは同じですね。

宴もたけなわとなり、だいぶ座も乱れてきました。兄の方が立ち上がり、少女を帳《とばり》（寝名）のある部屋に連れていきます。これから「お楽しみ」のようです。あんなに酔っていて大丈夫なのでしょうか。

二人が隣室に消えてしばらく、「うぉ〰〰っ！」という兄の叫びが聞こえました。ほとんど同時に、剣をたずさえ衣を返り血に染めた女装の少年が飛び出してきました。そして、逃げ出した弟の背中を敏捷な動きで捉えると、ためらうことなく剣を振るいました。

女装をしたヤマトタケル

日本神話に語られる建国の英雄ヤマトタケルの物語は、『古事記』と『日本書紀』とでは細部が異なっているものの、ヤマトタケルの女装が西国の熊曾《くまそ》（熊襲）征討で重要なモチーフになっている点に変わりはありません。まず『古事記』によって、物語の筋をたどってみましょう。

景行天皇の皇子である小碓命《おうすのみこと》は、父に疎まれて九州の豪族、熊曾建《たける》兄弟の討伐を命じられます。討伐といっても将軍として軍隊を引き連れて行くわけではなく、ほとんど単身で乗り込むわけですから、刺客《しかく》（暗殺者）という感じに近いでしょう。

小碓命は、ヤマトを旅立つ前に叔母の倭比売命《やまとひめのみこと》のもとに立ち寄り、彼女の衣装一式をたまわり、剣を懐にして出発します。熊曾建の館の新築祝いの宴会が開かれる日をねらって、小碓命は結っていた鬟《みずら》（男性の髪形）を解いて梳《くしけず》り、女性の髪形である垂れ髪にし、叔母の衣装を身につけて少女の姿になります。原文には「童女《おとめ》の髪の如《ごと》その結はせる御髪を梳《けず》り垂れ、その姨《おば》の御衣《みそ》御裳《みも》を服《け》して、既に童女の姿に成りて」とあります。今風に言えば上から下までの「完全女装」です。

そして、宴会に奉仕する女性たちの中に交じって館に入りこみます。熊曾建兄弟は小碓命が女装した少女に目を止め、兄弟二人の間に座らせて大いに宴席を楽しみます。宴たけなわの頃、小碓命は懐から剣を抜き、まず兄の襟を捉えて胸を刺して殺し、さらに逃げ出した弟を追って背中を捉えて剣を尻から刺し通します。

瀕死の弟は「あなたはどなたか？」と問います。「熊曾建兄弟の討伐のために遣わされた大倭《やまと》の皇子（倭男具那王《やまとをぐなのみこ》）である」との答えを聞いて、「西国には自分たち兄弟より強い人はいない。ところが大倭に自分たちより強い人がいた。だから自分たちの建《たける》の名前を献上するので、以後は倭建御子《やまとたけるのみこ》と名乗るように」と言い残した後に息絶えます。

少女の姿でほとんど瞬時に屈強な男二人を屠《ほふ》った見事な刺客ぶり。これが日本神話におけるヤマトタケルの衝撃的なデビューです。ヤマトタケルは、以後、知略と武勇に富み美しく凛々しい青年英雄としてイメージされていきます。そこには、男性が女装することを卑しむマイナスの価値観はまったく見られません。

それでは、ヤマトタケルはなぜ女装をしたのでしょうか？ 一般には、少女の姿になることで相手に接近しやすくなり、敵を油断させる作戦と考えられています。でも、それだけでしょうか。彼の女装は現地での思いつきではなく、出発前に、叔母の倭比売命の「御衣・御裳」を借りるという計画的なものでした。もしかすると、化粧の仕方なども叔母さんに教えてもらったのかもしれません。

すぐれた巫女《みこ》であった倭比売命の衣装を身につけることについては、彼女のもつ霊的な力を仮に授かるためとする本居宣長の『古事記伝』以来の有力な説があります。しかし、それならば鏡とか勾玉《まがたま》とか、もっと持ち運びしやすい霊的な象徴を授かればよいのであって、衣装一式をたまわって完全女装する必然性はないでしょう。やはり、女装することそのものに、何か意味があったのではないでしょうか。

私は、日本神話を語った七、八世紀のヤマトの人たちは、男性が女装することによって男でもあり女でもある、一種の人間を超越した存在となり、通常の男性がなし得ないような特異なパワーを身につけることができると考えたのではないかと思っています。その根拠については、ここでは述べず、これからおいおい語っていくことにします。

尻には尻を

さて、『日本書紀』のヤマトタケルの熊襲《くまそ》征討の物語も少しのぞいてみましょう。川上《かわかみ》梟帥《のたける》が宴席で少女の姿のヤマトタケルの容姿を気に入るシーンに、とても興味深い記述があります。「その童女の容姿《かおよき》に感《め》でて、則ち手を携へて席を同《とも》にして、坏を挙げて飲ましめつつ戯れ弄る《まさぐ》」と記されているのです。「弄る《まさぐ》」とは、いじる、もてあそぶの意味ですから、常識的に考えれば、ヤマトタケルの身体をまさぐった時点で、それが少女ではなく女装した少年であることに気がついたはずです。しかし、川上梟帥はそのままヤマトタケルである少女を傍らに置き、夜が更けるまで宴会を続けました。

川上梟帥にとっては、相手が少女でも、女装の少年でも、どちらでもよかったのではないでしょうか。そんなことを言うと、「少女と女装の少年とでは大違いだ」「少年でもOKというのなら、川上梟帥は同性愛者か」と思う人も多いでしょう。しかし、それは現代人の感覚です。これもこれからいろいろ述べていくことですが、前近代社会では、少女と女装の少年とは、性的にかなり近似した存在だったようなのです。ヤマトタケルの伝承には、そうした前近代社会における少女と女装の少年の互換性が読み取れます。

また、ヤマトタケルが弟を殺すとき、「剣を尻より刺し通し」（『古事記』）たことも、とても暗示的です。人を殺す時に、わざわざ尻（具体的には肛門）を刺す殺人者はほとんどいません。そこにはやはり意味があるわけで、それは小碓命が兄にされかかった（されてしまった？）性的行為（肛門性交＝アナルセックス）の仕返しという意味がこめられているように思います（畠山、一九九四）。古代メソポタミアのハムラビ王の法典に「目には目を、歯には歯を」という言葉があるように、古い慣習法では報復は同じ行為でするのが原則でした。だからこの場合は「尻には尻を」だったのではないかと推測できるのです。

図1－1　加佐登神社の奉納絵馬。女装姿でクマソタケルを討つヤマトタケル（撮影：三橋）

　三重県鈴鹿市の加佐登《かさど》神社は、ヤマトタケルを祭神とする神社ですが、この神社には一九〇三年（明治三六）に奉納された立派な絵馬があります（図1―1）。そこには、髪を長く背に垂らし、緋《ひ》色《いろ》の袴を身につけた巫女のような女装姿のヤマトタケルが髭面の熊曽タケルに剣を振り下ろそうとする瞬間が、鮮やかな色彩で描かれています。もちろんまったくの想像画ですが、明治という男権的な時代になっても、建国の英雄とされる人物がこのような女装姿で民衆の間にイメージされていたということが、私にはとても興味深く感じられます。

明治三六年と言えば、日露戦争の直前です。この絵馬を奉納した人たちは、クマソタケルを難敵ロシアに見立てたのでしょうか。女装していてもヤマトタケルは、人々にとってやはり「英雄」なのです。そこには女装した男性を蔑視する視線はありません。日本神話の歴史的事実性はともかく、少なくともそれを語り読み伝えた人たちにとっては、女装は決して忌避すべき「変態」的な行為ではなかったことがわかります。

ところで、二〇〇五年七月、タイのバンコクで開催された国際学会で、日本のトランスジェンダー事情についてスピーチする機会がありました。その中で、日本は「建国神話に女装の英雄が登場する国」であることを述べたところ、アメリカの研究者（たぶんゲイ）に「性的マイノリティが英雄だなんて、すばらしい話だ」と言われました。それはちょっと文脈が違うというか、買いかぶりなのですが、そこに性別越境に比較的寛容な日本社会の特異性の原点が見られるというのも、あながち誇張ではないと思っています。

現代人にとって日本神話の世界は必ずしも近しいものではなくなっています。しかし、前近代社会の人にとって、いつの時代にも女装のヤマトタケルの物語は、身近な英雄譚のひとつでした。そこには、日本人の女装に対する原イメージがあるように思うのです。

2 双性の巫人──弥生時代の女装のシャーマン

女装のシャーマン

九州の南には大隅、トカラ、奄美、沖縄、先島《さきしま》などの島々が弧状に連なっています。いわゆる南西諸島です。その最も北、大隅半島の南に浮かぶ細長い島が種子島です。その東海岸に貝製装飾品が多数出土したことで知られる広田遺跡（鹿児島県南種子町）があります。遺跡の年代は、弥生時代末期、今から一六〇〇〜一七〇〇年前頃と推測されています。

この遺跡から出土する人骨は、二つのパターンに分けられます。一つは、埋葬後、遺骸が骨化した後に掘り出して骨をまとめて再埋葬したもの（集骨再葬墓）。このような再葬という埋葬方法は、現在でも南西諸島の各地に見られ、この遺跡でも一般的な葬制だったようです。

もう一つは、埋葬後、再葬の手続きがされずにそのままにされたもの（非再葬墓）。こちらは数も少なく、この遺跡では特別な葬制のようです。そして非再葬墓の人骨は、饕餮文《とうてつもん》貝札や竜形の貝製ペンダントなどの装身具をたくさん身につけていました。生前の姿は、やや過剰装飾的なきらびやかなものだったでしょう。骨の形態からほとんどが女性で、祭祀的な行為に携わった女性シャーマン（女巫《じょふ》）だったと推定されています。

奄美・琉球の社会は、近現代まで女性巫人《ふじん》（ユタ、ノロ）が活躍する世界でした。しかも琉球のノロは、一般人が洗骨再葬されるのに対して再葬の対象になりませんでした。死後もその霊力が怖れられたからだと考えられています。広田遺跡の非再葬人骨は、そうした南西諸島の女性巫人の起源に相当すると思われます。

ところで、非再葬人骨の中にただ一つ、やや華奢《きゃしゃ》ではあるものの明らかに男性の骨格をもつ遺体が含まれていました。この男性は、他の男性人骨がすべて集骨再葬の対象になっているにもかかわらず、女性巫人と同様の非再葬で、板状の珊瑚石を箱状に組み合わせた中に丁寧に屈葬されていました。しかも、女性巫人を上回るほどの豊富な饕餮文貝札や竜形の貝製ペンダントを身にまとい、ゴホウラ貝製の腕輪を装着し、さらに額には幅広な鉢巻状の装身具（ヘアバンド？）を長期にわたって締めていた痕跡（骨の変形）がありました（図1―2）。

環東シナ海考古学の権威だった国分直一氏は、この人物を身体的には男性でありながら、女性巫人と同様な身なりで、祭祀的な行為に携わった女装のシャーマン「双性の巫人」であると推測しました（国分、一九七〇、一九七六。金関、一九七五）。身につけていたおびただしい装飾品は、この「双性の巫人」が女性巫人をしのぐ強力な霊的パワーをもつ、権威ある女装のシャーマンだったことを想像させます。

男と女の性を重ねた存在

南西諸島では「双性の巫人」の類例がいくつか報告されています。たとえば、江戸時代

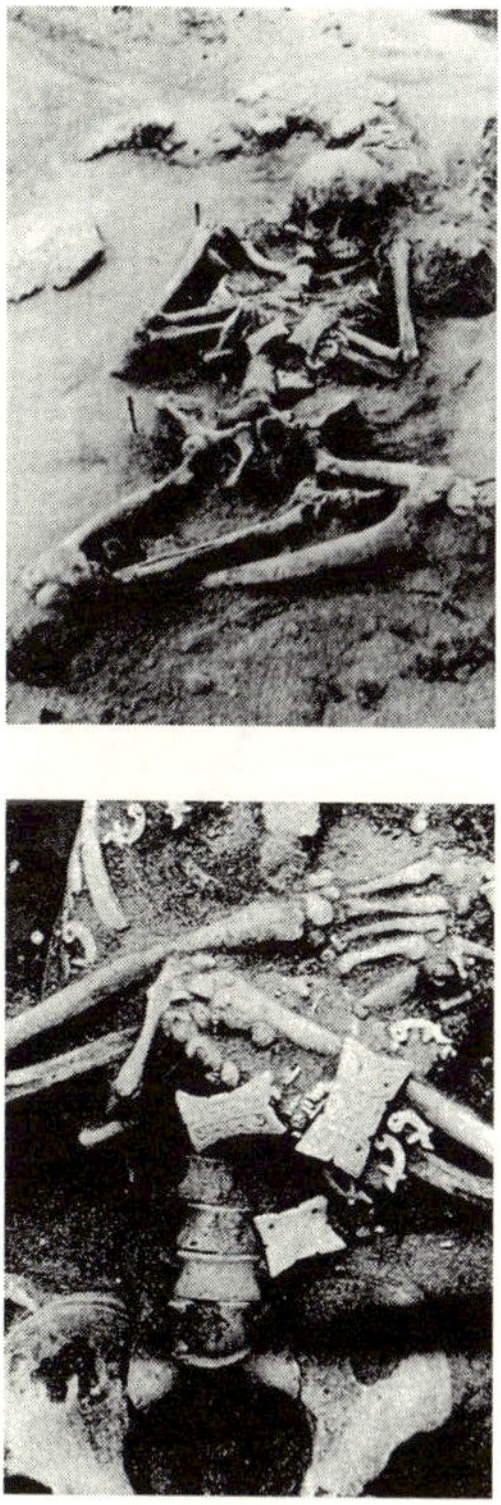

図1－2　「双性の巫人」の出土状況（上下とも国分、1975）

の一六〇五年（慶長一〇）に、琉球のある男性の容貌が変じて女性に変身したので、神祠《しんし》の役人としたことが記録されています。現代医学的な解釈をすれば、この人は、もともと男女の身体的特性を合わせ持った半陰陽者（インターセックス）だったと推測できます。成長するにしたがって女性的な形質が強くなったのでしょう。興味深いのは、そうした双性的な在り様を示した人をわざわざ祭祀的な職に就けたということです。それは、当時の琉球の人たちが、そういう人に何らかの「神性」を感じていたからだと思われます。

　現代に近い例としては、一九六〇年代の奄美大島の名瀬市に、しゃべり方や歩き方が女性のような男ユタがいたことが報告されています（国分、一九七六）。この男ユタは、当時は白衣に白袴の男装でしたが、若いころには、髪も長く伸ばし化粧をして緋色の袴をつけた女装のユタでした。こちらは性別越境者（トランスジェンダー）が祭祀的な役割をしていた例になります。

　おもしろいのは、この男ユタが、女性的であることの理由を女性ユタの霊力を受け継いだからだと説明し、さらに女→男→女→男といった具合に男女交互に受け継ぐことによって霊力が強くなると語っていることです。男性が女性の霊を受け継ぐことだけでなく、女性が男性の霊を受け継ぐことも、強い霊力につながるのです。つまり、時系列的には女→男→女→男という継承のように、単時的には男の身体で女の装い（女装）、女の身体で男の装い（男装）のように、男と女の性を重ねることが重視されたと考えられます。

また、同じころトカラ列島の悪石島《あくせきじま》（鹿児島県十島村）にも女装のユタが、なんと三人もいたことが報告されています。女装のユタたちは「おとこおんな」と呼ばれ、歩き方や座り方などのしぐさは女性的で、外出の時には化粧をします。また男性は漁労に従事し女性が農耕を行う伝統がある社会であるにもかかわらず、「おとこおんな」たちは農業に従事していました。性別表現（ジェンダー・パターン）や性役割（ジェンダー・ロール）が女性であるだけでなく、男性に対して愛情を覚え「女以上に（相手の男性を）喜ばせることができる」と公言していたように、セクシュアリティも女性役割でした。ここでも女性化の理由づけは、「神（女神）が乗」ったためであり、島の人々には、女性の巫人（ネーシ）よりも「おとこおんな」の方が霊力が高いと怖れられていました（安田、一九七四）。

悪石島の人口は最盛期でも二〇〇人程度でしょう（二〇〇四年には七二人）。そんな小さな社会にも女装の祭祀者がいて、人々の信仰を集め、かつ、女性の祭祀者よりも強力なパワーをもち、人々に畏怖されていたのです。それは古代以来の南西諸島の村落の原風景を思わせます。

このように南西諸島では、弥生時代からほとんど現代まで、女装の巫人の存在が確認できます。それらはおそらく同じ文化系譜に連なるものでしょう。したがって、奄美大島や悪石島の女装ユタの論理を使えば、女性巫人に抜きん出た広田遺跡の「双性の巫人」の存在も説明することができると思います。

それは、身体的には男性でありながら社会的には女性であるという特異性、つまり、男でもあり女でもあるという、いわば性を重ねた双性的な特性が、一般の男性や女性とは異なる特異なパワーの源泉になるという考え方です。私はこの特殊なパワーを「双性力」、そして「双性力」を重視する考え方を「双性原理」と名付けようと思います。

常人と異なる性をもつために社会的に抑圧・迫害されるのではなく、常人と異なる性をもつ故に、常人とは異なることを為し得るという論理です。さらに、常人と異なるということは、人ではない存在に近いということにつながり、人ではない存在である「神」に近い性格＝「神性」をもつ者という解釈が生まれます。

前節で述べた女装することで超人的なパワーを得たヤマトタケルの物語は、まさに「双性力」が発揮された典型として理解できるのです。

根強く残る「双性原理」

女装の巫人のように、双性的な人がある種の「神性」をもち、神と人との仲介、神・祭への奉仕のような祭祀的な役割を担う例は、南西諸島だけでなく、インド社会のヒジュラ

(Hijra)、アメリカ先住民社会のベルダーシュ（Berdache）、南太平洋タヒチ島のマフ(Mahu)、あるいは朝鮮半島に近年までいた女装のシャーマン（男巫）など、世界各地に見られました。性別越境者（トランスジェンダー）や半陰陽者（インターセックス）にある種の「神性」を見る「双性原理」は、世界的な普遍性をもつものなのです。

そうした「双性原理」は、おそらく南西諸島だけでなく古代の日本にも広く存在したのではないでしょうか。『日本書紀』には、神武天皇の即位前の事として、天皇が道臣命《みちのおみのみこと》という人を、高皇産霊尊《たかみむすびのみこと》を祀る斎主として、「授くるに厳媛《いつひめ》の号《な》を以てせむ」と記されています。道臣命は、大伴氏の遠祖とされる男性です。この記事はやや舌足らずで解釈がむずかしいのですが、男性にわざわざ「厳媛」という女性名を与えたということは、やはり女性として（女装で？）祭祀を行わせたと推測できます。祭祀をするに際して、「双性力」を発揮できるよう女性名を与える、後づけ的な双性化が行われたのでしょう。

また、「双性力」を発揮できるのは、男性から女性への性別越境者だけに限りません。女性から男性への性別越境者も同様に考えることができます。男から女への越境も、女から男への越境も、性を重ねた双性的存在としては同じだからです。『日本書紀』が記す男装して朝鮮半島に出陣した神功《じんぐう》皇后の伝承は、その史実性はともかく、女性の男装による「双性力」が発揮された例と考えられます。また、古代衣服制研究の第一人者である武田佐知子さんは、邪馬台国の女王卑弥呼や奈良時代の女帝孝謙天皇が男装した可能性が高いことを指摘しています（武田、一九九八）。こうした女性権威者の男装も、双性化することで超越的パワーや「神性」が発揮されることを期待したものでしょう。

残念ながら、日本古代の文献からは確実な「双性の巫人」の事例を引き出すことができません。しかし、女装のヤマトタケルの物語、男装の神功皇后の伝承、「厳媛」のエピソードなどに、現代でも日本各地に残っている祭礼時の女装の風習を考え合わせると、双性的な人が常人と異なる力や「神性」をもつという「双性原理」が、日本の伝統文化の中に根強く存在することは、間違いないと思うのです。

ちなみに、日本各地に女性の装身具を出土する古墳があることが報告されていますが、多くの場合、副葬品が女性用なら、墓の主は女性と推定して考古学者は疑いません。しかし、すでに指摘があるように、女性人骨が出土していない限り、必ずしも断定はできないと思います。なぜなら、女装の巫人の墓が含まれている可能性があるからです（野沢a、一九七六）。私は、広田遺跡の「双性の巫人」は決して特殊な存在ではないと思っています。日本の考古学者には、国分直一氏の「双性の巫人」の論文をぜひ読み直し、女装の巫人の可能性を再検討してほしいものです。

このように、世界のすべての地域ではないにしろ、古代社会では、性別越境者や半陰陽者のような双性的な人は、単純に蔑視され迫害されるのではなく、一般の男性や女性とは異なる存在、超越する能力（霊力）をもつ存在として、ある種の怖れと敬い、畏怖と畏敬の念を持たれていたと思われます。そして、そうした「双性原理」が、常人とは異なる性をもって生まれ育った人たちに、生きる術と固有の社会的役割を与えていたのです。

3 ぢしゃ（持者）——中世社会の女装巫人

ここは、平安時代末期の一一七〇年頃、後白河法皇が院政を行っている時代、京都の郊外にある小さな神社です。境内では近在の人たちが鶏を持ち寄り、闘鶏に興じています（次頁図1−3）。鳥居をくぐった右側にある竹垣に囲まれた建物の中をご覧ください。三人の女性がいます。向かい合っている二人の内、手前の女性は市女笠《いちめがさ》を外に置いていますから遠来の人のようです。土間にいる横向きの女性はその侍女でしょうか。奥の大柄な女性がこの家の主で、鼓を打っていることから巫女と思われます。どうも、女性が何か悩み事

図1－3　『年中行事絵巻』巻4・闘鶏の場面。下はその中の巫女（?）の家を拡大したもの

を持ち込み、巫女が占いをして、その結果をもとにアドバイスをしているようです。巫女の背後に盛砂があり、前には大きな高坏《たかつき》があるので、砂占いかもしれません。わざわざ遠くから人が来るのですから、きっと評判の高い巫女なのでしょう。よく当たる占い&人生相談に女性の需要が高いのは、昔も今も変わりがありません。あれ？　よく見ると、大柄な巫女の鼻の下に髭のような黒い影が……、そう思ってみると、額立ちもどこかゴツいような……。

謎の職人・ぢしゃ

鎌倉時代から室町時代にかけて「職人歌合《うたあわせ》」というものが流行しました。当時の「職人」は、今よりずっと広い概念で、なんらかの職業的能力＝職能をもつ人、具体的には、手工業技術者だけでなく商人、宗教者、遊女などを含む概念でした。

当時、次第に社会的な比重を増してきた「職人」たちを左右に番《つが》わせ、その特徴的な姿を描いて、「月」や「恋」の詠題で歌を競わせる形に仕立てた絵巻物が「職人歌合絵巻」です。中世社会を生きた多様な民衆像を知る上でとても興味深い絵画史料なのですが、その中に「ぢしゃ（持者・地しゃ）」と呼ばれる正体が明らかでない「職人」がいます。

図1―4（次頁）は、一二六一年（弘長元）頃に成立した『鶴岡放生会《ほうじょうえ》職人歌合』の第一

一番に描かれた「持者」の姿です。網格子に赤白の椿の花を散らした華麗な小袖風の衣料をまとい、白い布で髪を包んでいます。こうした装束は、当時の女性の一般的なものでした（図1―5）。しかし、よく見ると口元に髭が描かれていて、眉の形も女性のものではありません。

絵に添えられた「持者」の詠歌を見てみましょう。

（月）「やどれ月　心のくまも　なかりけり　袖をばかさん　神の宮つこ」

（恋）「なべてには　恋の心も　かわるらん　まことはうなひ　かりはおとめご」

恋の歌で「実はうなひ（髫髪＝うなじのあたりで切り揃えた髪形）」だけど「仮は乙女

図1－4　『鶴岡放生会職人歌合』の「持者」（岩崎、1987）

図1－5　『三十二番職人歌合』の「桂女」

子」、つまり女性に仮装しているのだよ、と詠っています。このことから、「持者」が女装した男性であることは明らかです。

また、月の歌に「神の宮つこ（御奴）」とあることから、「持者」が鎌倉の鶴岡八幡宮に仕えていたと推定され、また「相人」（人相を占う人）と番えられていることからも、占いとか呪術などの宗教性をもつ「職人」ではないかと考えられています。

「持者」という言葉は、平安・鎌倉時代の古辞書類には見えませんが、なぜか明治期に編纂された『和英語林集成（第三版）』（一八八六年）には「Jisha A witch who by incantations drove away evil spirits（ジシャ 呪文によって悪霊を追い払う巫女）」と載っていて、宗教的な職業という推測を裏付けます。

図1－6　『七十一番職人歌合』の「地しゃ」（岩崎、1987）

女装の男巫の系譜

「ぢしゃ」は、室町時代中期の一五〇〇年頃に成立した『七十一番職人歌合』にも登場し、第六一番に「地しゃ」として「山伏」と番えて描かれています（図1―6）。

こちらの絵は、首から数珠《じゅず》を下げた巫女スタイルで、「山伏」と同様の民間の宗教者をイメージさせます。その姿は、垂髪も作り眉も女性そのもので、絵からは女装した男性である要素は見当たりません。

詠歌を見てみましょう。

（月）「立かへり　猶《なお》やながめむ　東路《あずまじ》の　三《みっ》のおやまの　月のたびたび」

（恋）「いかにして　けうとく人の　思ふらん　我も女の　まねかたぞかし」

恋の歌の下句で「女のまねかた（模型）」と詠っているように、『鶴岡放生会職人歌合』の「持者」と同様に「地しゃ」も女装の男性であることがわかります（岩崎、一九八七）。

ちなみに「けうとく」は「気疎し」であり、いとわしい、変だ、妙だの意です。歌意を今風にすると「どうして、キモい（うす気味悪い）と、人は思うのでしょう。私はちゃんと女の姿をしているのに」となります。なんだかとても身につまされる歌です。

また、月の歌の「東路の三のおやま」、絵にせりふのように書き込まれている言葉（画中詞）の「二所三島」は、東国の伊豆山権現、箱根山権現、三島大社を指すと考えられます。鎌倉の鶴岡八幡宮に仕えた「持者」と合わせて、「地しゃ」がこれらの東国の神の祭祀と深いつながりがある女装の巫人であることが推測されます。

『鶴岡放生会職人歌合』『七十一番職人歌合』から、中世の東国に「ぢしゃ」と呼ばれた女装の男巫が存在したことは間違いありません。平安末期の俗謡集『梁塵秘抄《りょうじんひしょう》』巻二には

「東《あずま》には　女は無きか　男巫《おとこみこ》　されぱや神の　男には憑く」という歌があり、女装であるかどうかは記されていませんが、男巫は東国の特色的な風俗と理解されていたようです（阿部a、二〇〇三）。

しかし、「ぢしゃ」は、中世東国の固有の文化なのでしょうか。私は、文化が中央から伝播する際に、古い文化は中央から離れた周縁に残存し、結果的に離れた地域の文化が類似するという、民俗学でいう「文化周圏論」を想起します。つまり、中世東国の「ぢしゃ」のような女装の男巫は、もともと弥生時代～古墳時代には全国に広く存在していたものが、時代の推移とともに、都に近い「先進地域」では女巫に圧倒されて姿を消していき、東国や南九州などの「辺境」にかろうじて残存したのではないかと思うのです。

そう考えることができるならば、南西諸島の「双性の巫人」も、東国の「ぢしゃ」も、遠く弥生時代から続く女装の男巫の系譜に連なるものということになります。女装の男性である「ぢしゃ」のような双性的な人が「神性」をもち、祭祀にかかわるという考え方、古代の「双性原理」は、衰えながらも中世社会になってもなお生きていたのです。

ところで、この節の初めに掲げた情景（図1―3）は、『年中《ねんちゅう》行事絵巻《ぎょうじえまき》』四巻（闘鶏）に描かれている内容に取材したものです。ただ残念なことに『年中行事絵巻』は原本が失われ、現在、私たちが見ることができるのは、江戸時代初期の模写本なので、確実なことが言えません。もし、この大柄な巫女の鼻の下の墨付きが「髭」の表現で、「ぢしゃ」のような女装の男巫を描いたものならば、女装の巫人に新たな資料が加わり、その系譜は、かなりつながることになります。この部分は模写本の中でも精密度が高い色彩模写の巻なので、この人物が「ぢしゃ」の同類である可能性は多分にあると思うのですが……。皆さんはどう判断されるでしょうか。

4 女装の稚児——中世寺院社会における女装の少年

少し時間を戻りましょう。ここは、一〇九三年（寛治七）三月二〇日、奈良の春日大社です（図1—7）。この日、春日大社は、時の最高権力者、院政の主、白河上皇の行幸を迎えました。今、上皇の牛車が客殿の前に到着し、公卿・殿上人、近衛の武官が垣を作って出迎えているところ

図1－7　白河上皇、春日社御幸の場面（『春日権現験記絵』巻2）

です。その後ろには春日大社と縁が深い興福寺の僧侶たちが、高貴な人物に接する時の宗徒の作法である裹頭袈裟《かとうけさ》姿で居並んでいます。鈍色《にびいろ》の僧衣の群れの前列に、朱・紅・桜・緑など色鮮やかな装束が目にとまります。頭巾からは地に届くほどの見事な黒髪が垂れています。僧侶の集団の中に女性が混じっているように見えるのですが……？

女装の稚児

平安～室町時代の人々は、一五歳までに元服、男性なら加冠、女性なら着裳《ちゃくも》の儀を行い、一人前の「大人（男）」と「女」になりました。ところが、一五歳を過ぎても元服しない人たちがいました。それは公家や寺院に仕える「童《わらわ》」と呼ばれる人たちです。「大人（男）」がその象徴として必ず冠（烏帽子《えぼし》）をかぶるのに対して、「童」は無冠で、その社会的差異は視覚的に明瞭でした。

「童」は、身体的には男性でありながら、社会的には一人前の男性、つまり「大人（男）」ではないという微妙な位置にありました。その点で、サード・ジェンダー（第三の性）的性格をもつと言えます。また、これも誤解されやすいことですが、「童」は年齢区分ではありません。その多くは一生涯「童」のままでした。したがって白髪や頭髪が薄くなった中年や初老の「童」もいました。

公家にも、牛車を操縦する牛飼童や、メッセンジャーや雑用をする小舎人童《こどねりわらわ》がいましたが、やはり活動が目立つのは僧侶の従者としての寺院の「童」です。寺院の「童」は、身分的に上から上童（児）―中童子―大童子があり、特に、上童（児）はほとんどが公家や上流武家の子弟で出身階層も高く、寺院における身分もかなり上位で、師僧の身の回りの世話を務めていました（土谷、一九九二）。

この上童（児）で僧の寵愛を受ける者が、いわゆる「稚児《ちご》」です。年齢区分のない一般の「童」と異なり、稚児だけは年齢的制約があり、おおむね一二～一六歳くらいの少年で、通常は一七～一八歳で元服して「大人（男）」になるか、髪を下ろして僧侶になるかしました。

さて、一〇九三年の春日大社の場面に戻りましょう（図1―7）。これは、鎌倉時代後期の一三〇九年（延慶二）に藤原（西園寺）公衡《きんひら》が、娘寧子《やすこ》の女院宣下と自身の左大臣任官を記念して春日大社に奉納した絵巻物『春日権現験記絵《かすがごんげんけんきえ》』の一場面です。場面は一〇九三年のできごとですが、描かれているのは、鎌倉時代後期の風俗と考えてよいでしょう。

問題の色鮮やかな装束の人物を拡大してみましょう（図1―8）。僧侶とは明らかに異なる出で立ちの者が一〇人ほど確認できます。たとえば①の人物は、桜色の花模様の装束を着ていますが、肩の丸みや裾の長さなどから上流女性の衣料（準正装～家庭着）である美麗な小袿《こうちぎ》のようです。足にはやはり女性の履物である「藺《い》げげ」を履いています。⑥の人物は、朱の小紋の小袿に藺げげ、髪は地に届く長さです。実際には髢《かもじ》（付け毛）を用いたと思われますが、見事な垂髪です。⑨の人物も、朱の格子模様の小袿、藺げげ、垂髪という姿で、当時の女性の姿（図1―9）と比較すると、ほとんど同じ装束であることがわかり

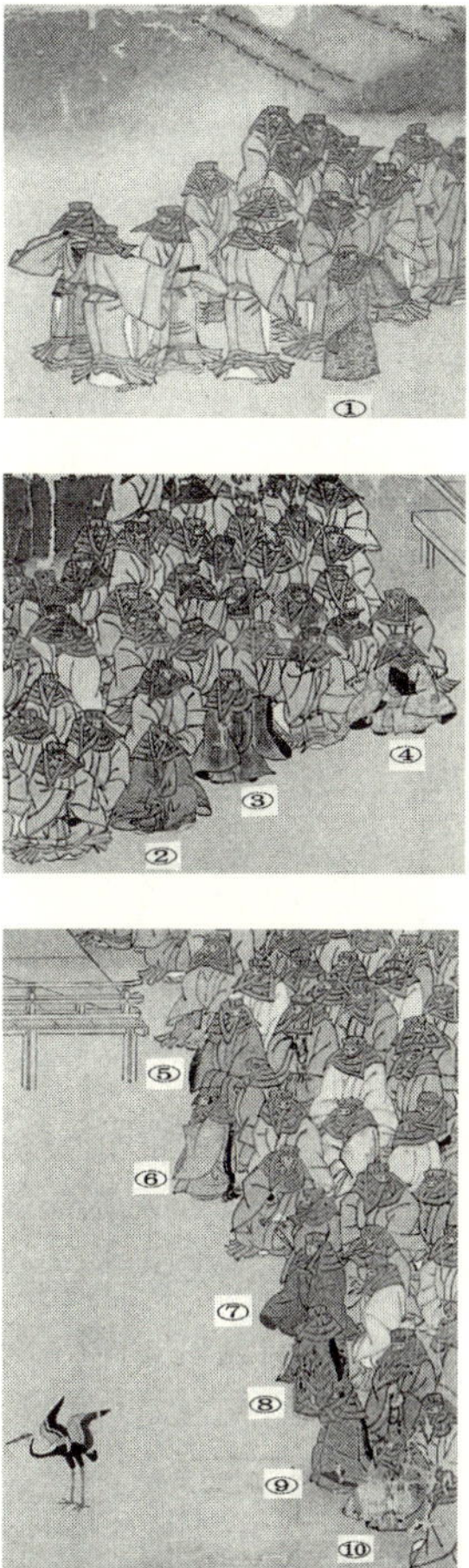

図1－8　女装の稚児たち
（『春日権現験記絵』巻2）

ます。

　では、これらの人物は女性なのでしょうか？　仏教の戒律は、僧侶と女性との関係を厳しく制限しています。したがって、僧侶が集団で居住・修行する場である寺院に女性がいること、僧侶の集団に女性が立ち混じることは戒律上ありえません。まして、上皇の行幸を迎える公式の場です。戒律破り（破戒）を疑われるようなことをするはずがありません。

図1－9　被衣、繭げげ姿の女性
（『法然上人絵伝』巻6）

　しかし、そうであるにもかかわらず、従来の見解は、見た目通りに女性とする解説がかなりあり、混乱した状況でした。それに対して詳細な絵画分析から、僧侶と行動を共にしている女性のように見える人物は、女性ではなく「稚児」であることを明確に指摘したのが、中世史家の黒田日出男氏でした（黒田、一九八六）。

　黒田氏は、これらの稚児の装束が女性と見分けがつかないほど同じであることを指摘しながらも、「女装」という言葉を慎重に避けています。しかし、私の視点からすれば、このような稚児の姿は、明らかに女装です。『春日権現験記絵』にも数多く見られるように、一般的な「童」の装束は、元服前の少年の衣料である水干《すいかん》でした（図1—10）。したがって、中世寺院社会の「童」の姿には、女装と少年装との二パターンがあったことになります。

稚児は女性の互換者

僧侶と一緒にいる女性のように見える人物、つまり、女装の稚児は、『春日権現験記絵』だけでなく同時代の他の絵巻物にもしばしば現れます。例えば『石山寺縁起』の東三条院（藤原詮子《あきこ》）の石山寺詣の場面には、寺の門前で僧侶とともに行列を見物する、橙色の花模

図1－10　少年装の童（右端）
（『春日権現験記絵』巻2）

図1－11　女装の稚児（右端）
（『石山寺縁起』巻3）

図1－12　藺げげを履く稚児（右端）
（『石山寺縁起』巻3）

様の小袿を着て繭げげを履き、白い扇を手に持った稚児が描かれています（図1―11）。そのファッションは少女と変わるところがありません。また、その少し前の場面にも、師僧に連れてこられたと思われる、桜襲《さくらがさね》の小袿を着て繭げげを履いたかわいらしい女装の稚児が描かれています（図1―12）。

ところで、師僧が語りかけている左側の被衣《かずき》姿の人物は、はたして女装の稚児でしょうか、それとも女性でしょうか？　その左の修験者の連れの女性のようにも思えますが、疑えば疑えます。

このように見てくると、中世社会においては、服装だけで、女性か女装の稚児かを明確に見分けることは、なかなか難しかったのではないかと思えます。比叡山の荒法師武蔵坊弁慶が京の五条の橋の上で、鞍馬寺《くらまでら》の稚児遮那王《しやなおう》（牛若丸、後の源義経）に出会った時、女性と誤認しかけたのは無理からぬことでした。そうした女性と女装の稚児の外見的な類似性は、当然両者の互換性につながっていきます。

こうした中世寺院社会における稚児のジェンダー、そして、稚児をめぐるセクシュアリティについては、細川涼一氏や田中貴子さんの優れた専論があるので（細川、一九九三。田中貴子、一九九七）、詳しくはそれらに譲ることとして、私なりの視点でいくつか紹介してみましょう。

図1—13は、『法然上人絵伝』の、法然上人が勝尾寺《かつおじ》に施入した一切経供養の法会の場面です。庭で聴聞している衆徒の最前列に、華麗な衣料（小袿？）をまとったやや小柄な裏頭姿の稚児が二人並んでいます。よく見ると、後ろに並んでいる衆徒の一人が前かがみになり、稚児の裏頭の下から伸びている黒髪を手にすくい取って撫でているのがわかります。隣の稚児が「大事な法会の最中なのに、なにしてるのよ！」という視線を向けています。この髪フェチ（頭髪フェティシズム）っぽい僧侶に限らず、稚児の見事な黒髪は、女性の美しい髪と十分な互換性を持ち得たことが推測されます。

図１－13　稚児の髪を愛でる僧侶（『法然上人絵伝』）

図1—14（次頁）は、秋の山野を比叡山にいる恋人（青年僧）を訪ねるために旅する稚児の姿です。花菱《はなびし》模様の小袿の裾を取り、藺げげをはいて被衣を被り、眉も女性の形に整え、おそらく化粧を施していると思われます。その姿は、同時代の絵巻に描かれている被衣姿の女性（図1—9）と比べてもまったく変わるところがない女装で、絵を見ただけでは、少女と区別はつきません。

図１－14　旅をする被衣姿の稚児
(『芦引絵』巻２)

この稚児が描かれている『芦引絵《あしびきえ》』（一五世紀中頃の成立）は、室町時代に流行した僧侶と稚児の恋愛物語を絵巻物にしたものです。比叡山延暦寺東塔の若い僧玄怡《げんい》（侍従の君）が京・白川のほとりで奈良東大寺東南院の僧都《そうず》に仕える稚児（民部卿得業《とくごう》の若君）を見初《みそ》めるストーリーは、男・女を主人公にした恋愛物語と心理的にも行為的にもまったく同様です。

このように、女性との接触が戒律的にタブーで、女性が存在し得ない寺院社会においては、女装の稚児は女の形をした女性の互換者として認識されていたと思われます。つまり、女装の稚児は、身体的には少年（男性）であっても、ジェンダー的には「女」として扱われていたのです。

性愛の対象として

仁和寺御室守覚法親王《にんなじおむろしゅかくほっしんのう》の著書『右記』には、「童形等消息の事」という稚児に対する訓戒（守るべき礼式）を記した章があります。そこには、稚児の容貌について「翠黛《すいたい》の貌、紅粉の粧」という表現があり、稚児が眉墨《まゆずみ》を引き、口紅や白粉《おしろい》で化粧し、さらにお歯黒をするという女性と同様の顔を作っていたことがわかります。また、稚児がもつ懐紙は「美麗を存すべきものなり」とか、衣装などは「殊《こと》に鮮やかなるべきなり」と述べられていて、公式の席において、稚児は色鮮やかに華やかに装うことが求められていました。それは、近現代社会において女性が求められてきた社会的役割と変わるところがありません。

女装の稚児がジェンダー的に「女」であるならば、僧侶や「大人（男）」の性愛の対象になる（される）ことは、ある意味で必然でしょう。

鎌倉時代の説話集『古今著聞集』巻八（好色）には、仁和寺覚性《かくしょう》法親王と二人の稚児の物語があります。覚性法親王の稚児であった千手《せんじゅ》は、師僧の寵愛を一身に集めていましたが、やがて師僧の寵愛は新参の稚児参川《みかわ》に移ります。失意のうちに里に下がった千手の元に、ある日、法親王のもとから呼び出しがあります。断りきれずに宴の席に参上した千手は、師僧と参川の前で、愛を失った悲しみを込めて「過去無数の諸仏にも すてられたるをばいかがせん。現在十方の浄土にも 往生すべき心なし。たとひ罪業をも［重］くとも引摂《いんじょう》し給へ 弥陀仏」と得意の今様を唄います。「諸仏にも すてられたるを」のところで、悲しみのあまり声がかすれた様子の哀れさに心を打たれた法親王は、千手を抱いて寝所に入ってしまいます。千手は見事に師僧の寵愛を回復しましたが、今度は、面目を失ったのは参川です。翌朝、参川は紅の薄様《うすよう》の紙に「尋ぬべき 君ならませば つげてまし 入《い》りぬる山の 名をばそれとも」という歌を残して出奔してしまいます。

どこかで似たような話を聞いたことがあるように思いませんか？ そうです。平清盛の寵を競った白拍子《しらびょうし》祇王《ぎおう》と仏御前《ほとけごぜん》の物語（『平家物語』）です。清盛を法親王に、祇王を千手に、仏御前を参川に置き換えるとそっくりです。このように師僧と稚児の性愛の在り様は、男女の三角関係とまったく異なることがありません（阿部b、二〇〇三）。やはり、稚児は女性の互換者なのです。

同時にこの物語では、覚性法親王の気まぐれで節操のない好色ぶりが印象的です。性愛すなわち男・女関係という意識の人には見えてこない世界なのですが、中世寺院は、きわめてセクシュアルな世界だったのです。

稚児をめぐる性愛の理想

こうした中世寺院の稚児をめぐるセクシュアリティの実態をきわめてリアルに、あからさますぎるほどに描いたものが『稚児草紙』です。原本は、醍醐寺三宝院《だいごじさんぼういん》（真言宗）の秘本で、門外不出どころか、閲覧も許されていません。したがって、一三二一年（元亨元）に書写したという奥書《おくがき》がある鎌倉時代後期の貴重な絵画遺産であるにもかかわらず、文化財として未指定です。

それにしても、あたかも人目に触れてはいけない恥ずべき物のように、なぜここまで厳重に秘匿するのでしょうか。僧侶と稚児との性愛は仏教の戒律に触れるものではありませんし、これもまた宗門の先輩たちが残した貴重な遺品のはずです。もし、現代のお寺さんがキリスト教世界の倫理観に基づく近代以降の同性愛忌避観に影響されているのだとしたら、なんだか本末転倒のような気がします。

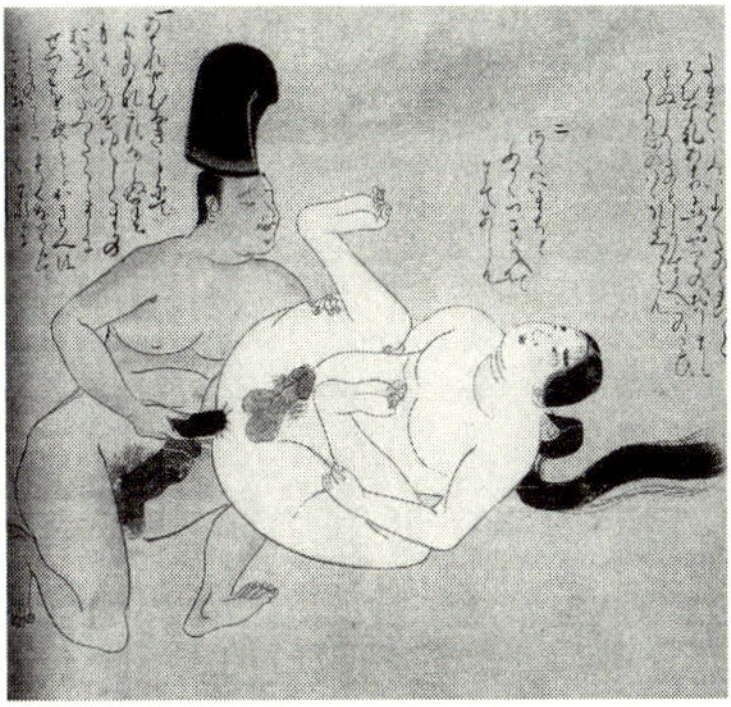

図1－15　世話係の男に下準備をしてもらう稚児。稚児のせりふは「さらば今ちと、深く突き入て、さてあらん（じゃあ、もう少し深く突き入れて。さあこれでどうだろう）」（橋本、1996）

愚痴っても仕方がないので写本によって内容を見てみましょう（堂本、一九八五。橋本、一九九六）。『稚児草紙』は稚児にまつわる五つの物語から構成されています。いくつか紹介してみましょう。第一話は仁和寺の老僧に仕える稚児の物語。この稚児は、老いて勃起力が衰えた師僧のために、尻の穴に丁字油《ちょうじ》を塗ったり、炭火で温めたり、張型や世話係の男のペニスをあらかじめ使って柔らかくしたり入念な下準備を怠らず、その甲斐あって、夜ごと、師僧のペニスは滞ることなくスムーズに挿入することが可能になりました（図1―15）。物語は「か様に心に入（れ）てする児も、有り難くこそ侍らめ（このように心をこめてお仕えする稚児はめったにいない）」と結ばれています。

稚児のジェンダーがいくら「女」だといっても、身体的には少年（男性）です。性愛行為においては、男・女関係と異なる形、つまり肛門性交（アナル・セックス）が主になります。とはいえ、本来、排泄器官であるものを性愛器官に転化するアナル・セックスは誰でも容易にできるものではありません。受け入れる側の稚児としては、苦痛を少しでも減らすために入念な準備と工夫（技術）が必要になります。この話では、師僧の勃起不全（硬度不足）に対処するために稚児が自ら積極的にアナル拡張のためのさまざまな工夫をしています。だから「美談」なのです。

第五話は、北山に住む学識豊かな僧に仕える稚児の話です。その稚児に年の若い僧が恋をし、なんとか思いをとげようと稚児の部屋である塗籠《ぬりごめ》（納戸）に隠れ機会をうかがいます。部屋に戻った稚児は人の気配に気づきますが、何くわぬ顔で納戸の入口の垂れ布を下げ、そこから上半身だけを出して、召使いとおしゃべりをしています。僧は忍び寄って稚児の腰を抱き、「尻を引き開けて差しあつる（尻を左右に開いてペニスを押し当てる）」と「いとわづらひ無く、毛きはまで入りにけり（なんの苦もなく、毛ぎわまで挿入できた）」。

犯されているにもかかわらず「さり気なき体《てい》にぞもてなしける（何事もないように振るまった）」稚児の心遣いを称賛する内容になっています（図1―16）。

どうも、セックスに積極的だったり、求められれば拒むことなくやらせてくれる稚児が「有り難い（めったにいない心掛けの良い）」存在として語られていて、男（僧侶）の側に都合の良い話ばかりなのですが、『稚児草紙』には寺院における稚児をめぐる性愛の理想が語られていると見てよいでしょう。

図１－16　僧侶の腰に乗る稚児。後背座位だと、挿入は一番深くなる（橋本、1996）

稚児との交わりは観音との交わり

さて、こうした稚児をめぐる性愛関係は、一般的には、男性同性愛（ホモセクシュアル）の類型と考えられています。読者の皆さんも同様の認識をもたれたのではないかと思います。しかし、はたしてそうなのでしょうか。少年装の「童」ならともかく、女装の稚児のジェンダーはほとんど「女」であり、単純な男性同性愛の図式では説明できません。わかりやすく言えば、男の格好をしている少年を抱くのと、女の格好をしている少年を抱くのとでは、性愛意識という点で大きく異なるということです。

そうしたジェンダーや性愛意識の違いを無視して、性器の結合の仕方だけを過剰に重視し、すべてを身体的な性に還元して男性同性愛として一くくりにする現代のセクシュアリティ観、言葉を換えるならば「女装していようが、してなかろうが、男が男を抱けば、ホモセクシュアルだ」という感覚は、近代以降に確立されたものなのです。それを前近代の性愛に当てはめるのは慎重であるべきだと思います。

この点について、田中貴子さんは詳細な史料分析から「稚児愛はホモセクシュアルではなく、限りなくヘテロセクシュアル（異性愛）に近い内実を持っていた」という指摘をしています（田中貴子、一九九七）。卓見というべきでしょう。私も、現代の女装者をめぐる性愛意識と同様に、女装の稚児をめぐる性愛は、男性同性愛ではなく、異性愛（ヘテロセクシュアル）の擬態、つまり「擬似ヘテロセクシュアル」として理解すべきだと考えています。

それでは、稚児は単なる僧侶の性的愛玩対象に過ぎなかったのでしょうか？　天台宗には「児灌頂《ちごかんじょう》」という儀式がありました。「灌頂」というのは仏教の入門儀礼で、この「児灌頂」は、少年を稚児に変えるための儀式です。重要なのは、この儀式の本尊が観世音菩《かんぜおんぼ》薩《さっ》であることです。

観世音菩薩は「変化《へんげ》」つまり変身が得意ですが、その三十三化身の中には、馬郎婦《めろうふ》観音《かんのん》

（魚籃《ぎょらん》観音）のような女性も含まれています。観音は仏教の諸尊の中で、もっとも双性的存在なのです。したがって、観音と稚児とは双性的であるという点で共通性を持ちます。だからこそ、「この灌頂を授くる時」「まさに汝《なんじ》、観世音菩薩なるべし」（『児灌頂私記』）という言葉通り、少年は「児灌頂」によって、観音の化身である聖なる稚児となるのです（松岡心平、一九九一）。

稚児が観音の化身であると考えられたことは、『稚児観音縁起』（一四世紀前半）などの稚児と観音の化身譚が数多く作られたことからも明らかです。「児灌頂」の儀式は結願《けちがん》の夜、稚児の「法性花《ほっしょうげ》」（アナル）が師僧のペニスを受け入れることで終わります。『児灌頂私記』には、僧侶が犯すべきは、必ず「灌頂の児」（稚児）でなければならず、「無灌頂」の少年を犯すことは「三悪道の種因」になると否定しています。女性でなければ、少年ならば誰でもいいというわけではないのです。寺院社会において、稚児と交わることは観音と交わることであり、性なる稚児と聖なる稚児は一体なのです。

天台宗には「一児、二山王」という言葉があり、比叡山の地主神《じぬしのかみ》である山王《さんのう》権現よりも稚児が上位に置かれます。稚児はそれほどの「神性」を帯びた存在なのです。その「神性」は現代でも祭礼の時の稚児として生きています。京都の祇園会《ぎおんえ》で、山鉾《やまぼこ》巡行の先頭に立つ長刀鉾《なぎなたぼこ》に乗る白塗り化粧の稚児はその典型です、その「神性」の根源には、性を重ねた者、男であり女である者がもつ「双性力」、そしてそれを重視する「双性原理」が存在するのです。

元稚児たちのその後

ところで、稚児たちは、遅くとも二〇歳の前後には、出家して僧侶となるか、元服して俗人の「大人（男）」になるかしました。稚児とは、男性ホルモンの作用で身体が完全に男性化（男性骨格の形成、髭の発毛）するまでの六〜八年ほどのはかない存在なのです。しかし、少年期を女装で過ごし、女性ジェンダーを濃厚に身につけ、さらに僧侶の性愛対象になり「女」として受け身のセクシュアリティを徹底的に教え込まれた者が、そう簡単に男性に戻れるものでしょうか？　中には、「女」としてのジェンダー・アイデンティティ（性自認）をしっかり刷り込まれてしまい、男に戻れない者もいたのではないかと思います。人の性自認というものは、そうそう自由自在になるものではないからです。

そうした「女」から抜けられない元稚児たちは、その後どのようにして生きていったのでしょうか。

『大乗院寺社雑事記《だいじょういんじしゃぞうじき》』という大部の日記を残したことで知られる奈良興福寺大乗院の門跡《もんぜき》尋尊《じんそん》には、愛満丸という寵愛絶大な稚児がいました。愛満丸は尋尊の希望で元服を延ばしに延ばして、通常の元服年齢を大きく越えた二六歳まで、垂髪の稚児姿で過ごします。しかし、それ以上はさすがに無理で、遁世して法名を丞阿弥《じょうあみ》と名乗りますが、その二年後に二八歳で自殺してしまいます（細川、一九九三）。その理由が何であったかはわかりませんが、現代でも「女」盛りを過ぎたニューハーフ（職業的女装者）が男に戻ろうとしてうまくいかず、死を選ぶケースがけっこうあることを連想してしまいます。ジェンダー・アイデンティティの崩壊とは、それほど辛いものなのです。

とはいえ、「女」から抜けられない元稚児たちが皆、命を断ってしまったわけではないでしょう。私は、「ぢしゃ」のような中世社会の女装の巫人の中には、こうした男に戻れなかった女装の稚児の後の姿があるように思うのです。

5　中世の芸能と異性装——稚児と白拍子

なぜ美女がわざわざ少年の姿をしたか

前節で、仁和寺覚性法親王と二人の稚児（千手と参川）の物語と、平清盛と二人の白拍子（祇王と仏御前）の物語の類似性を指摘しました。稚児と白拍子には、もっと本質的な共通点があります。

中世寺院における芸能披露の場である「延年《えんねん》」で行われる芸能の中に「白拍子」という演目がありました。この「白拍子」という舞曲は、比較的単調な拍子（リズム）で、本来は神事の際に用いられた曲と思われ、その「白拍子」という曲をもっぱら舞う遊女が白拍《しらびよう》子女《しめ》、さらに白拍子と呼ばれるようになったと思われます（脇田、二〇〇二）。しかし、「白拍子」を舞うのは白拍子女だけでなく、稚児もまた舞っていたのです。むしろ、「延年」で稚児が舞う「白拍子」の方が起源的に古く、それを模倣したのが白拍子女の「白拍子」と考えられます（松尾、一九九二）。

ところで、白拍子は『徒然草』に「白き水干《すいかん》に鞘巻《そうまき》を差させ、烏帽子をひき入たりければ、男舞《おとこまい》とぞいひける」と記されているように、一般には中世社会における男装の芸能者として理解されています。たしかに、水干姿で立烏帽子を付けて太刀を佩《は》いた姿は男装と言えなくもありません。しかし、そうした典型的な白拍子の絵姿は、ほとんど伝わっていないのです。おそらく、現存する最も古い白拍子の絵姿と思われる『鶴岡放生会職人歌合』では、烏帽子を被らない長い垂髪の後ろ姿、『七十一番職人歌合』では、女眉、白い小袖姿で、烏帽子を被らず長い束髪を露にした姿で描かれています。男性のジェンダー指標である烏帽子を被っていないこと、髷《まげ》を結っていないことなど、どちらもとても男装には見えません。むしろ、少年、稚児の姿に近いものがあります（図1―17）。

図1－17　『七十一番職人歌合』に描かれた白拍子。男装というイメージには遠い

実際、男性に比べて顔が小さく、背が低く、体の骨格が華奢な女性が男装した場合、ほとんどの場合、成人男性ではなく少年に見えてしまいます。ですから、現代のFtMの人たちは、なんとか少年っぽさから脱しようと、男性ホルモン投与で髭や体毛の発現をうながすのですが、もちろん中世には、そんなものはありません。

こうした点を考えると、私は白拍子を男装者として理解することに疑問を覚えます。瀧川政次郎氏が早くに指摘しているように、白拍子という存在は、男装ではなく少年もしくは稚児模倣、つまり少年装・稚児装だったのではないでしょうか（瀧川、一九六二）。

男女二元、異性愛絶対の現代の価値観ではなかなか理解できないことですが、当時の人たちにとって、美しい稚児は賛美の対象であり、憧れの性愛対象でした。すべてとは言いませんが、かなりの割合で、僧俗の男性の理想は、美しい女性ではなく、美しい稚児が体現する双性美だったのです。そう考えないと、なぜ美しい女性をわざわざ少年の姿にして、清盛のような最高権力者がそれを愛でるのかということがわからなくなります。つまり、女性の側から、双性的な理想像に近づこうとしたのが白拍子だったのです。だからこそ、貴顕の人たちが、女性器を持つ美しい稚児である白拍子に夢中になったのです。

中世芸能における異性装

さて、実態的には僧侶たちの稚児観賞の場だった「延年」で、稚児が披露する芸能の中に「糸より」という演目がありました。緋の袴に色小袖という少女の姿をした稚児が、手にした糸車に糸を撚《よ》り巻く仕草をしながら「糸をよるをも撚《よ》るといひ、日の暮るをも夜といふ、くるくるしくも何かせん、来る夜ぞ待つこそ久しけれ」（『興福寺延年舞式』）と涼やかな「若音《わかね》」（ボーイ・ソプラノ）で、恋しい男を待つ気持ちを唄う完全な女装芸能です（松尾、一九九一）。華麗な少女姿の稚児は、僧侶たちの垂涎の的だったでしょう。その夜、稚児の姿が目に浮かび、歌声が耳を離れず、もんもんとして眠れなかった僧侶もさぞかし多かったと思います。

寺院という限られた場で演じられていた女装の芸能は、やがて一般社会に広まっていきます。

武家に愛好された能は、猿楽《さるがく》・田楽《でんがく》・稚児の延年などを起源としますが、それらはみな異性装（女装）の要素をもっていました。したがって、観阿弥・世阿弥父子によって大成された能が、憑霊という仕組みと仮面という装置によって、男性演技者がしばしば女性を演じるように、性別越境を大きな要素としているのは必然なのです。能には、男性の演者が男装の女性を演じる「井筒」のようなきわめて複雑な性別越境を示す演目さえあります。

また、中世末期～近世初期の洛中で、公家から庶民にいたるまで流行した風流踊では、しばしば男性が女装することが指摘されています（平野、一九九二）。たとえば、一五六八年（永禄一一）七月二六日、公家の山科言継《やましなときつぐ》は、翌日行われる「烏丸踊」で踊手を務めるために、阿茶《あちゃ》という女官から「単《ひとえ》」を借用し、当日は、白帷《しろかたびら》、腰巻、白帽子という女装で踊っています。

こうした風流踊の女装は、初期の歌舞伎（阿国《おくに》・遊女・若衆《わかしゅ》歌舞伎）に継承され、さらに現代まで（もしくはごく近年まで）、各地の民俗芸能に受け継がれていました。たとえば、毎年一〇月に行われる京都市左京区八瀬《やせ》の「赦免地踊《しゃめんちおどり》」では、切子《きりこ》灯籠《どうろう》を頭に載せた女装の少年たちが踊り、香川県仲多度郡まんのう町の賀茂神社の「綾子踊《あやこおどり》」では一二人の男性（少年）が振袖姿の女装で踊ります。

ところで、阿国歌舞伎には、中世寺院で女装の稚児によって演じられた「糸より」を得意芸とした伝介という女装の芸能者がいました。中世の女装の芸能は、こうして近世芸能に受け継がれていったのです。

近代以降の演劇研究者の多くは、異性装（女装・男装）の要素の強い江戸初期の歌舞伎を「変態」視しました。今でも、若衆歌舞伎を、男色文化が盛んだった時代の特異な嗜好の演劇形態と見なす解説は珍しくありません。

しかし、中世以来の芸能の歴史を振り返ると、稚児の「延年」、白拍子の舞、能、風流踊と、ほとんどすべての芸能が異性装の要素をともなっていて、異性装の要素をもたない芸能の方が少ないのです。むしろ、異性装の要素をもつことが日本の芸能の「常態」なのではないかと思えてきます。

性別越境の要素をもつ芸能・演劇を好み、逆に性別越境や異性装の要素が皆無な芸能・

演劇に物足りなさを感じる私たち日本人の感性の原点は、異性装を「常態」とする中世芸能にあるのではないでしょうか。

第２章　近世社会と女装

1　歌舞伎の成立——異性装者へのあこがれ

　ここは、江戸時代初期、元和《げんな》年間（一六一五〜二四）の京都四条河原です。青竹の垣をめぐらした中に舞台が仮設され、今まさに歌舞伎が興行されています。舞台の中央には、立派な虎皮を敷いた床几《しょうぎ》に腰掛け、緑を基調に赤を配した華麗な小袖をまとい、結髪《けっぱつ》もりりしい若衆が三味線を弾き、その周囲を、鮮やかな黄色の小袖姿で腰に太刀を差した一三人の若衆が輪になって踊っています。舞台の下には老若男女、大勢の観客が見物していて、とりわけ舞台左方、華やかな衣装の若い女性たちが若衆に熱い視線を送っているのが目立ちます（図2—1）。

　ちょっと時空をジャンプしましょう。こちらは先ほどのシーンから二〇年ほどたった寛永年間末頃（一六四〇年頃）の世界です。やはり床几に腰掛けて三味線を弾く座頭の周囲を、一三人の小袖姿の若衆が踊っています（図2—2）。小袖の意匠がより洗練され、日輪を描いた団扇を手に持つなどの工夫はありますが、二〇年前の踊りの様子と基本的な変化はないように見えます。どちらからも、安土桃山の余風を伝える江戸時代初期の華麗ではつらつとした雰囲気が伝わってきます。

図２－１　遊女歌舞伎　「四条河原遊楽図」

図２－２　若衆歌舞伎　「若衆歌舞伎図」

歌舞伎の本質

ほとんど同じように見える歌舞伎興行の図ですが、実は大きな違いがあります。前者の「四条河原図」は遊女歌舞伎を、後者の「若衆歌舞伎図」はその名の通り若衆歌舞伎を描いたものなのです。つまり、身体的な性別で言えば、前者は女性、後者は男性ということになり、演者の性別がまったく異なるのです。しかし、それにもかかわらず、その形態（見た目）は瓜二つと言っていいほど似ています。

歌舞伎の歴史は、出雲大社の巫女出身と言われる阿国が一六〇三年（慶長八）に京都北野で始めた「かぶき踊り」が初めとされます（阿国歌舞伎）。一世を風靡した阿国の踊りは、それを模倣した遊女たちに受け継がれました（遊女歌舞伎）。それが一六二九年（寛永六）に風俗を乱すとして禁止されると、代わって前髪立ちの若衆（少年）が中心になります（若衆歌舞伎）。さらにそれも一六五二年（承応元）に風俗壊乱を理由に禁止され、月代《さかやき》を剃った野郎頭の男性が演じるようになりました（野郎歌舞伎）。その過程で、舞踊から演劇へと発展して、元禄年間（一六八八〜一七〇四）に現在の歌舞伎の基本形が完成すると一般的には解説されています。

つまり、歌舞伎の担い手は、女→少年→男と受け継がれたという説明です。しかし、こうした通説的な説明はあまりに単純化されていて、当時の実像や歌舞伎の本質を見損なっていると思います。

阿国の踊りは、能、狂言、田楽などの要素を巧みに取り入れたもので、阿国が金襴の華麗な衣装をまとい大小の刀を差し、首から切支丹風のロザリオをかけた男装で扇子を手に唄い踊るというものでした。阿国歌舞伎と、それを模倣した遊女歌舞伎が男装の踊りであることはそれなりに知られていますが、実はそれだけではありません。

徳川幕府に仕えた儒学者林羅山は阿国の踊りを実見して、その風俗を次のように記しています。

男は女服を服し、女は男服を服して、髪を断ち、男髷を為し、刀を横にして、嚢を佩く。(男は女の衣装をまとい、女は男の衣装を着て、髪を切って男髷に結い、刀を差して、袋を腰に下げている。)(『羅山先生文集』五六)

阿国歌舞伎が、男装の女性と女装の男性の組み合わせだったことがわかります。実際に、阿国の一座には、三十郎という女装の巧みな狂言師(阿国の夫?)や、中世寺院で女装の稚児によって演じられた「糸より」を持ち芸としていた伝介という芸能者がいました。阿国は彼らとともに舞台に立ち、男装の阿国がお大尽客に扮《ふん》し、三十郎など女装の男性が茶屋の内儀を演じるような寸劇（「茶屋遊び」）が上演されていました（図2―3）。阿国歌舞伎では、男女ともに異性の役を演じていたのです（浅野、一九八七）。

男装の女と女装の男の組み合わせという点では、遊女歌舞伎も同様で、男装の女性が風呂屋に湯女《ゆな》を買いにくる男性客を、その湯女に女装の男性が扮する滑稽な寸劇「風呂上りのまなび」などが演じられました（柴山、一九九二）。

では、若衆歌舞伎はどうでしょうか。図2―4の「若衆歌舞総踊図」を見ると、前列で踊っている前髪立ちの七人と野郎頭の一人（左端）はいずれも腰に刀を差した男姿です。中列の囃《はや》し方《かた》を挟んで、後列の左の四人も刀を差した男姿ですが、右の四人は腰に刀がありません。衣装はいずれも同じような振袖ですが、男女の別を腰の刀の有無で表現しているとすれば、後列右の四人は女姿ということになるでしょう。この図から若衆歌舞伎の踊りでは、男装の若衆と女装の若衆が混じっていたと考えられます。

次に図2―5の「歌舞伎図屛風」を見てみましょう。こちらは揃いの茜色の振袖にそれぞれおしゃれな帯を巻き、可憐な扇を両手に持って踊っています。腰に刀を差さない全員女姿での踊りです。この図は、若衆歌舞伎を描いたものということになっていますが、絵だけからは、女性（遊女）の踊りなのか女装の若衆の踊りなのか、まったく判別はつきません。客席では、やはり老若男女さまざまな人たちが見物しています。

図２－３　阿国歌舞伎　「阿国歌舞伎図」。舞台中央で刀を肩にしているのが男装の阿国

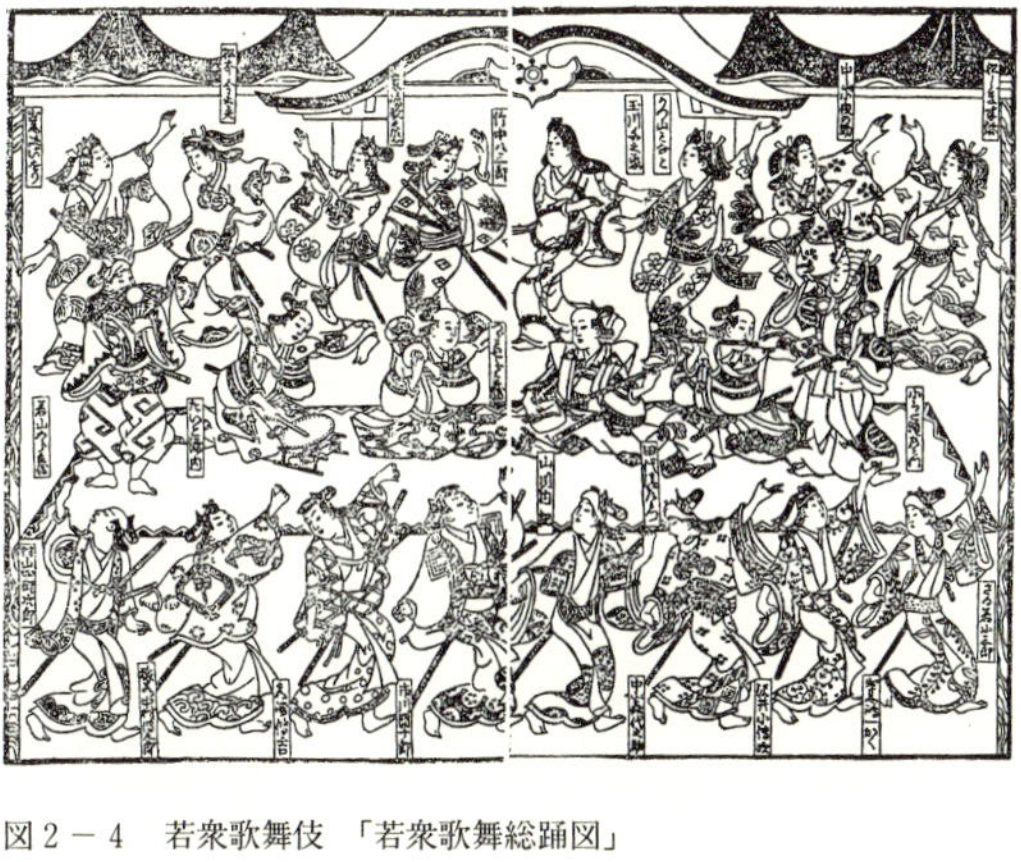

図２－４　若衆歌舞伎　「若衆歌舞総踊図」

図2－5　若衆歌舞伎　「歌舞伎図屛風」

つまり、同時代の文献が「さてもふしぎの世の中にて、女は男の学《まな》びをし、男は女のまねをして、茶屋のかかに身をなして、恥し顔にうち染め、もの案じしたる体《てい》、さてもさてもとおもはで、おもしろく」（『かふきのそうし』）と評しているように、歌舞伎とは、本来、男装と女装を組み合わせた異性装の芸能だったのです。

女性客の熱い視線

ここで観衆の視線に注目しましょう。遊女歌舞伎の男装の女性には、男性からも女性からも熱い視線が向けられていました。若衆歌舞伎の女装の少年にも同じように男性からも女性からも視線が向けられています。今まで、歌舞伎成立期のセクシュアリティは、「女色」（男性から女性への性的指向）の遊女歌舞伎から、「男色」（男性から美少年への性的指向）の若衆歌舞伎へ移

行したと捉えられることがほとんどでした。しかし、こうした男性の視線を基点にした理解では不十分だと思います。なぜなら、近世文学者の田中優子さんが指摘するように、両者を通じて女性たちの熱い視線があったことが見落とされているからです（田中優子・白倉、二〇〇三）。

私は、遊女歌舞伎の男装の女性に向けられた女性たちの視線と、若衆歌舞伎の女装の少年に向けられたそれとは、ほとんど等しいのではないかと思います。さらに、男性の観客についても、遊女歌舞伎の観客が女好きで、若衆歌舞伎の観客が美少年好きという理解には大いに疑問を感じます。

男女を問わず、この時代の観客が憧憬の視線を送り熱狂したのは、異性装者が表現する特有の双性的な美と魅力だったのではないでしょうか。この場合、男装の女性と女装の少年は、双性的存在という意味でほとんど等価なのです。したがって、そのベースになる身体が女か少年かということには、あまり比重がなかったと思われます。現代において、歌舞伎の人気女形や宝塚の男役スターに憧れる人たちが、その生身の身体に関心をもたないのと同じだと思うのです。

逆に言えば、観客の人たちの間に、神や仏（観音）に通じる男女を兼ね備えた双性的な理想イメージがあり、舞台の上で行われる女性の男装や少年の女装は、それを具現化するための手法・努力だったのではないでしょうか。異性装の魅力を現出するという点にこそ、阿国歌舞伎、遊女歌舞伎、若衆歌舞伎を通じた歌舞伎の本質があると思うのです。歌舞伎は、双性的なるものを愛する日本人の嗜好から生み出された異性装（性別越境）芸能だったのです。

格も給金も女形が上

歌舞伎の本質が異性装の芸能であると言うと、歌舞伎通の方は「いや、歌舞伎のメインは異性装をしない男の立役だ。団十郎にしても、菊五郎にしても」とおっしゃるかもしれません。しかし、現代に至る歌舞伎の立役が主、女形が従という形は、江戸時代後期以降に形成されたもので、歌舞伎本来の姿ではありません。

歌舞伎は本来、女形を第一とする演劇でした。能にたとえれば、女形がシテ、立役はそれを立てるワキなのです。その証拠が「大夫（太夫）」という称号です。大夫は、平安時代中期以降、五位以上の位階をもつ人の称号として用いられました。そこから転じて、室町時代には能の太夫など芸能者の中の頭立《かしらだ》った人の尊称になったのですが、野郎歌舞伎以降、太夫を名乗れたのは、女形だけでした。

太夫と呼ばれたことが最初に確認できるのは、「諸人呼びて右近太夫といふ。女形、今に太夫と称すは是より始まる」（『戯場年表』慶安元年条）と記されている右近源左衛門《うこんげんざえもん》です。源左衛門は、若衆歌舞伎から野郎歌舞伎にかけての慶安〜寛文年間（一六四八〜七三）に活躍し、後世「女形の祖」と言われた人です。源左衛門以降、太夫の称は一座の中心となる女形を尊敬して呼ぶ言葉として使われるようになりました。

また元禄〜享保前半期（一六八八〜一七二五頃）の女形の第一人者芳沢あやめ（初世。一六七三〜一七二九）は、一七一七年（享保二）、四五歳の時に「三ケ津惣芸頭」という地位に就きました。「三ケ津」というのは、京都、大坂、江戸の三都を指しますから、立役を含む全国の歌舞伎役者の筆頭ということです。

格だけでなく、給金も女形の方が上だったようです。一七九四年（寛政六）に江戸堺町の狂言座が幕府に届け出た調書によると、瀬川菊之丞《きくのじょう》（三世）と岩井半四郎（四世）の二人の女形が年間九〇〇両、それに対して立役は、筆頭の澤村宗十郎（三世）が八〇〇両、松本幸四郎（四世）は七〇〇両と後塵を拝しています（長谷川、一九三二）。

こうした歌舞伎における女形の地位の高さ、優位は、そもそも女形こそが、異性装の芸能という歌舞伎の本流を受け継ぐ存在だったからではないでしょうか。

近代以来、歌舞伎の歴史を記した本のほとんどは、女形が後発的に出現したような書き方をしています。典型的には「女歌舞伎が禁じられ、若衆歌舞伎がこれにかわったとき、舞台上で女性の役を演じる男性の必要を迫られたのは当然で、ここに実際的な、女形発生の原因がある」（足立、一九七六）というような解説です。しかし、この通説は、先に述べたように女歌舞伎で女性が演じていたのは主に男性の役だったことを考えると論理的な辻褄が合わないことにすぐに気がつきます。なぜなら、女歌舞伎が禁止されて、女性が舞台に立てなくなった時に、「必要を迫られたのは」男性の役を誰が演じるかという問題だったはずだからです。女性の役は今まで通り男性（女形）が演じればよかったのですから、本質的な影響はありません。

つまり、論理的に言って、女性が舞台に立てなくなったことによって後発的に成立したのは、男性が男性を演じる、つまり異性装の要素をもたない、立役の方だったはずなのです。

本書では慣例的に「歌舞伎」という表記に統一しましたが、実は「歌舞伎」という表記が定着したのは明治時代中期以降のことで、それまでは「歌舞妓」という表記が主でした。もともとは女扁の「妓」だったところに、女性・女形が中心だった歌舞伎の本質が見えるように思います。演劇史の素人が、これ以上、歌舞伎の歴史に深入りするつもりはありませんが、男性優位の史観から離れてみると、いろいろ見えてくることもあるのではないでしょうか。

2 歌舞伎女形の意識と生活――平生を、女にて暮らす

日常生活でも「女」

江戸時代の女形たちは、舞台の上で女を演じるだけでなく、舞台を降りた日常生活でも「女」で暮らしていました。この点が、舞台の上でどれだけ巧みに女を演じていても、舞台を降りた日常生活ではきちんと男性をしている（ことになっている）現代の歌舞伎女形と大きく違います。今風に言えば、江戸時代の女形はフルタイムの性別越境、現代（明治時代以降）の女形は、舞台の上だけのパートタイムの性別越境ということになります。

こうした江戸時代の女形のフルタイム的な在り様を確立したのは、元禄〜享保前半期の立女形、芳沢あやめ（初世）でした。あやめはその言行録『あやめぐさ』の中で、女形の

基本的な心構えを次のように説いています。

女形は色がもととなり。元より生まれ付て美つくしき女形にても、取廻しを立派にせんとすれば、色がさむべし。また心を付て品やかにせんとせば、いやみつくべし。それ故、平生《へいぜい》を、をなごにて暮らさねば、上手の女形とはいはれがたし。舞台へ出て爰《ここ》はをなごの要《かな》めの所と、思ふ心がつくほど、男になるものなり。常が大事と存ずる。
（女形は色気が基本であり、美しく生まれついた女形でも、立居振舞を美しく見事にしようとするならば、わざとらしくなって色気が薄れる。また意識的になまめかしくしようとするならば、嫌みになるだろう。それ故、平常から女として暮らさなければ、上手な女形という評価は得られない。舞台に出てここが女を表す最も大事な部分と思うと、かえって男の地が出てしまうものなのだ。日常が大事なのだと思う。）

つまり、舞台の上だけで「女らしさ」を意識して演じても、うまくいくものではなく、日常生活から女として暮らし、平生から女であることを意識しなければ、「女らしさ」は身につかず、上手な女形と言われるようにならない、という教えです。

日常を「女にて暮らす」くらいですから、楽屋でも当然で「女形は楽屋にても、女形といふ心を持べし。弁当なども人の見ぬかたへ向きて用意すべし」と、弁当の食べ方のような細かな点にまで注意を与えています。

食べると言えば、あやめにはこんな逸話もあります。師匠の嵐三右衛門《あらしさんえもん》（二世）が、あやめと夜話をした折りに、小腹ふさぎに、とろろ汁を出したところ、あやめは箸をつけず、三右衛門は「女形は此たしなみなくては（女形はそうした気遣いがなければ）」と感心したという話です。

とろろ汁のようなすすり込む食べ物を、女らしく品よく食べるのは難しいので、最初から手を出さなかった心ばえを褒められたわけですが、実際、物を食べるという行為は、けっこう「お里が知れる」もので、私なども駆け出しの頃は、いろいろ注意されました。現代の女装世界でも、私の世代くらいまでは、脂っぽいラーメンを、口紅を落とさずに食べる練習をしたものです。

女性らしく見せるテクニック

「平生を、をなごにて暮らす」というあやめの教えは、後進の女形たちの生活規範になっていきました。そして、常に「女」を意識し、心から「女」になりきることが女形のあるべき姿とされ、それを物語るようなエピソードが語られるようになります。

たとえば、あやめの後を受けて享保後半～延享年間（一七二六頃～四八）に女形の第一人者として活躍し、「女形の形の字のいらぬ」と評された瀬川菊之丞（初世。一六九三～一七四九）は、花見の帰り道、長い時間、駕籠《かご》に揺られた後で「今日は、久しぶりで長く揺られたので血の道が止まったようです」と心配顔に語ったという話が伝わっています。血の道とは、漢方医学でいう女性特有の、月経にともなう症状ですから、身体的には男性の女形には関りないはずですが、そうした錯覚（思い込み）をもつくらいに、女を意識することが良しとされたのです。

女になるのは意識だけではありません。舞台はもちろん日常の所作も女性のそれを模すわけですが、男性の骨格・身体でどのようにして女性らしい所作を演じるか、さまざまな工夫がこらされました。

有名なところでは、上半身の姿勢について「両の臂《ひじ》を後へ引て貝殻骨を付けるように」という教えがあります。こうすると「襟が抜けて撫で肩になって細そり見え」るのです（五世中村歌右衛門の言葉）。貝殻骨（肩甲骨）をつけるようにすると、胸が張って男性の広い肩幅が余計に目立つように思いますが、それよりも肩が下がり撫で肩になり首筋が伸びて細く見える効果の方が大きいのです。下半身の基本姿勢は「足は内輪に」です。「立身《たちみ》になり候ときは鰐足《わにあし》（内輪）に成るべし、腰細に裾《すそ》びらきよし」（佐渡島長五郎の言葉）と言われるように、膝を合わせて内股にして片足を後ろにずらせて腰を落とすと、（着物姿では）女性的な身体曲線が得られるのです。

こうした男の身体をどのようにして女に見せるかというテクニックは、あやめや菊之丞をはじめとする優れた女形たちの努力によっておそらく江戸中期までに様式化され、芝居の世界で代々継承されていきました。そして、それは、演劇世界だけでなく、ごく最近までニューハーフ世界や女装者のコミュニティにも受け継がれていたのです。

妻をめとり、子をもうけた女形たち

ところで、今風に言えば、女性ジェンダーの習得にこれほど徹底的に熱心だった江戸時代の女形たちのセクシュアリティは、どうだったのでしょうか。

芳沢あやめや瀬川菊之丞のように、色子（セックスワークを業とする女装の少年）出身の女形も少なくなかったわけですし、当時の歌舞伎世界の慣習からしても、女形が男性相手の性体験がないとは考えられません。しかし、女形の伝記をみていると、意外にも妻帯して子孫を残している女形が多いことに気が付きます。

女形が妻帯していたことは「女形　女房ばかりが　年が寄り」という川柳があることからもわかりますが、女であることにあれほど徹底した芳沢あやめ（初世）にしても、妻帯して男子だけでも四人を遺しています（長男が二世芳沢あやめ、三男が初世中村富十郎）。瀬川菊之丞（初世）は一生涯、妻帯しませんでしたが、雇女に手をつけて、宝暦〜明和年間（一七五一〜七二）に人気女形となる二世瀬川菊之丞（一七四一〜七三）を生ませています。その二世菊之丞は、妻のほかに愛妾二人をもつ艶福家でした。また天明〜寛政年間（一七八一〜一八〇二）の人気女形岩井半四郎（四世。一七四七〜一八〇〇）の家系は、四世―五世―七世―八世と父子継承して（六世も五世の実子）「女形の家」を確立します。養子ではなく実子での継承ですから、代々妻を持ち、子をもうけたことになります。

あやめは一応「女形は女房ある事をかくし」と言っていますが、これらの事実は、「平生を、をなごにて暮ら」すことと、女性を妻にもち、子をもうけることとは矛盾しなかったことを表しています。江戸の女形たちの場合、ジェンダーの転換とセクシュアリティの転換とは必ずしも連動していませんでした。つまり、ジェンダー的に女性になったからといって、女性と性的関係がもてなくなるわけではないということです。むしろ、女になるというジェンダーの転換と、男性と性的関係をもつというセクシュアリティの転換とが強く結び付けられ、女になったのだから男としか性的関係をもたないのだろうという決めつけが一般化するのは、近代になってからなのかもしれません。

女形は女性のファッション・リーダー

図2—6をご覧ください。これは、錦絵の元祖で独自の美人画を創出したことで知られる鈴木春信（一七二五～七〇）が描くところの「江戸三美人」図です。左に立つ緑色の着物に麻の葉柄の帯を締めているのが柳屋お藤、右に立つ黄橙色の着物に緑の帯を結んでいるのが笠森お仙。お藤は浅草奥山の楊枝《ようじ》店の、お仙は谷中の笠森稲荷の境内の水茶屋の看板娘で、いずれも江戸で評判の美人娘です。その美女二人を左右に従えて、流水に雪笹、源氏香を散らした黄《き》唐茶《がらちゃ》の大振袖に粋な黒の帯という最も豪華な衣装をまとって中央に立つのは、当代一の人気女形、瀬川菊之丞（二世）です。

図2－6　鈴木春信「江戸三美人図」

つまり、江戸時代の人々は、生まれつきの女性と女装の男性である女形を並べて「三美人」として鑑賞していたことになります。現代の私たちには、アイドル女優とニューハーフを組み合わせた「三美人」という構図はなかなか思い浮かびません。江戸の人々の性別についての柔軟な感性には驚くばかりです。

女形は、その美しさを鑑賞されるだけではありませんでした。江戸の娘たちの流行ファッションの根源は、吉原の遊女と歌舞伎の女形でした。中でも、「今は町の女、皆芝居の女形の風を似せ」（江《え》島《じま》其《き》磧《せき》『傾城禁短気《けいせいきんたんき》』一七一一年）とあるように、娘たちが芝居小屋で直接目にすることができる女形のファッションは大きな影響力をもっていました（娘たちが遊女に会うことはできません）。江戸時代において、女性ファッションのお手本、流行の発信源は女装の男性だったのです。

今に名を遺すものだけでも、色では、緑味を帯びた渋い金茶色の「路考茶」（二世瀬川菊之丞、俳号路考）、葡萄《えび》色《いろ》っぽい鼠茶色の「岩井茶」（五世岩井半四郎）、柄では、細密な鹿《か》の子《こ》絞りの「小太夫鹿の子」（二世伊藤小太夫）、紫色の大絞りの「千弥染」（中村千弥）、帯結びでは、結んだ両端がだらりと垂れた「吉弥結び」（初世上村吉弥）、立結びの変形の「路考結」（二世瀬川菊之丞）、髪にかかわるものでは「路考髷」「路考櫛」（二世瀬川菊之丞）など枚挙に暇がありません。

中でも目立つのが、「路考茶」「路考結」「路考髷」などで明和年間の女性ファッションを演出した二世瀬川菊之丞です。彼の実父の初世瀬川菊之丞は、その口伝『女形秘伝』の中で次のように述べています。

女中の贔屓《ひいき》請《うけ》るは、自分の物好きにする櫛、笄《かんざし》、帽子、衣裳、帯、女中方《がた》気に入るやうに風俗して、御屋敷方、女郎、娘も、まね致さるるやうにと願《ねがう》なり。然《しかれ》ば同じ女《おな》子《ご》と思はれるが、女中贔屓なり。（『古今役者論語魁』所引）

（女性たちの贔屓を受けるには、自分が好んで使う櫛、簪《かんざし》、帽子、衣裳、帯などのセンスを女性が気に入るように心掛け、武家方にしろ、遊女、町方にしろ女性たちに真似されるようにする。つまり、女性たちに同じ女だと思われることが、女性たちの人気を得る秘訣なのだ。）

優れた女形は、女性が同性として真似したくなるように自分のファッションを巧みに演出していたのです。そこには巧みな流行発信戦略が感じられます。二世菊之丞のファッションン・リーダーとしての人気は、父の教えを忠実に守ったからなのでしょう。

そうした人気女形の戦略に応じて（乗せられて）女形のファッションを真似る江戸の娘たちの心理は、女性アイドルのファッションを真似る現代の娘のそれとまったく変わりはありません。そこに美しい女装者への憧れの視線と同一化の願望はあっても、女装者を忌避し、蔑視するような気持ちは微塵も感じられないのです。

3　陰間と陰間茶屋――江戸時代のニューハーフ

色道修行のために豆男に変身した浮世之助は、超小柄な身体を生かして、あちらこちらを覗き見してまわっています（図2―7）。今日は、凧《たこ》に乗ってある妓楼の二階座敷にやってきました。私たちも浮世之助に便乗しましょう。

座敷に延べられた豪華な布団の上で、若旦那が遊女を腹の上に乗せる背位でのセックスを楽しんでいます。ちょっとアクロバティックな体位ですが、若旦那のペニスはしっかり女の身体に刺さっています。でも、上になった女の右手がつまんでいるものは？

「陰間」とは何か

主人公が豆男になって色道修行するというユニークな仕立ての『艶色真似《えんしょくまね》ゑもん』は、鈴木春信が最晩年の一七七〇年（明和七）に刊行した作品です。この妓楼の二階座敷で絡みあう二人は、ペニスが二本描かれていることから、男と女ではありません。上になって若旦那のペニスを受け入れているのは、女装の男性、「陰間《かげま》」です。つまり、今、浮世之

図2－7　鈴木春信『艶色真似ゑもん』（早川、1998）

助が覗いているのは、陰間茶屋の二階座敷というわけです。もし陰間のペニスを隠したら、男・女のセックスシーンと見分けがつかないと思います。

陰間とは、陰間茶屋や出張先の座敷で、客の酒席に侍《はべ》り、芸能を披露し、セックスワークを行うことを業とする女装の男性（その多くは少年）です。その業務内容は、現在のニューハーフ三業種（飲食接客・ショービジネス・セックスワーク）とほぼ重なりますから、わかりやすく言えば、江戸時代のニューハーフということができるでしょう（歴史的には、ニューハーフを「現代の陰間」と言うべきでしょうが）。

図2―8は、天明期（一七八一～八九）に

図2－8　『絵本 吾妻抉』に描かれた陰間。七草（正月7日）は、僧侶が陰間を初買いする日だった

活躍した北尾重政の『絵本 吾妻抉《あずまからげ》』（一七八六年）に描かれている陰間です。客に呼ばれて料理屋に出張してきた陰間が階段の途中で料理屋の女主人と会話を交わしています。髪を島田に結い、櫛笄をさし、華やかな裾模様の長着を幅広の女帯で締め、振袖の粋な羽織をまとった姿は女性の芸者とほとんど変わるところがない女姿です。階段下の土間にいる男は、陰間の付添人の「まわし」と呼ばれた人（京・大坂では「金剛」と称しました）で、手には陰間がお座敷で使う三味線の入った箱をもち、肩には陰間が泊まりに使う夜具を入れた大袋を担いでいます。三味線と夜具袋は、陰間が芸能者でありセックスワーカーであったことを如実に示しています。

さて、「陰間」とは、そもそもどういう存在だったのでしょうか。歌舞伎の世界では、たとえ端役《はやく》の女形であっても舞台に立つ機会がある者を「舞台子《ぶたいこ》」と言いました。それに対して、その機会に恵まれない者を「陰子」と言います。舞台に立てず生計が立たない「陰子」が、生活のために茶屋で接客サービス（共同飲食・芸能・セックスワーク）を行ったのが陰間茶屋の始まりだと思われます。また、「舞台子」であっても、舞台だけでは収入が足りなかったり、女形修業のために進んで茶屋で働く者もあり、そうした茶屋で色を売ることを業とする者（色子）を総称して「陰間」と言うようになりました。陰間の世界は、起源的にも実態的にも歌舞伎という芸能、とりわけ女形と密接に結びついていたのです。

なお、女形として舞台に立つ舞台子は、幕府の制令で月代を剃った野郎頭（大人の髪形）にしなければならず、それを隠すために月代の部分に紫の布（紫帽子）を置いていました。これに対し、舞台に立たない陰子は、月代を剃る必要がないので前髪があり、女髪を結うことができました。美貌や格では舞台子が上でも、女装の徹底という点では陰子の方が有利だったということになります。

小川顕道《あきみち》の『塵塚談《ちりづかだん》』（一八一四年）に「この色子ども末々は皆役者になれり、女形は多くはこの者どもより出で来て、上手と云ふ地位に至りしも多くありける由なり」と記されているように、色子として「女」を磨き、やがて舞台で名を成した女形は、少なくありませんでした。女形の第一人者となった芳沢あやめ（初世）や瀬川菊之丞（初世）は、大坂道頓堀の色子出身でした。つまり、陰間茶屋は、歌舞伎（女形）の下部構造、育成・供給機関としての役割をもっていたのです。

図２－９　北尾重政の「東西南北之美人」シリーズ

江戸を代表する「美人」

さて、陰間の艶姿《あですがた》をもう少し見てみましょう。図2―9は、北尾重政の「東西南北之美人」シリーズの中の一葉です。添書には、「西方の美人　堺町」「橋屋内三喜蔵」「天王子屋内松之丞」とあります。「美人」と言えば、現代の私たちは女性を思い浮かべます。しかし、「堺町」（堀江六軒町＝現：日本橋小舟町）と言えば、江戸中期の人ならばピンとくるはず。その界隈は江戸でも有数の陰間茶屋の集中地帯で、そこで「美人」といえば、生来の女性ではなく、女装の男性である陰間であろうことは容易に想像できるからです。

実際、三喜蔵と松之丞が所属する橋屋と天王子屋は、当時、評判の陰間茶屋でした。身体的には男性である「陰間」を、女性に立ち交ぜて、江戸を代表する「美人」として描き、鑑賞する江戸時代の人たちの感性は、前節「江戸三美人」のところでも述べたように、近代以降の感覚とはかなり異なるものがあります。

立ち姿の三喜蔵は帆掛け舟を描いた薄紫の振袖に華麗な模様の黒の羽織姿で、髪は鬢《びん》を張り出した島田（女髪）に結っています。座って鼓を打つ松之丞は、濃い紫の振袖に江戸の町娘の憧れだった黄八丈の羽織、前髪の部分に女形の象徴である紫帽子を載せているので、舞台子だったと思われます。いずれにしても、ファッション的には、同時代の江戸の娘たちとほとんど変わりのない出で立ちです。

喜田川守貞の『守貞謾稿《もりさだまんこう》』（一八五三年）には、陰間のファッションについて「三都ともに扮は処女のごとく大振袖または中振袖を着し、髪も島田その他ともに処女と同じく時々の流布に順《したが》ふなり」と述べられています。つまり、陰間の服飾は「処女《むすめ》」、未婚の若い女性の流行ファッションとまったく変わらなかったのです。

図2－10　鈴木春信『五常』シリーズの「義」

図2―10は、鈴木春信の「五常」シリーズ（一七六七年）の中の「義」です。描かれている女髪を結い振袖に幅広の帯を胸高に巻いた二人の人物は、現代の私たちの目には仲良く語らう二人の少女のように見えます。しか

し、「義」とは男同士の友情を意味する語なので、その画意からして二人は少年でなければなりません。服装や調度などから、この二人は、女装の少年である「色子」と推測されています。ここで二人の帯の垂れに付いている房飾りが気になります。単に当時の流行なのか、それとも本物の少女ではないことを示す印なのでしょうか。

「女色」と「男色」は対立しない

江戸時代の人々にとって、性愛には「女色」と「男色」の二種類がありました。「女色」とは「廓買《くるわが》い」、つまり男性が吉原の遊女のようなプロの女性と性愛関係をもつこと、「男色」とは、男性が若衆(少年)と性愛関係をもつことをさします。「若衆」の姿には、少年装から女装までいろいろなタイプがありますが、「陰間」は「若衆」の中でも、もっとも容姿的な女性度(女性との互換性)が高い、女装を徹底しているタイプということになります。

しかし、この時代、助さんは「女色」、格さんは「男色」といったように、二つの世界が画然と分かれているわけではありませんでした。「竹の子を 喰って大人の 仲間入り」という川柳があります。「竹の子」とは生長すれば食べられなくなるという意味で陰間のことです。つまり、陰間を買って、男色を経験して初めて一人前の大人(の男)という社会観念があったことがうかがえます。女色と男色の距離は、現代の異性愛と同性愛の距離よりはるかに近かったのです。
図2―11は、彩色法の改良や遠近法の導入などで評判を取った奥村政信の作品『閨《ねや》の雛形』（一七三八年）の中の二葉一組です。上の絵だけを見ると、遊び慣れた若旦那が座敷で

図2－11　奥村政信『閨の雛形』

二人の女性とくつろいでいる姿に見えます。しかし、下の絵を見るとそれは誤解であったことがわかる仕掛けです。若旦那のペニスは遊女（髷に櫛を差している方）のヴァギナに後背位で挿入されていますが、若旦那の左手にはもう一本ペニスが握られています。これは遊女に抱かれている陰間のもので、男一人に女二人に見えた図は、実は男と女と陰間の三人だったのです。江戸時代の春画には、このような「三人取組」がけっこう見られます。

「女色」と「男色」は、現代の異性愛と同性愛のように対立するものではなかったのです。

男色に対する社会的違和感が少なかったことは、奥村政信にしても鈴木春信にしても、一般の人々が楽しむ男女の性愛（女色）を中心にした春画シリーズの中に、ごく自然に女装の男性である陰間との性愛（男色）を一枚か二枚入れていることからもうかがえます。現代にたとえれば、女性のヌード写真の中に女装の美少年のヌード写真を数枚混ぜてセット売りしているようなものです。今、そんなものを売ったら、購入した男性からクレームや返品要求が続出して、商品として成り立たないでしょう。この時代の「女色」と「男色」の境界は低く、人々の性愛観は近現代よりずっとおおらかだったと推測されます。

陰間の育成法

ここで陰間の育成法を見てみましょう。

陰間茶屋では、適性のありそうな男の子が連れてこられると、ざくろの生皮から作った特殊な粉で肌を磨き、眠る間は木片で鼻をつまんで高くするなどして容姿に磨きをかけます。「お肌第一、顔が命」なのは昔の陰間も今のニューハーフも変わりありません。

そして行儀や芸能を仕込みながら、陰間にとって不可欠な肛門拡張の基礎的訓練を始めます。その方法は、腰湯を使って肛門を温めた後、棒薬（木の棒に綿を巻き潤滑性のある油薬を塗ったもの）を差し込んで拡張するというもので、中世寺院で稚児に対して行われた方法と、よく似ています。おそらく両者の間には技術の継承があったと思われます。

一二〜一三歳からは、実物のペニスを使って本格的な肛門性交の訓練に入ります。一日目は先端だけ、二日目は雁《かり》まで、三日目は半分まで、四日目に根元までというように徐々に慣れさせていきます。本来、そうでない所を性愛器官に変えるのですから、最初が肝心、無理は禁物です。こうして男性のペニスを身体に入れられても、できるだけ苦痛が少なく、できれば性的快感を得られる身体に少年を仕込んでいきます。

こうした陰間の育成法は、陰間茶屋の全盛期である一七五一年（宝暦元）に刊行された月岡雪鼎《せってい》の『女《おんな》大楽宝開《だいらくたからへき》』に「若衆仕立て様の事」として詳細に記されています（花咲、一九九二）。この本は陰間の育成法だけでなく、潤滑剤として使う「いちぶのり」の作り方（よく煮こんだ布海苔《ふのり》を和紙に塗って乾かし、一分銀ほどの大きさに切って印籠に入れて携帯する）、不慣れな客の時の体位（いきなり仰向けの体位だと、挿入箇所や角度がわからずうまく入らないので、後背位で入れてから仰向けに転じる）、さらには、客があまりに巨根で挿入不能の時の対応（あらかじめ酒を綿に染ませたものを用意しておいて、それを手に塗り、客のペニスを手淫する）、ハードな腰使いの客に肛門裂傷を負わされた時の治療法（スッポンの頭を黒焼きにして髪油で溶いて傷に塗る）など、陰間が接客をする上で必要な知識・技術やトラブル対処法が記されていて、江戸時代の陰間文化の成熟度の高さがうかがえます。

ちなみに、市販の潤滑剤としては、布海苔と卵白を混ぜて乾し固めた「通和散」というものが有名で、この粉末を口に含み唾に溶かして用いました。「天神の 裏門で売る 通和散」と詠まれたように、陰間茶屋が多くあった湯島天神下の「伊勢七」のものが最も上等品でした。

現代でも、ここまで詳細なアナル・セックスのマニュアル本はありません。『女大楽宝開』に記されている内容は、「いちぶのり」は高分子ポリマーの潤滑液に、スッポンの黒焼きは抗生物質入りの軟膏に替わりましたが、アナルの洗浄法、潤滑剤の常時携帯、体位の工夫など、最近まで（私の世代ぐらいまで）女装コミュニティに継承されていたテクニックと大筋で合致します。姉さん分の女装者から妹分の女装者へ、あるいは女装者好きの男性を介して、二五〇年という長い時間を受け継がれてきたのでしょう。

女性も陰間を買っていた

こうした習練を積んで、美しい容姿と受け身の性的技巧をもった一人前の色子が生まれるわけですが、色子としての寿命は長くありません。一七〇〇年（元禄一三）刊行の『男色実語教』では、「十六歳を若衆の春といふなり」とし、一一～一四歳を「蕾《つぼ》める花」、一五～一八歳を「盛りの花」、一九～二二歳を「散る花」にたとえています。色子は、中世寺院の稚児と同じく、男性ホルモンの作用による身体の男性化が進むまでの、せいぜい一〇年ほどの「時分の花」なのです。実際、二〇歳に近づくと、「少年の時を陰郎《かげま》といひ、年長《たけ》たるを化郎《ばけま》と呼《よぶ》」（松浦静山『甲子夜話《かっしやわ》続篇』巻九二―四）などと悪口を言われ（うう、耳が痛い）、男性客の相手としての人気は下り坂になります。

陰間を買う客種はかなり多彩でした。『守貞謾稿』は「男色の客は士・民もあれども、僧侶を専らとするなり。また稀には好色の後家・孀女《やもめ》、または武家膢婢《よう》も客にある由なり」と述べています。つまり、男性客は僧侶が多く、武士、町人がそれに次ぎ、女性は後家（未亡人）、独身者、武家の奥女中（御殿女中）などが客として訪れました。

陰間の客に女性客がいるというと意外に思う人も多いと思いますが、「後家を抱き　坊主

をおぶう　かげま茶屋」という川柳があるように、陰間茶屋の顧客として後家や御殿女中はかなりのウェイトを持っていました。こうした女性客の相手には、「大あじに　なると陰間を　後家が喰」とか「古い釜　買て後家蓋　おっかぶせ」などと詠まれているように、男性相手の受け身役としては薹《とう》が立って売れなくなった、逆に言えば男性的魅力が増した年長の色子が専ら当たったようです。

女性も有力な客筋だったことは、陰間という存在が男性同性愛の文脈だけでは捉えきれないことを示しています。陰間が男と女の双つの性を合わせ持つ存在であるからこそ、男性客も女性客も、それに魅力を感じたのではないでしょうか。セックスワークにおける双性力の発揮と見ることができると思います。

陰間茶屋の盛衰

江戸の陰間茶屋や男色文化については、ようやく専門の著述が充実してきました（花咲、一九九二。早川、一九九八。白倉、二〇〇五など）ので、さらに詳しく知りたい方はそれらを参照していただくことにして、ここでは、陰間茶屋の盛衰を、私なりの視点で、簡潔に述べておきましょう。

江戸の陰間茶屋は、その起源からして、歌舞伎の盛衰とほぼ歩みをともにしています。

歌舞伎が盛んになる元禄の頃（一六八八〜一七〇四）に始まったと思われ、延享・宝暦期（一七四四〜六四）に全盛をむかえます。

残念ながらこの頃の詳しいデータはないのですが、宝暦六年（一七五六）に鈍苦斎半酔《どんくさいはんすい》山人《さんじん》が著した『風俗七遊談』に「舞台子を上品《じょうぼん》とす。葭町《よしちょう》是に次ぐ。芝神明《しばしんめい》、糀町《こうじまち》天神、湯嶋は其の次なり。赤城、市谷は是が下《しも》たり。浅草馬道《うまみち》、本所廻向院前を下品とす」と陰間茶屋の格付けが見えます。

陰間茶屋の繁栄は、明和〜天明期（一七六四〜八九）まで続きます。徳川一〇代将軍家治の治世の明和五年（一七六八）の江戸には、日本橋堺町・葺屋町《ふきやちょう》（現：日本橋人形町三丁目）、木挽町《こびきちょう》（現：銀座六・七丁目）、芳町《よしちょう》（現：日本橋小舟町）、湯島天神町、芝神明前など九ヵ所五五軒の陰間茶屋があり、二三二人の陰間がいました（『男色細見 三の朝』）。

堺町（中村座）、葺屋町（市村座）、木挽町（森田座）は芝居町、葭町はその近隣地で、芝居町と陰間茶屋とは密接に関係していました。つまり、これら四町の陰間茶屋は、売色の供給者の側（陰間）の便宜による立地だったと考えられます。

湯島天神町と芝神明前は、『守貞謾稿』に「江戸芝神明は増上寺に近く、湯島は東叡山に近し」と記されているように、湯島の陰間茶屋は上野の東叡山寛永寺の、芝神明のそれは増上寺の僧侶たちが主要な顧客でした。まさに「湯島では 上野の鐘で 飯を食い」だったのです。

寛永寺、増上寺は、女犯《にょぼん》を厳しく禁じられていた僧侶の数が多い大寺院だっただけでなく、いずれも江戸幕府・将軍家の所縁の寺院として、大奥女中などの代参もしばしばあり、日ごろ、将軍以外、男子禁制の大奥に住む彼女たちが、帰途の「休息」のために、陰間茶屋を利用するにも便利でした。

さらに、芝神明は薩摩藩邸（上屋敷は三田、下屋敷は芝）にも近く、女色を卑しみ男色が盛んな風土の薩摩藩士の利用も頻繁だったようです。ただし、寺門静軒《てらかどせいけん》の『江戸繁昌記』（一八三二〜三六年）には、野暮な薩摩藩士の遊興の様子が嘲笑的に描写されています。つまり、湯島と芝神明の陰間茶屋は、売色の需要者の側（客）の便宜による立地だったと考えられます。

明和元年（一七六四）には『男色細見 菊の園』が、同五年には『男色細見 三の朝』が刊行されます。『男色細見』は、新吉原のガイドブック『吉原細見』の男色バージョンで、江戸府内の陰間茶屋の所在、料金体系、屋号、それぞれの茶屋が抱える陰間の人数、主だった色子の名前を記したものでした。両書の編者は水虎《かっぱ》山人となっていますが、これはエレキテルの発明で有名な平賀源内の別名です。源内は、当時の著名な男色愛好者の一人で、明和元年閏《うるう》一二月の序文を付した『男色品定』では、江戸堺町の四三名の色子を、源内自身の目と、おそらく体で格付けし、その評判を詳細に記しています。

ところで、江戸で人気の陰間の多くが「下り子」と呼ばれた上方出身者でした。これは歌舞伎の女形に上方出身者が多かったことの波及現象で、上方の少年は、言葉がやさしく文化的にも洗練度が高かったためと思われます。それに対して、言葉や気性が荒い江戸・東国の少年は、女形や陰間に育成するのにあまり向いていなかったようです。東国の産の私には耳が痛い話ですが、ともかく、お酒（下り酒）と女形・陰間は、下りものが圧倒的に人気がありました。

『三の朝』によると、量的には江戸に劣りますが、京都は北座・南座があった宮川町筋（鴨川の東、祇園の南）に八五人、大坂はやはり芝居町に隣接する坂町（ミナミ五花街の一つ。道頓堀の南、法善寺の東）に四九人の陰間がいました。さらに、尾張名古屋、駿河府中、陸奥仙台、会津、伊勢古市、相模伊勢原、下総銚子、河内三日市、紀伊禿《かむろ》宿、紙屋宿、備中玉島、宮内、安芸宮島、讃岐金毘羅などにも陰間茶屋がありました。

このうち、名古屋、駿河府中（静岡市）、仙台、会津（会津若松市）などは三都（江戸、京、大坂）に次ぐ主要城下町、銚子、玉島（倉敷市）は港町、そして、古市は伊勢神宮の、三日市、禿宿（学文路《かむろ》）、紙屋宿（神谷辻）は高野山の、宮内は吉備津神社の、伊勢原は大山（石《せき》尊《そん》権現）の参詣の人々でにぎわった街です。宮島、金毘羅などと合わせて門前町が目立ち、寺社参詣後の「精進落し」の場にも、「女色」と「男色」とがちゃんと用意されていたことがわかります。

このほかにも、芝居とともに地方を廻ったり、街道筋を移動しながら稼ぐ「飛子《とびこ》」と呼ばれる陰間もいました。「男色」の場は、都市に限られたものではなかったのです。

過ぎ去りし江戸の男色文化

話を江戸に戻しましょう。繁栄を誇った陰間茶屋も、松平定信の寛政の改革（一七八七〜九三）の風紀取締りで打撃を被ります。『塵塚談』には次のように記されています。

男色楼、芳町を第一として、木挽町、湯島天神、糀町天神、塗《ぬ》師町《しちょう》代地、神田花房町、芝神明前、この七ケ所、二、三十年以前まで楼ありけり。近年は四ケ所絶えて、芳町、湯島、神明前のみ残る。三、四十年以前は、芳町に百余人もあり。（中略）此節、衒艶郎《かげま》、芳町に十四、五人、湯島にも十人ばかりもあるよしを聞けり。宝暦比《ころ》と違ひ、減少せしことにて、男色の衰へたると見へたり。

一九世紀初頭の文化〜文政期には明らかに衰退傾向にあったことがわかります。そして、水野忠邦の天保の改革（一八四一～四三）で、陰間茶屋は全面禁止に追い込まれます。禁令が出た段階では、日本橋芳町、湯島天神町、芝神明前の三ヵ所四三人だけと、全盛期に比べて大幅に減少していました。そして、幕末には、東叡山寛永寺の要請と威光によって再興された湯島天神町にわずかに残るだけで、江戸の陰間茶屋はほとんど姿を消してしまいます（加藤、二〇〇三）。

さて、一八世紀後半の江戸には、二百数十人の女装のセックスワーカーがいたわけですが、これを現代と比較してみましょう。一九五〇年代の東京の女装男娼の数はおそらく一〇〇人前後と推測されます。また一九九〇年代末頃の東京のセックスワーク専業のニューハーフの数もほぼ同程度（百数十人）と考えられます（三橋g、二〇〇六）。つまり江戸時代中頃の陰間の人数の方が二倍以上多いことになります。江戸と現代の東京の人口規模の違いを考慮すると、その差はさらに大きくなります。試みに人口一〇万人当たりの女装のセックスワーカーの人数を概算すると、一八世紀後半の江戸は一〇万人に二〇人ほど、現代の東京は一〇万人に一人ほどとなり、約二〇倍ということになります。江戸の男色文化がいかに盛んだったかがわかると思います。

例年、正月松の内、追羽突《おいはねつき》の遊戯《あそび》するに各々時流《はやり》の染模様の衣服に幅広の帯を纏《まと》ひ、髪は島田に結ひ、面に紅粉を施し、総じて良家の処女の如く扮装し、振袖を春風に翻し、腰肢《ようし》細軟《さいなん》、嬋娟窈窕《せんけんようちょう》たる風姿《すがた》は、所謂《いわゆる》美女花の如くとは是等をやいふべし。

（笹の家、一八八四）

これはある大名の本郷の屋敷で奥女中勤めをしていた女性が、湯島天神社内で陰間を見た思い出を、明治時代になってから甥に語ったもので、江戸時代の女装者の姿を伝える貴重な証言です。正月、染模様の振袖に幅広の女帯を締め、髪を島田に結った娘姿で羽根突きに興じる少年たちの優美な姿を眺める視線に批判的な要素はなく、むしろ美しいものへの憧憬と賛美が感じられます。

こうした風景が江戸のどこでも見られたわけではないでしょう。しかし、陰間茶屋が数多く存在した湯島天神門前町、芝七軒町・浜松町、あるいは「平生を、をなごにて暮らす（『あやめぐさ』）という意識をもって生活していた歌舞伎の女形たちが居住した日本橋葺屋町・堺町、堀江六軒町（芳町）などの芝居町周辺では、女装者を見かけることは、それほど珍しいことではなかったと思われます。

江戸時代に女装の者への偏見や差別がなかったわけではありません。舞台子や陰間の外出には編笠を被ることが強制されました（実際には、女髪なので笠を被れず、両手で頭上に掲げるような形だったようです）。しかし、たとえ女形や陰間という限られた職業であっても、女装者がその特性を生かして自活し、社会の中で存在することができた時代だったことは、今一度、評価されるべきではないでしょうか。

4　とりかえ児育と市中の女装者

『八犬伝』の設定は女装率二五％

図2―12（次頁）は、滝沢馬琴（一七六七～一八四八）の読本（長編小説）『南総里見八犬伝』の初輯《しょしゅう》の巻頭口絵の一つです。「八犬子《はちけんし》 髫歳白地蔵之図《あげまきのときかくれあそびのず》」と題されたこの図は、子供時代の八犬士を描いていますが、八人の内の二人は振袖を着た女の子の姿です。

仁義礼智忠信孝悌の八つの珠をもつ八犬士が安房《あわ》の大名里見家再興のために活躍する『南総里見八犬伝』は、一八一四年（文化一一）の初輯刊行から四二年（天保一三）の完結まで二八年、全九六巻一〇六冊という大長編伝奇小説です。江戸時代以降、多くの読者に親しまれ、私と同じかちょっと下の世代の方は、一九七三年四月から二年間、NHKテレビで放送された人形劇「新・八犬伝」を覚えている方も多いと思います。

　口絵で女の子の姿で描かれているのは犬塚信乃《しの》と犬坂毛野《けの》。物語の前半の主役ともいえる犬塚信乃は、兄三人が育たなかったため、女名前を付けて女児の衣服を着せて育てられました。また、対牛楼《たいぎゅうろう》の復讐戦

図２－12　「八犬子髻歳白地蔵之図」(高田、2005)

など最も華麗な活躍をする犬坂毛野は、敵の目を欺くため女役者の一座で女児として育てられ、物語では「旦開野《あさけの》」という名の女田楽の美少女スターとして登場する女装の犬（剣）士です。
　八人の剣士の内、二人が女装、もしくは女装経験ありという『八犬伝』の設定は、女装率二五％という驚くべき高率です。なにしろ現代の東京で、生得的な男性で日常的に女装している人は、おそらく一万人に二～三人（〇・〇二～〇・〇三％）くらいなのですから。
　なぜこうした設定になったかについては、『八犬伝』がイメージ的な下敷きとする「八《はち》

字文殊曼陀羅《じもんじゅまんだら》」で、文殊菩薩を守護する八大童子が男六・女二の組み合わせだからとする説（高田、二〇〇五）が、理論的には最も説得性があると思います。しかし、実際のところは、女装の剣士を入れた方が、江戸庶民の嗜好からして「売れる」と馬琴が判断したからではないでしょうか。

その目論みは見事に当たり、女装の剣士犬坂毛野は、八剣士の中で最も人気のあるスターになります。毛野が女役者の姿で対牛楼に入り込み、歓楽を尽くした後に寝入った宿敵一家を単身で襲撃してことごとく殺害し、見事に一族の仇を討つシーンは、物語の見せ場のひとつになっています。双性力を最大限に発揮した毛野の姿には、血まみれの女装英雄ヤマトタケルを彷彿させるものがあります。

男児を女児として育てる風習

乳幼児死亡率が今よりずっと高かった時代、男児はなおさら育ちにくく、犬塚家のように生まれた男児が次々に夭折《ようせつ》してしまった家では、今度こそ無事に育ってほしいと願って、男児に女名前の幼名をつけ姿形も女児として育てる風習がありました。私はこうした風習（俗信）を「とりかえ児育」と名付けています。

なぜ女児として育てると無事に育つのかという理由は不明ですが、子供の社会的性別

（ジェンダー）を転換することによって、幼い男児の命を狙う邪悪な存在の目をごまかすためという説があります。その起源も不明ですが、少なくとも江戸時代には、武家・町家を問わず広く行われていたようです。

男児を女児として育てたケースでも、犬塚信乃がそうであったように、ほとんどの場合は七歳の節目、遅くても元服（一五歳）までに、本来の身体的な性別に戻しました。しかし、いろいろな事情で男の子に戻さなかったり、戻してもうまく戻らなかったりするケースが起こります。そうした場合、成人後も女装のままという事態、つまり「女装男子」が生じることになります。

たとえば、一二代将軍徳川家慶の治世の一八五〇年（嘉永三）に讃岐国香川郡東上村のある夫婦の男児として生まれたお乙《おと》（乙吉）のケースです。それまで何度も男児を夭逝《ようせい》させていた夫婦は、男児が育たない場合は「男子には女子の名を付け育てよ」という風習に従って、生まれてきた男児に「お乙」という女名前を付けて、女児として養育します。幸い、お乙は無事に成育しましたが、衣類、髪形、化粧だけでなく、縫い物など娘としての素養もしっかり身につけ、「姿形粧容止《なりかたちたちふるまい》も憎《にくか》らぬ」娘に成長してしまいます。そして一八歳になると高松藩の武家の屋敷に女中として奉公に上がります。近隣の娘たちと戯れても誰も疑わないほどでしたが、身体的には男性のままですから、同僚の娘を懐妊させてしまう不祥事を起こしてしまいます。しかし、その後、同国三木郡保元村で塗師《ぬし》をしている早蔵という男が、お乙が女装男子であることを承知の上で求婚してきます。婚礼をあげて、お乙は早蔵の妻として平穏な暮らしに入りました（『東京日々新聞』一八七四年［明治七］一〇月二日号）。

お乙のその後については、また後で触れますが、お乙のように「とりかえ児育」で女児として育てられた結果、男性ジェンダーへの再移行がうまくいかなかったケースは、そこそこあったのではないでしょうか。

江戸市中にいた「おんな男」

「とりかえ児育」の結果かどうかはわかりませんが、女装男子は滝沢馬琴の身近にもいました。『八犬伝』続刊中の一八三二年（天保三）頃、四谷の「おんな男」として知られた「おかつ」という人です。馬琴は「おかつ」について次のように詳細な記録を残しています。

幼少のときよりその身の好みにやありけん。よろづ女子のごとくにてありしが、成長してもその形貌を更《あらた》めず。髪も髱《たぼ》を出し、丸髷にして櫛笄をさしたり。衣裳は勿論、女のごとくに広き帯をしたれば、うち見る所、誰も男ならんとは思はねど、心をつけて見れば、あるきざま、女子のごとくならず。（中略）年来か丶る異形の人なれども、悪事は聞えず。（『兎園小説余禄』）

ほぼ完璧な女装ぶりで、今風に言えば「パス度」も高かったこの人物は、当時、四〇歳くらいで、妻と数人の子があり、鍼医を業としていましたが、実は四谷大番町の大番与力の弟で、本来は武家階層の人でした。

やはり、馬琴と同時代の一八二〇年（文政三）頃、青山千駄ケ谷あたりに「平生は女の形《なり》で往来し」、貸金業を手広く営み、立派な家に住む「男おんなのお琴」という人がいました。この人物は、貸金先の武家の娘との結婚問題がトラブルになり、そこから女姿で大名家の奥向きに寝泊まりしていたことが露見して入牢ということになってしまいましたが（『藤岡家日記』巻四）、日常的に女姿で生活していたわけです。ちなみに「おんな男」と「男おんな」は同じ意味（女装男子）で用いられたようです。

この話とほぼ同じころ、江戸市中で「お万」と名乗る女装の飴売りが現れました。その姿は「黒き塗り笠をかむり、くろき着物に黄なる帯を前にてしめ、桃色木綿の前だれをかけ、赤き鼻緒の草履はき、口に紅をつけ」た女姿で、飴を買ってやると、愛嬌たっぷりに唄い踊るというものでした。異様な女装姿が評判になり、十分に商売になったようですが、その正体は四谷鮫ケ橋に住む三〇歳の元屋根職人の男でした。

これらのことから、「おかつ」や「お琴」、あるいは「お万」のような「異形の人」であっても、トラブル（犯罪）さえ起こさなければ、女装しているということで評判にはなっても咎められることはなく、生計を営めたことがわかります。女装男子は、『八犬伝』のような物語の中だけの存在ではなく、現実の江戸の市中にさまざまな形で存在していたのです。

馬琴は、女装男子の「おかつ」と逆の男装女子として江戸麴町《こうじまち》の「偽男子」吉五郎を、女性から男性に転換したケースとして京都祇園の「仮男子」宇吉を、それぞれ記録しています。こうした性別越境、性別の転換に関する話題が、馬琴だけでなく、江戸の庶民たちの関心を強く引いていたことは、江戸末期の一八五五年（安政二）に、女性が男性になる話（男性が女性になる話も）を収集した『和漢奇事　変生男子之説』（畑銀鶏《はたぎんけい》編）という事例集まで編纂されたことからもわかります。

第３章　近代社会と女装

1　文明開化と異性装の抑圧

時は「ご維新」の政治的混乱もようやく一段落した一八七四年（明治七）の秋、所は香川県三木郡保元村の塗師《ぬし》早蔵の家の居間（図3―1）。緋色の長襦袢を縫う妻のかたわらで、胡座《あぐら》をかいてあくびをする夫、白猫がのんびりと首をかき、一日の労働を終えた夕べ、夫婦のくつろいだ一時が感じられます。でも何かが違います。本来なら丸髷に結われているはずの妻の髪がばっさり切られてザンギリ頭になっています。いったい何が起こったのでしょうか？

塗師早蔵の家と聞いて、お気づきの方も多いと思います。早蔵の妻お乙は、実は女装男子なのです。お乙が男児に生まれながら女児として育てられ「娘」として成人し、そして早蔵に求婚されて所帯をもった経緯については、前章で触れました。お乙は早蔵の妻として幸せに暮らしていたはずなのに……。

厳しい社会的抑圧の始まり

明治新政府は一八七一年（明治四）四月に戸籍法を発布し、翌年には全国一律の戸籍作成に着手します。いわゆる「壬申戸籍」です。早蔵を戸主として新たな戸籍を作成するに際して、妻お乙の出生地（原籍地）である香川郡東上村から書類を取り寄せたところ、お乙が一八五〇年（嘉永三）に同村のある夫婦の間に生まれた乙吉という男性であることが露見してしまいました。

男性を妻として戸籍を作るわけにはいきません。早蔵の家を管轄する戸長は「乙は元来男子なり。何ぞ人家の婦と成ることを得んや（乙はもともと男性である。どうして一家の主婦となることができようか）」と二人を説諭し、丸髷に結っていたお乙の長い髪を切って、ザンギリの男頭にし、早蔵とお乙との結婚は無効にされてしまいました（『東京日々新聞』明治七年一〇月二日号）。

図３－１　ざんぎり頭にされた男妻
(『東京日々新聞』1874年10月2日号)

お乙は自分が女子ではないことを告白し、早蔵はお乙が男子であることを承知した上で婚礼をあげ、三年間、平穏に暮らしていたのです。だましたわけでも、だまされたわけでもなく、周囲の人も事実を知ってか知らずか、二人を夫婦として受け入れていたと思われます。

しかし、その平穏な暮らしは、近代的な戸籍制度によって覆されます。全国一律の戸籍制度は、個別的な人身把握を徹底化し、それに基づいて婚姻・家制度を確立し、徴税・徴兵など近代国家システムの基礎としようとしたものです。厳格な近代戸籍制度の下では、男児として生まれながら女子として生きる女装男子や、男と女装男子の夫婦のような「あいまいな性」が存在できる余地はなくなってしまったのです。近代は「太平の夢」を破っただけではなく、早蔵・お乙夫婦の小さな幸せをも突き崩したのでした。

錦絵新聞には、ザンギリ頭ながら女物の着物姿で針仕事をするお乙と、その傍らでくつろぐ早蔵の姿が描かれています。この絵の通りなら、お乙の性別が露見した後も、二人は別れることなく、事実上の「夫婦」として暮らしていたのかもしれません。私はそうであってほしいと思います。

ところで、お乙が男性であることが露見し、早蔵との婚姻が無効にされたとしても、何もお乙の髪を強制的に切るまでのことはないように思います。戸長はなぜそこまでしたのでしょうか。そこには別の事情、もう一つの法律の存在がありました。

女装の犯罪化

お乙のことが錦絵新聞に載せられた前年、一八七三年（明治六）七月一九日に発布された太政官布告「各地方違式詿違《いしきかいい》条例」に、八月一二日の司法省布達によって次の条文が追加されました。

男ニシテ女粧《おんななり》シ、女ニシテ男粧《おとこなり》シ、或ハ奇怪ノ粉飾ヲ為テ醜体ヲ露ス者。但、俳優、歌舞妓等ハ勿論、女ノ着袴スル類、此限ニ非ズ。

違式詿違条例は、現在の軽犯罪法の源流ともいうべき内容をもち、違反者には罰金を科すという法令でした。この条文（東京違式詿違条例では第六二条）は、男性が女の格好をしたり、女性が男の格好をしたり、奇怪な扮装をして醜い姿を露すような行為を禁じたもので、違反者は警官に拘引され罰金（一〇銭）を科されました。

お乙が、戸長に女髪を結えないように髪を切られたことの背景には、この違式詿違条例の異性装禁止条項があったと推測されるのです。

違式詿違条例は、馬車の往来など文明開化にともなう新風俗への対処を定めると同時に、欧米人に対して恥ずかしくない形に民衆の風俗を矯正しようという意図をもっていました。つまり、異性装（女装・男装）の風習は、違式詿違条例で禁止された男女混浴、立ち小便、裸体歩行、刺青《いれずみ》などと同様に、明治の為政者たちが外国人の目に触れさせたくない恥ずべき風習のひとつだったのです。

そして、この条例は、異性装（女装・男装）を法的に禁止した初めての法令でした。江戸時代にも、陰間の外出時の服装を規制するなどの「制令」はありましたが、日常の生活レベルにまで踏み込んで異性装を禁止する法令はありません。「俳優、歌舞妓等」「女ノ着袴」という除外規定はあるものの、ほぼ全面的に異性装を禁止し、違反者に逮捕・拘引・罰金という制裁を加える実効性のある法令が出現したことは、異性装の犯罪化という観点で、日本の女装・男装の社会文化史においてきわめて大きな意味をもつと言えます。

祝祭での異性装も禁止

違式詿違条例が実際にかなり厳格に適用され、異性装の禁止に実効性があったことは、施行後ほどなくして新聞に違反・逮捕者が現れることから確認できます。

一八七六年（明治九）四月三日、江戸時代以来の花見の名所向島で女の髪《かつら》をかぶった花見客の男が逮捕されました。その翌日には、淡路町の往来で根岸の安間亀吉という男が女の衣装で歩いていて、巡査に拘引されています。記者が「大かた花見の催ほしでも有りましたか」とコメントしているように、やはり花見帰りだったのでしょう（『読売新聞』明治九年四月五日、六日号）。

その前年の一八七五年（明治八）七月二八日の『読売新聞』は、「佃島《つくだじま》の盆踊り」について「今年も相替らず大勢踊ツて歩行《あるき》、男が女の形《な》りをいたすも有り、女が男の形りを致すも有り（中略）大騒ぎで有る」と状況を記した上で、「男女が形《なり》を替るのはよく無い」と、江戸時代以来の伝統習俗である盆踊りの女装・男装を問題視しています。この記者は「江戸の名物の内だと聞きましたが」と書いているので、おそらく地方出身の野暮天でしょう。

この記事に続けて同日、横浜で「松影町辺の男が女の姿をして麦湯を素見《ひやかし》に出かけ巡査《おまわり》に見咎められて罰金を取られた」ことが記されています。詳細は不明ですが、文脈的・時期的にみてやはり夏祭り（盆踊り）の女装が異性装禁止条項に引っ掛かったものと思われます。

かつて春の花見や、夏（旧暦では秋）の盆踊りの際には、仮装が盛んに行われ、仮装の一種としての男性の女装、女性の

図3－2　花見で女装して三味線を弾く男性（『東京名所三十六戯撰・隅田川白ひげ辺』1872年）

男装はしばしば見られました（図3―2）。江戸時代後期にはすでに遊宴にともなう余興的な意味になっていたと思われますが、本来は、祭礼時における女装習俗と同様に、春秋の祝祭空間における異性装の習俗で、その根底には、異性装をすることによって「神性」に近づこうとする双性原理があったと思われます。

そうした庶民の娯楽の一つとしての祝祭時の異性装（女装・男装）習俗までも、法令を盾に禁止する警察の無粋さに対し、ある新聞記者は「殺風景は御免を蒙《こうむ》りたいものだ」（『読売新聞』明治九年四月五日号）と批判的姿勢を取っています。しかし、そうした庶民の娯楽的な風俗にまで介入して「矯正」することこそが、まさに違式詿違条例の目指したものだったのです。

芸能の世界も摘発の対象に

ところで、江戸時代後期、気っ風の良さでならした江戸深川の「辰巳《たつみ》芸者」は、男羽織を着て、髪を若衆髷に結い、○吉、○助のように男名前（権兵衛名）を名乗るなど、男仕立てを売りにしていました。違式詿違条例が施行されると、そうした芸者の男装も摘発の対象になりました。

図3―3は、逮捕拘引される男装の芸者を描いた錦絵新聞です（『東京日々新聞』錦絵版　九

六九号)。一八七五年(明治八)三月一四日、日本橋小舟町の火事の時に、「紺木綿《めくらじま》の股引、はらかけにて、猫頭巾を冠り、麻うら草履をはき、差し子の半天」という姿の「美しき男が彼《あ》地《ち》こち火事見舞いあるき廻る様子が何《ど》うも女らしき物腰ゆゑ」不審に思った巡査が呼び止めたところ、中村清助(芝居関係者らしい)の養女で「おやま」という名の芸者であったことがわかり逮捕されました。

図3－3　逮捕される男装の芸者
(『東京日々新聞』1875年3月26日号)

錦絵には、いなせな刺し子半纏《ばんてん》を着た火消し人足姿の島田髪の女性が巡査に拘引される姿が描かれています。彼女は男装していた以外、何も悪事を働いていません。むしろ進んで危険な火事場に出て、近火の迷惑にあった人たちを見舞っていたのですから善行と言ってもいいくらいです。江戸っ子の気風からして、こうした威勢のよい娘は、それほど珍しくなかったと思います。記事は「定めし罰金だろう」と結ばれていますが、少なくとも数年前までは、彼女が逮捕・処罰されるとは誰も思ってもいなかったでしょう。

違式註違条例の異性装禁止条項には、「俳優、歌舞妓等」は「此限ニ非ズ」という除外規定がありました。しかし、異性装への抑圧が強まる中、その影響は芸能の世界にも及ぶようになります。最も直接的な影響を受けたのは、「平生を、をなごにて暮らさねば、上手の女形とはいはれがたし」（芳沢あやめ『あやめぐさ』）という訓戒を守って、日常も「女子」として生活していた女形たちでした。

『読売新聞』一八七五年（明治八）年五月二九日号は、「中橋和泉町の某」という人物の「寄書《よせぶみ》」（投書）を掲載しています。

某氏は、まず「男が女の形《なり》を仕たり、女が男の形をすると違式とかの罪に行はれるといふ事でありますが、俳優《やくしゃ》の女形《おんながた》は平常《ふだん》でも女の形をして、頭は楽屋いてう［銀杏］とかいふ髷に結ひ、巾広の帯を〆《しめ》（甚しいのは振袖を着）往来」と、異性装が禁止されたにもかかわらず、女形が女装で往来している現状を指摘します。そして、「是は罰の外かと或《ある》人に聞ますと、職業だから詮方《しかた》がないと申されました」と法的には処罰の除外対象であることを承知した上で、「若《もし》職業にて差構《さしかま》ひなくば、角力取《すもうとり》は土俵の上で裸体《はだか》御免だと云ツて往来を裸体で歩行《あるい》ても叱られぬといふか矢張《やはり》叱られます」と相撲の力士の裸体姿での往来と対比して論理を展開し、「俳優《やくしゃ》もどふかせねば片落《かたおち》の御《お》政事《せいじ》と思ひます」と、女形の女装での往来を処罰の対象外とするのは不公平として、処罰の適用を求めています。

いつの世にも「お上」の尻馬に乗りたがる人間はいるものです。この意見がはたしてどれほどの影響力をもったのかわかりませんが、実態として女形の女装は舞台だけに限定されるもので、往来での女装は認めないという考え方、つまり、法文の拡大解釈が次第に広まっていったようです。

この投書の後、一八七九年（明治一二）七月には、「髪は鴨脚《いちょう》返しに結ひ、黒ずんだ顔や襟へ白粉をこてこて塗り立て、友禅の中形《ちゅうがた》の単衣《ひとえもの》」という「十八、九の新造《しんぞ》」姿で、「本郷春木町辺をぶらぶら涼み歩いて」いた女形の市川小瀧（故市川門之助の門弟）が、巡査に見とがめられ拘引され、「女の形《なり》容をした廉《かど》で違式に照されて罰金を申し付られ」るという事件が起こります（『読売新聞』明治一二年七月九日号）。

こうした風潮が広まる中、歌舞伎界においては、新政府の旧風俗矯正の意向に同調した九世市川団十郎（一八三八〜一九〇三）に主導された革新運動が始まります。彼は一八七八年（明治一一）、ガス灯照明など最新機器を備えた新富座の開場式で、居並ぶ政府高官を前に演劇改良の宣言文を読み上げました。この「演劇改良運動」によって、歌舞伎は近代化され、江戸歌舞伎が持っていた性的ないかがわしい部分は切り捨てられていきます。具体的に言えば、若手女形と色子（女装のセックスワーカー）との人的交流を断ち、歌舞伎世界は陰間茶屋的な男色世界と、少なくとも表向きは、決別することになりました。

こうした「改良運動」が、女形の女装に対する取締りが強化される時期に起こったことは、当然、無関係ではありません。性別越境の要素を本質的にもつ芸能である歌舞伎世界は、異性装という要素をできるだけ限定し薄めることで、新しい時代の演劇として生き延びようとしたのです。

その結果、女性的に生まれついた男子が、色子を経て歌舞伎の女形になって身を立てていく道は断たれ、女形が女を演じるのは舞台の上だけのこととされ、日常的には立派な男子であることを求められるようになっていきます。芳沢あやめの教えを守り、日常生活を女子として暮らしていた女形は、八世岩井半四郎（一八二九〜八二）あたりを最後に、姿を消していきました。こうして、歌舞伎は皇族・華族など貴顕の人々や外国人に見せても恥ずかしくない伝統芸能として純化されていきますが、江戸歌舞伎が持っていた庶民的エネルギーを失うことになります。

鶏姦禁止

明治の文明開化期における異性装者への新たな法的抑圧として、もうひとつ忘れてはならないものがあります。

一八七三年（明治六）六月一三日に布告された「改定律例」第二六六条には次のように

あります。

凡《およそ》、鶏姦《けいかん》スル者ハ各懲役九十日。華士族ハ破廉恥甚ヲ以テ論ス。其姦セラルルノ幼童十五歳以下ノ者ハ坐セス。若《も》シ強姦スル者ハ懲役十年。未夕成ラサル者ハ一等ヲ減ス。

「鶏姦」とは、肛門性交を意味する漢語です。なぜ「鶏」かというと、「ケイ」の字は本来、「娶」という字であり、「男をもって女となす」という意味だったのが、同音音通の「鶏」に置き換えて「鶏姦」と書くようになったという説が文献的には正しいようです（瀧川、一九四三）。とはいえ、たくさんある「ケイ」の音字の中から「鶏」を選んだのは、雌の鶏は生殖口と排泄口が同じであるという観察に由来するのかもしれません。

明治政府が、清律の「娶姦《ケイカン》」条を継受して、「改定律例」に肛門性交を法的に禁止する鶏姦罪を規定したきっかけは、当時、南九州（熊本・鹿児島県など）の学校や私塾で盛んに行われ、問題になっていた学生間の男色行為、つまり先輩が年少の後輩の肛門を犯す風習を抑えるためでした（古川、一九九七）。

「鶏姦律」の内容をみると、和鶏姦の場合は、懲役九〇日、強鶏姦の場合はなんと懲役一〇年という厳罰になっています。違式詿違条例の異性装禁止違反の「罰金一〇銭」とは比べものにならない重罰です。また「姦セラルル幼童十五歳以下ノ者ハ坐セス（鶏姦された側が一五歳以下の場合は罪に問わない）」とあることからわかるように、鶏姦された側も（一六歳以上なら）罪に問われます（量刑も同じ）。この点が、姦した側だけが罪に問われる強姦罪などとは異なり、性行為をした両者が罰せられる姦通罪と同様の発想に立っていました。

青年間の男色行為の盛行をきっかけに制定された「鶏姦律」でしたが、実際に適用された事例は、青少年間ではなく、刑務所における囚人同士や女装者が関わるものがほとんどでした。

例えば、一八八一年（明治一四）四月、元女形が鶏姦罪で懲役九〇日に処せられた事例があります（『読売新聞』明治一四年四月三〇日号）。かなり長い記事ですが、鶏姦罪が女装者に与えた影響を典型的に物語っているので、意訳してみましょう。

東京下谷《したや》箕輪《みのわ》町の士族稲葉藤四郎の弟小登次《ことじ》（二六歳）は幼少のとき両親を失い、一二歳のとき、大坂の俳優姫松という者に貰われて同地へ赴き、女形の芸を仕込まれて俳優になりました。一昨年の八月ごろ東京へ帰ってきたところ病気になってしまい、その薬代などのために衣装を売り払い、舞台への復帰ができなくなってしまいます。そこで「女形にて髪形から衣類も総て女仕立なる」のを幸いに、女と偽って田舎の茶屋稼ぎに出ることにしました。昨年九月一五日に東京を出立して茨城県筑波郡の料理茶屋を二、三ヵ月ずつ渡り歩き、この二月一八日からは、北相馬郡大鹿《おおしか》村の料理屋蛯原《えびはら》倉吉方へ住み込みました。化粧なども朋輩の女よりいっそう巧みで、家の者はもちろん、客も皆、女と思い込んでいました。ところが、ある客に連れられて取手の劇場へ見物に行き、その夜、深谷富次という車夫の人力車に乗って主人方へ立ち戻り、時刻が夜の一一時を過ぎていたので、車夫の富次も同家へ一宿して小登次の側に寝ることになりました。小登次が車夫の夜着の中へ潜り込み小声で言い寄ると、道すがら小登次の艶姿をチラチラ見て心を悩ましていた富次は、渡りに船の心地で性行為に及びました。その後、富次の口から「小登次は女でない」ということが広まり、小登次は一夜の情が仇となり、取手警察分署へ拘引され、同署より土浦区裁判所へ送られ、さる四月六日に同所にて鶏姦律に照され、懲役九〇日の処分となりました。

「女」として男性のペニスを受け入れた、つまり鶏姦された側の小登次が刑事処罰されていることがはっきりわかります。

また、この記事は、明治初期の女装者の状況を伝えるものとしても興味深く、女形が日常的に「髪形から衣類も総て女仕立」であったこと、本場（京・大阪）仕込みの女形の女装テクニックは、坂東の田舎なら十分に女として通用し、茶屋の仲居として人気が得られたことなどがわかります。

いずれにしても、小登次のような「女」としての性行動をもつ定常的な異性装（女装）者にとって、鶏姦罪の存在は、違式詿違条例の異性装禁止条項とともに二重の強い抑圧でした。

江戸時代に高度に発達した「男色文化」は、幕末の天保の改革（一八四一〜四三）による陰間茶屋の廃止で大きな打撃を受けました。しかしそれは、奢侈《しゃし》・遊興全般の禁制の一部としてであって、異性装や肛門性交を重要な要素とする「男色文化」そのものを禁じるものではありませんでした。それに対して、明治新政府が定めた違式詿違条例の異性装禁止条項や鶏姦律は、異性装や肛門性交そのものを法的に禁止したもので、その意味合いはまったく異なり、男色文化により大きな影響を与えたことはまちがいありません。

これを端緒に、近代化（西欧化）の過程で、さまざまな形で性別越境的な人々への社会的規制・抑圧が進み、性別越境者たちの存在とその文化は、アンダーグラウンド化していくことになります。

明治維新と文明開化は、異性装者にとって厳しい社会的抑圧の始まりだったのです。

2 女装と犯罪イメージの結合

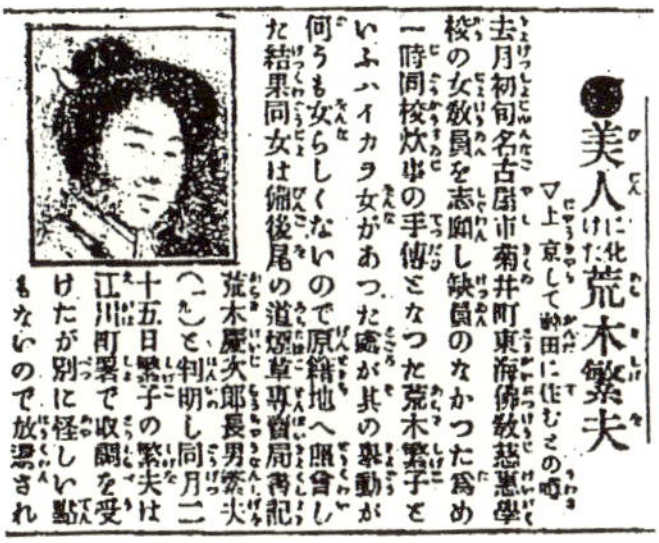

美人に化けた荒木繁夫
▽上京して神田に住むこの噂

去月初旬名古屋市菊井町東海佛教慈惠學校の女教員を志願し缺員のなかつた爲め一時同校炊事の手傳となつた荒木繁子といふハイカラ女があつた處が其の擧動が何うも女らしくないので原籍地へ照會した結果同女は備後尾の道煙草專賣局書記荒木慶次郎長男繁夫（一九）と判明し同月二十五日繁子の繁夫は江川町署で取調を受けたが別に怪しい點もないので放還され

図3－4　荒木繁子の上京を伝える新聞記事
（『読売新聞』1911年3月4日号）

明治末期の女性の流行の髪形である庇《ひさし》の張った束髪に、やや面長の美貌（図3―4）。『読売新聞』一九一一年（明治四四）三月四日朝刊に載っている写真です。当時の新聞の紙面には、まだ写真は数えるほどしかありません。まして若い美人の写真となると、いっそう目立ちます。でも、記事に付された見出しは「美人に化けた荒木繁夫」……。

この写真、たぶん新聞に掲載された最初の女装写真ではないかと思います。写真の主は荒木繁子（本名：

繁夫)、花も盛りの一九歳、当時、女装男子として有名だった人です。

記事は「上京して神田に住むとの噂」という小見出しで、繁子の最新の動静を伝えたもので、記者はわざわざ噂の潜伏先を訪ね、繁子の「姿は見えなかった」と確認していまです。記事のイメージは、まるで指名手配の犯罪者が上京して東京に潜伏しているかのようです。いったい「彼女」は何をしでかしたのでしょうか？

実は何もしていません。女装していること以外は。

「女装の賊」事件の頻発

違式詿違条例の異性装禁止条項や鶏姦罪は、一八八二年（明治一五）に施行された明治刑法には継承されませんでした。違式詿違条例の条項の多くは、明治刑法の違警罪に継受されますが、異性装禁止の条項はその罪目中には見えません。したがって、法文上は異性装は犯罪でなくなったはずです。

しかし、異性装者をめぐる社会条件が良くなったわけではありません。法文上は異性装者＝犯罪者でなくなっても、警察は異性装者＝虞《ぐ》犯者《はんしゃ》（犯罪を為す虞《おそ》れの強い者）という認識を根強くもち続け、異性装者への抑圧を続けます。

一八九七年（明治三〇）四月一九日の夜、東京芝の界隈を「島田まげ立派に結び、お召《めし》縮緬《ちりめん》の二枚重ねに吾妻コートを持ち添へ、黒繻子《くろじゅす》に博多の昼夜帯《ちゅうやおび》を占め」、「触れなば溢れん許《ばか》りの愛嬌をたたへて歩み行く」人物が刑事巡査に拘引され、麴町警察署に連行されました。

厳しい取り調べの結果、この艶姿の「女」が農商務省に勤務する森勝次郎（二三歳）であることがわかり、「農商務省官吏の女装」という見出しで新聞紙面を賑わすことになってしまいます（『読売新聞』明治三〇年四月二一日号）。

彼は、烏森（新橋）芸者や友人たちと向島に繰り出して遊んだ帰り道、「他の者を舟或《あるい》は車にて先に帰し、自分一人車にも乗らず女姿しゃならしゃなら歩み行きて多くの男に気を揉ませ呉《く》れんと」した「酔興」であると主張します。しかし、彼の堂に入った女装ぶりは、酔った末のその場の思いつきではありませんでした。取り調べの結果、彼は寄宿先の青物商の妻の紹介で、会社重役夫人からあらかじめ衣裳や鬘を借り、化粧の世話もしてもらうなど入念な準備をしていたことが判明します。

向島は、江戸時代からの花見の名所、現代でも白い雲のように咲き誇った桜が大川（隅田川）の水面に映る墨堤《ぼくてい》（隅田川堤）の美しい景色は、大勢の人に親しまれています。私も、仲良しの女友達と、墨堤の花見を何度か楽しみました。

彼の行為は、時期的にみても花見の余興としての仮装（女装）だったと思われます。この時期、女装は、法文上、犯罪ではありません。その証拠に、彼の計画的かつ念入りな女装に対する処分は「その不心得を諭して放免」でした。

では、いったいなぜ彼は逮捕されたのでしょうか？

明治時代の新聞記事を見ていると、明治後期、日清戦争が終わった頃（一八九五年）から、「女装の賊」のような見出しを付けた記事が目につくようになります。『読売新聞』では、一八九六〜一九一一（明治二九〜四四）の一六年間に窃盗九件、強盗二件の計一一件を数えることができます。

たとえば、一八九六年（明治二九）七月一〇日の夜一〇時頃、東京神田美土代町《みとしろちょう》の往来を「女のしごきだらりと結び、半染の手拭をあねさま冠《かぶり》にした」者が歩いていました。「腰付足取の風俗に似合はず武骨な」のが、巡査の目に止まり、「腰に巻きたる風呂敷包の如何《いか》にも怪しげ」なので、引き留めて尋問したところ、諏訪田栄太郎（二九歳）という男性で、かねて様子を知る神田美土代町質屋岡本市五郎方へ忍び入り、「女帯としごきを窃《ぬす》み取」った後、「途中見咎められん事を恐れ」、このような「異様な打扮《いでたち》」をしていたことが判明します（『読売新聞』明治二九年七月一二日号「女装の賊」）。

もう一例あげましょう。同じ年の九月二五日の午前八時頃、東京神田今川小路の勧工場《かんこうば》（多くの商店が一つの建物の中で種々の商品を陳列・販売した所）東明館前の路上に「女の風体、頭は姉様冠りにて顔は分からねど、如何にも不審」な人物がいました。巡査が捕えて尋問したところ、吉川七郎（二〇歳）という前科数犯の者で、「午前四時三十分頃、猿楽町十五番地加藤銀次郎方へ忍入り、女の衣類を盗み取り」このように女装していたことが判明しました（『読売新聞』明治二九年九月二六日号「女装の賊」）。

農商務省官吏森勝次郎が女装で逮捕されたのは、これらの「女装の賊」事件の翌年です、彼もまた「女装の賊」である可能性を疑われたのでしょう。彼の場合、女物の衣類の出所が明確で盗品でないことが確認されたので、犯罪として立件できなかったのです。

彼の逮捕の半年後の一〇月二六日の午前三時ごろ、吉原江戸町の芸妓小糸方へ忍び入り、「小糸の衣類帯等を盗みて之を着込み、浅草公園前まで来」た中西徳次郎（一九歳）という男が浅草警察署員に尋問され逮捕されています（『読売新聞』明治三〇年一〇月二七日号「女装の賊」）。

こうした「女装の賊」事件の頻発から、警察が、怪しい風体の「女」=「女装の賊」という認識をもつようになったと思われます。わかりやすく言えば、女装者=盗犯容疑者ということです。その認識に基づいて、女装者発見→不審尋問→予防拘束→厳重取り調べという段取りが常用化されていきます。それは警察にとって盗犯検挙の実を上げるというだけでなく、風俗壊乱の予防という意味をもっていました。

こうして女装者＝盗犯容疑者というイメージは、新聞の「女装の賊」記事によって、世間に流布されていくことになります。

五度も逮捕された女装男子

女装者を犯罪を行う虞れのある者（虞犯者）と見なす警察の方針の格好のターゲットにされた女装者がいました。一九〇四〜〇六年（明治三七〜三九）にかけて三度にわたって新聞に登場する東京四谷区南伊賀町の仕立物業、女装男子下川芳雄です。

芳雄は、「女にも見まほしき優男《やさおとこ》とて平素《ひごろ》より女の風に粧《よそお》ひ」、芳子という女性名を使っているように日常的な女装者でしたが、報道されただけでもなんと五度も逮捕されているのです。芳子はいったい何をしたのでしょうか。

一九〇二年（明治三五）一一月、二一歳の芳子は、四谷区鮫ケ橋谷町一丁目の大工遠藤喜作（四三歳）に月々一〇円ずつの手当をもらい牛込区市ケ谷富久町に妾として囲われましたが、女性でないことが露見し、「詐欺取財」で告発され、「重禁錮二ケ月、監視六ケ月、罰金四円」に処せられます。男性であるにもかかわらず妾奉公に出て、給金をもらったことが「詐欺取財」の罪とされたのですが、これはあくまでも警察・検事局の見解です。芳雄の居住地南伊賀町と大工の遠藤喜作の住所鮫ケ橋谷町一丁目とは、同じ四谷区内で五〇〇メートルも離れていない近隣です。芳子の噂はまったく伝わっていなかったのでしょうか？　もし、喜作が、芳子が女装男子だと知った上で妾にしたのなら「詐欺取財」は成立しないでしょう。実際は、かなり微妙なところだったのではないかと思います。

ちなみに、世の中には、わざわざ女装者を妾に囲いたがるような性的嗜好の男性は確実に存在します。十数年前、某上場企業の社長さんに、月三〇万円のお手当＋マンションの家賃という条件で「愛人になってくれ」と真顔で口説かれた経験がある私が言うのですから間違いありません。

出獄して親元で裁縫業をしていた芳子（二三歳）は、一九〇四年（明治三七）四月一三日、「四谷区南寺町宗福寺門前へ女の風にて忍び出で通行の兵士を欺きて金銭を騙取《へんしゅ》し」たことで、二度目の逮捕。実際は、兵隊さんとちょっと遊んで、お小遣いをもらった程度だったのではないでしょうか。

同じ年の一二月一八日夜、芳子は四谷区東信濃町一一番地の室内射的場に出向き、「騎兵一等卒を例の女の風にて欺きたる」という理由で三度目の逮捕（以上、『読売新聞』明治三七年一二月二〇日号「女装男子」）。

さらに二年たった一九〇六年（明治三九）三月、「女装して麴町区麴町一丁目七番地麴町郵便局員酒匂藤吉方へ一ケ月二円の給金」で下婢（下働きの女中）として住み込んでいたところを四度目の逮捕（『読売新聞』明治三九年三月二四日号「下婢は男子」）。

そして、五度目が、その翌月の四月一一日夜、「四谷区塩町三丁目の横町にて媚《なま》めきたる挙動あるより」逮捕（『読売新聞』明治三九年四月一三日号「又しても女装男子」）。

ある程度の犯罪性が推定されるのは二度目までで、三度目は射的場で男性と交際しただけ、五度目は「媚めきたる挙動」とあるだけで、具体的な行為はわかりませんが、男性に声でもかけたのでしょうか。四度目に至っては「台所業《わざ》から洗濯物、または裁縫まで」してまじめに女中奉公をし、雇い主からも「眼を懸け置」かれていたにもかかわらず逮捕されているのですから、もう無茶苦茶です。いずれにしても、これが本物の女性の行動だったら、当時の倫理観からして、ややふしだらではあるものの、逮捕されるような行為とはとても思えません。

五度の逮捕のうち、犯罪として立件・処罰されたのは一度目だけ、あとはすべて証拠不十分で釈放になっています。五度目の逮捕の際には「女装の廉《かど》にて十日間の拘留」と、記事ではいかにも女装行為で拘留一〇日間に処されたような記述がなされています。しかし、仮に違警罪が適用されたとしても、「拘留一〇日」は、違警罪の中でも最も重い、煙火（火薬）の取り扱い規則違反の処罰などを定めた四二五条（三日以上一〇日以下の拘留）の最高刑に相当し、あまりにもバランスを欠き不審です。一〇日間の拘留は、本件の立件や余罪追及のために警察が用意した取り調べ期間だったのではないでしょうか。

つまり、二～五度目の逮捕は、芳子が前科者であり、かつ本物の女性ではなかったからにほかなりません。警察は、芳子のような定常的な女装者を、虞犯者と見なして常に監視し、少しでも不審な動きがあれば予防的に拘束し、徹底的に取り調べるという方針だったのでしょう。

芳子のケースは、警察権力が強化された一方で、人権意識が希薄だった明治という時代、女装者であるというだけで、監視され、通常なら咎められないような行動であっても逮捕されて、犯罪者に仕立て上げることが現実に行われていたことを示しています。

この節のはじめに紹介した荒木繁子の写真入り新聞記事が、まるで重要指名手配犯のような作りであることも、女装者＝虞犯者という認識が根底にあるからこそなのです。こうした女装者にきわめて抑圧的な警察の方針と、それを事件として報道する新聞によって、女装者が単なる風紀違反者ではなく、窃盗などの刑事犯罪と密接な関連をもつ存在であることが社会に強くイメージづけられていきます。そうした女装者と犯罪者のイメージ的結合が意図的に進められた時期は、ほぼ日清～日露戦争の間（一八九四～一九〇四）と押さえることができます。

女装者を危険な虞犯者、社会悪的存在と見なす認識は、まさに近代の産物だったのです。こうした女装者への否定的な視線は、次の大正〜昭和初期に、異性装者を「変態性慾」として病理化し、反社会的存在として疎外・差別していく風潮の前提になったのです。

3 異性装の「変態性慾」化

鬘《かつら》を手に短髪の頭をさらした写真と、鬘をかぶった写真が対照されている新聞記事（『東京朝日新聞』昭和八年三月一九日号）。流行の洋髪、丸みのある顔の輪郭、形の良い眉、整った目鼻、「女装の男 銀座に現る」という見出しさえなかったら、「おや、なかなかの美人だな」と思う人もいたのではないでしょうか（図3―5）。

この写真は、一九三三年（昭和八）三月一八日、春まだ浅い銀座の街角で、ある紳士を誘って円タクに乗ろうとしたところを逮捕された女装男娼田中茂（一九歳）の姿です。注目してほしいのは、脇見出しの「生来の変態・辻君に転落」の文字。この「変態」とはどういう意味なのでしょうか。

「変態性慾」の登場

現在でも、「変態」という言葉は実に幅広く使われます。男のくせに女の格好をする人、男なのに男が好きな人、縛ったり鞭で打ったりして欲情する人、逆に縛られたり鞭打たれて感じる人、革やゴムなど特定の皮膚感覚や臭いに欲情する人、電車の中で女性のお尻を触る男、往来で性器を露出して見せる男、女湯を覗く男、子供に性欲を抱く男、女性の死体に欲情する男……。皆な「変態」と言われます。

私も、新宿の店で、酔っ払ったオヤジに「お前らみたいな変態のオカマは……」と説教を始められ、思わずカッとなり「じゃあ『変態のオカマ』の店で金払って酒飲んでるあんたは何なのさ」と言い返したことがありました。

ここで言う「変態」とは、通常と異なる性

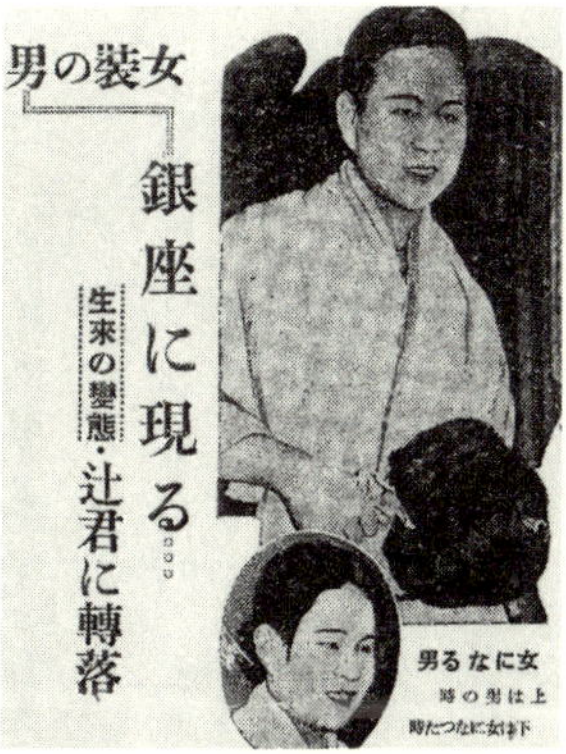

図3－5　逮捕された田中茂子（『東京朝日新聞』1933年3月19日号）

的嗜好、性的指向をもっている人、逸脱した性欲、つまり「変態性慾」をさしています。しかし、「変態」という言葉は、もともとは単に「普通と体裁が違うこと」という意味でした。それがどうして性的な変態、「変態性慾」を限定的に意味するようになったのでしょうか。

明治末〜大正期になると、同性愛や異性装を禁忌（タブー）とするキリスト教文化に基盤をおく西欧（主にドイツ）の精神医学が日本に導入されました。その結果、伝統的な男色文化は「変態性慾」として位置付けられ、同性愛者や異性装者は「変態性慾」の持ち主として精神病者視されていきます。それまでの日本には、同性愛者や異性装者を否定的に見る人はいても、それは特異な性癖の持ち主、風俗を壊乱する者という見方であって、精神の病と見なす発想はまったくありませんでした。

西欧で、それまで神に背く罪業とされていた同性愛や異性装などが精神病として位置付けられる端緒となったのは、ドイツの司法精神科医クラフト＝エービング（Krafft-Ebing 一八四〇〜一九〇二）が一八八六年に刊行した『性的精神病質』という本でした。

豊富な事例を提示しながら性的逸脱の種類・分類・原因を考察し、性的逸脱と精神病、そして犯罪との関係を述べたこの書籍はおおいに評判となり、何度も改訂増補が行われます。日本でも一八八九年刊行の第四版の翻訳が『色情狂編』という書名で一八九四年（明治二七）に出版されます。まだ同性愛という訳語はなく「反対性感覚・感情」という言葉が使われています。さらに、第一四版（一九一二年刊行）の邦訳が、早くも翌一九一三年（大正二）に『変態性慾心理』の書名で刊行されました。ここに初めて「変態性慾」という言葉が登場し概念化されたのです（斎藤、二〇〇〇）。

エービングの所説を日本的に展開して広く流布したのが、一九一五年（大正四）に刊行された羽太鋭治と澤田順次郎の共著『変態性慾論』でした。羽太と澤田は、大正期における通俗性慾学の大家ともいうべき存在で、『変態性慾論』は大正〜昭和戦前期にロングセラーを続け、大きな影響力をもちました。

以後、一九二二年（大正一一）には田中香涯《こうがい》が研究誌『変態性慾』を創刊（〜一九二五）、一九二八年（昭和三）には中村古峡《こきょう》が『変態性格者雑考』を刊行、そして、一九三四年（昭和九）には澤田順次郎の大著『変態性医学講話』が出版されます。こうして、同性愛をはじめとする性欲の異常を「変態性慾」と規定し、善良な社会に悪影響を与える病理という観点で論じる「変態性慾論」が、大正後期から昭和初期にかけて一世を風靡することになったのです。

変態性慾「進化論」

さて、こうした変態性慾学の中で、異性装者はどのように位置付けられていたのでしょうか。羽太鋭治・澤田順次郎の『変態性慾論』の分類から探ってみましょう。

変態性慾は、まず「顚倒的同性間性慾」、「色情狂」、「准色情狂」の三つに大分類されます。この「顚倒的同性間性慾」が現代用語の同性愛に相当し、「色情狂」と「准色情狂」が、現代で言う異性愛の中の量的・質的逸脱に当たります。

そしてこれら三つの大分類の下に小分類が下位概念として位置付けられます。たとえば「色情狂」に含まれるのは、「色情亢進《こうしん》」、「淫虐狂」（サディズムに相当）、「屍姦」、「獣姦」、「マゾヒスムス」、「性的狂祟」（フェティシズムに相当）、「無性物に対する淫行」、「強姦」、「陰部露出症」、「陰部玩弄《がんろう》症」など。「准色情狂」は「自瀆的遂情《すいじょう》」（オナニーに相当）、「近親姦淫」、「年齢上の倒錯」、「姦通」、「駆落」、「嬰児殺害」、「堕胎」、「性的自殺（情死）」などです。

オナニーの習慣がある人は男女を問わず「自瀆的遂情」で「准色情狂」、また結婚前なのに性体験がある女性は「色情亢進」の診断で「色情狂」とされる可能性がありました。実際、非処女＝変態という認識は、戦後の昭和二〇年代まで残っていました。もしこの時代の診断基準を現代人に厳格に当てはめたら、「僕も変態、あたしも変態」という事態になりかねません。

「顚倒的同性間性慾」の下には、「男性間性慾」、「女性間性慾」、「半陰陽者」、「女性的男子」、「男性的女子」が並びます。このうち、異性装者と重なってくるのは「女性的男子」と「男性的女子」です。

「女性的男子」について見てみましょう。「女性的男子」は、「男子にして、精神的に自ら女子と感覚するもの」と定義され、その感情・性格上の異常は、小児の時から「女装を為し」、女児と遊び、「人形を弄し」、遊戯においても「飯《まま》ごと」「毬《まり》つき」「唱歌」を好み、男子の遊戯を顧みず、やや長じては「家事の手伝」「料理」「裁縫・刺繡」を好み、「化粧に憂き身」をやつし、成人後も「服装」「装飾」「芸術」「舞踏」「音楽」などを趣味とし、「文学を愛す」るが、「飲酒」「喫煙」「野球」など男性的行為を好まないという特徴が観察されるそうです。そして「最も好むところのものは、女装を為すこと」で、「事情の許す限りは、常に女装を着けて、女子の如く、見られんことを希望する」とされます。

我が身に引き比べて、なかなかよく合致するところがある一方、「唱歌」「音楽」「芸術」「文学」が女らしさの指標とされると首を傾げてしまいます。「男性的女子」はほぼこの裏返しですから、私の知り合いのお酒を飲みながら野球の試合を見るのが大好きな着物好きの女性などは、どう判定されてしまうのでしょう？

ここで注目しておきたいのは、女装を重要な指標とする「女性的男子」のような異性装者が同性愛者の下位概念として位置付けられていることです。さらに分類構造的には下位でありながら、「女性的男子」は、「男性に対する色慾のみを有する」男性と定義される「男性色情者の、進みたるもの」とされていることです。つまり、「女性的男子」は、「男性色情者（男性同性愛者）」の病状が進化した形態と考えられていたのです。

こうしたある種の「進化論」は、「女性的男子」の病状進化形として、「女化」男子を設定することによって完成されます。「女化」男子は「女性的男子の進みたる」もので、精神及び身体ともに女性化した男子です。身体的な「女化」は、骨格、容貌、音声などに特徴的に現れるとされました。

つまり、「顚倒的同性間性慾」は、「男性色情者」→「女性的男子」→「女化」男子という段階で変態性慾の度合が進化（病状悪化）するとされたのです。

社会的差別の論拠を提供

このような精神の「変態」が身体の変化として現れるという説が確立した結果、「男性同性愛者の身体は一般の男性と必ずどこか異なるはずだ」という仮説が生まれ、戦前〜戦後にかけて男性同性愛者を身体検査して「女化」の傾向を見つけようとする研究や、逆に身体の「女化」兆候から男性同性愛者を見つけ出そうという検査が繰り返されることになりました。現代でも「男性同性愛者の容貌は女性的」というような誤解が残っているのはこのためです。

この説に立つと、骨格はともかく容貌や音声の「女化」が進んでいる私などは、「女化」男子として最も深刻な「変態性慾」者ということになります（まあ、他にもマゾヒズムとかいろいろ合併症があるので否定はしませんが）。

しかし、この説には根本的な欠陥があります。それは、「女性的男子」や「女化」男子は必ずしも、「男性に対する色慾のみを有する」「男性色情者」ではないという現実です。江戸時代の女形に妻帯者が多かったように、また私をはじめとして現代の女装者に「女好き」、性欲学的な言い方をすると「必ずしも男性に対する色慾を有するとは言えず、女性に対する色慾も有す」る者がけっこう多いことは、間違いのない事実なのです。

言葉を変えると、男性が女装するという行為と、男性が男性に欲情する（色欲を抱く）ということは、本来別物であって、重なることはあっても、必ずしも常に伴うものではないということを、近代の性欲学は見落としていたのです。

現代でも、男性同性愛者は必ず女装する、もしくは仕草や言葉が女っぽい、あるいは女装する男は必ず男が好きだと思い込んでいる人を見かけますが、近代の性欲学の悪しき残響というべきでしょう。

もちろん、そういう人もいますが、必ずしも圧倒的多数ではなく、そうでない人も多いのです。つまり、ジェンダー表現とセクシュアル・オリエンテーション（性的指向）は必ずしも連動しないということです。そこを連動させて考えてしまうから、男らしいゲイ同士のカップル、女らしいレズビアン同士のカップル、女好きの女装者などの存在が理解できなくなってしまうのです。

そうした現代からの批判はともかく、「性欲学」が「変態性欲（「変態」）」という概念を創出し、その中核に同性愛・異性装を据えたことの意味と影響は限りなく大きなものがありました。精神医学・性科学の学問的権威に裏付けられた同性愛・異性装＝変態性欲（変態）言説が、書籍によって広く流布されたことで、同性愛者・異性装者を抑圧し社会的に疎外しようとする人々は、「変態」という指弾の言葉と「確たる」科学的根拠を手に入れることができたのです。

わかりやすく言えば、今までは「男が女の格好して何が悪いのよ、歌舞伎の女形と同じじゃない」「男が男を好きになって何が悪い。そういうことは江戸の昔からあったろう」という反論に十分な対応ができなかったのが、変態性欲言説が流布した以後は「そういうのは全部、変態だ、精神病だ、社会悪だ、だから絶対に認められない。ほら、偉いお医者さんや科学者もそう言っているだろう」と、書棚から羽太・澤田の『変態性欲論』を取り出して見せれば、反論を簡単に封殺できるようになったのです。

こうして、ドイツから輸入された精神医学という権威によって、女性的な資質をもち、女性として生を送りたい男性は、すべて「女化男子」として「変態」のレッテルを貼られ社会的に存在することが許されなくなります。古代社会以来の伝統を持つ日本の性別越境者たちは、西欧化によってもたらされたキリスト教文化を基盤とする思想や学問（精神医学）によって「変態」の烙印を捺され、社会から疎外され、その固有の社会的役割を喪失していったのです。

近代における同性愛者・異性装者に対する社会的抑圧・差別の理論的根拠を提供し、「変態」の烙印を捺すことで、大勢の先輩たちを長い間苦しめ続けた精神医学・性科学の所業と加害者性を、現代の同性愛者・異性装者は、けっして忘れるべきではないと思います。

4　抑圧の中を生きぬく

立ち姿と座り姿の二人の女。二・二六事件が起こり、日本が軍国体制に傾斜していった一九三六年（昭和一一）に撮影された写真です（図3―6）。座っている方の女は、黒繻子の襟を付けた大きな花柄の裾模様の着物を、胸元をくつろげてゆったりと着付け、髪も古風な島田に結って、粋筋の女性の雰囲気を漂わせています。整った目鼻だちは美人と言っていいでしょう。ちょっと首が太いような気がしますが……。

この「清ちゃん」は、若い頃、徴兵検査で、見事、日本男児の誉れである甲種合格になった経歴をもつ在郷軍人です。ただし、宇都宮の連隊に入営後は、特技である髪結いの技術を生かして、もっぱら将校の家を訪れては奥さんやお嬢さんの髪を結っていたという話ですが。

この写真は、たとえどんな時代でも女装者は存在し、どんな抑圧の強い状況下であっても、女装者として生き抜いてきたことを物語っているように思います。

女装芸者「花魁の清ちゃん」

昭和の初め頃、栃木県の塩原温泉に「花魁《おいらん》の清ちゃん」という有名人がいました。清ちゃんは、戸籍上、八木澤清吉という名を持つ立派な男でありながら、日常の身なりも性格も女そのもの、本業は髪結い業で、那須・塩原に遊覧にくる著名女性たち、例えば女優の栗島すみ子などが贔屓にするほどの腕で、なかなかの盛業ぶりでした。そんな塩原温泉の女装髪結いのことが新聞で報道されると、遊興客の中には「清ちゃんを呼んでくれ」と頼む人も多くなりました。すると清ちゃんは白塗りの濃化粧に髪を結い上げた芸者姿で座敷に上がり、三味線と踊りを披露し、チップをもらうという「芸者もどき」の稼ぎをはじめました。それがまた当時の「エロ・グロ」趣味の世相に乗ってますます評判になり、その人気振りは『読売新聞』が、なんと一九二九年（昭和四）元旦の紙面に清ちゃんのインタビューを載せていることからもわかります。

図3－6　花魁の清ちゃん（右）
（『風俗奇譚』1965年8月号）

「清ちゃん」が評判になる少し前の

大正の末~昭和の初めにかけて、茨城県の平磯（現：ひたちなか市）に「兼ちゃん」という芸者もどきがいました。大酒飲みだったようですが、大漁節の名手として知られ、喉の良さに加えての美貌、「男が大好き」という媚態で人気者でした。この「兼ちゃん」や「清ちゃん」のように、男性でありながら女姿でお座敷に出る芸能者を、私は「女装芸者」と呼んでいます。

花街の遊宴の席で、女芸者に混じってお座敷で芸を披露する男性芸能者としては、幇間《たいこもち》と呼ばれる人たちがいました。しかし、彼らは男姿であって女装することはありません。また、芸者という身分は、戦前は鑑札制、戦後は検番登録制で、戸籍上の女性でなければなれない仕組みでした。ですから、「清ちゃん」がそうであったように、女装芸者の多くは非公認で、厳密に言えば「芸者もどき」というべき存在だったと思われます。しかし、女装芸者は、数こそ少ないものの明治~昭和を通じて日本のあちこちの有名温泉地などにいたらしいのです。

今のところ、女装芸者の資料的初見は、一九〇七年（明治四〇）に朝鮮の平壌《ピョンヤン》に進出したことが『読売新聞』に報じられた、二四~二五歳の美貌の女装芸者「桃太郎」と思われますが、おそらく、実態的にはもっと以前から存在したでしょう。

女装芸者は、江戸時代の陰間がそうであったように、伝統的な異性装者の芸能的職能を受け継ぐ存在でした。また、「変態」概念が流布される中、定常的な女装者が生き抜いていくのが困難な時代に残されていた数少ない社会的受け皿のひとつでした。一方、女装芸者が存在し得たということは、この時代においても、女装の接客業に対する一定の社会的需要があったことを示しています。

どれだけ「変態」概念が流布されても、女装者好きの男性の嗜好や、女装者にあこがれや親しみを抱く女性の心理を根絶やしにすることはできなかったのです。

女装男娼「愛子」

国立国会図書館の特別閲覧室には、旧内務省が発禁処分にした一群の図書が収蔵されています。その中に、流山龍之助著『エロ・グロ男娼日記』という文庫判一〇八頁の小冊子があります（図3—7）。昭和六年（一九三一）五月二五日に、下谷区西町（現：台東区東上野一丁目）にあった三興社から刊行された翌日、「風俗」を乱すという理由で発禁処分を受けた、いわく付きの本です。黄色と

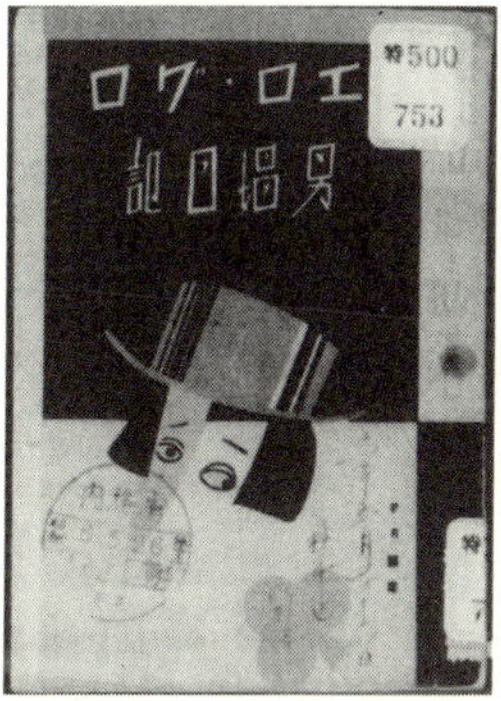

図3－7　『エロ・グロ男娼日記』の表紙

黒のモダンなデザインの表紙には、処分を示す内務省の丸印が捺されています。後に「削除改訂版」が出たようですが、現存する初版はおそらくこの一冊のみと思われる貴重なものです。

主人公は、浅草の女装男娼「愛子」（二二歳）。時代は、帝都東京がエロ・グロブームに沸き、モダン文化が花開いた一九三〇年（昭和五）ごろ。愛子の日記（手記）の形態をとった実録（？）小説です。

愛子の日常をのぞいてみましょう。自宅は浅草の興行街（六区）の近く、朝は九～一〇時に起き、床を畳み、姉さんかぶりで部屋を掃除し、その後、化粧にかかります。牛乳で洗顔、コールドクリームでマッサージ、水白粉《みずおしろい》で生地を整え、パウダーで仕上げ、頬紅をたたき、口紅、眉墨を入れます。髪は櫛目を入れ、アイロンで巻毛とウェーブを付けます。当時、モダンガールの間で流行していた最新ヘアー・スタイルです。しゃべり言葉の一人称は「あたし」「あたくし」。銭湯は以前は女湯を使っていましたが、男娼として界隈で有名になったので、今は男湯。ほぼフルタイムの女装生活です。

遅い朝食を食べに食堂に入ると、男性から「よう、別嬪！」と声がかかり、馴染み客からは「お前はいつ見てもキレイだなぁ。まるで女だってそれ程なのはタントいねぇぜ」と言われるほどで、かなりの美貌。初会の客が女性と誤認するのもしばしばで、警察に捕まった時も、刑事にも「なかなかいいスケナオ（女）ぢゃねえか」と言われ女子房に放りこまれたほど。今風に言えば、パス度はかなりのハイレベルです。

若い美人、しかも気立ても穏やかですから仕事はいたって順調。会社員の若い男を誘い旅館で一戦した翌日は、朝食後にひょうたん池（浅草六区）で出会った不良中学生三人を自宅に連れ込んで、まとめて面倒をみてやり、夜になって時間（ショート）の客一人、泊まり客一人で収入六円という一日。電車初乗りが五銭、そばが一〇銭、天丼が四〇銭という時代ですから、六円は現在の物価に換算して一万五〇〇〇円くらいでしょうか。

銀座で五十年配の立派な紳士（退役陸軍大佐）に声をかけられ大森海岸の待合で遊んだり、ブルジョア弁護士の自家用車で、なんと京都・大阪までドライブしたり、「旦那いかがです」と、うっかり私服警官に声をかけて、留置所で一〇日間を過ごすことになったりと、なかなか波乱に富んだおもしろおかしい生活を送っています。最後は、醜男ですが誠実な請負師の熱烈な求愛を受け入れ、当時あこがれの郊外（世田谷の三軒茶屋）の文化住宅での「お妾」生活に納まり、ハッピー・エンドとなります。

「闇の男」たち

昭和初期という時代に、よくこんな小説を書く人がいたなぁと思いますが（案の定、発禁になったわけですが）、問題は、愛子のような女装男娼が、昭和初期の東京に実在したか、ということです。

当時の新聞を調べていくと、一九二七年（昭和二）ごろから、女装男娼の摘発（逮捕）事例が新聞の社会面に現れるようになります。その数は、一九三七年（昭和一二）ごろまでの一〇年間に一〇例ほどを数えることができ、当時の東京の盛り場である浅草や銀座では、少数ですが定常的に、女装男娼が女性の街娼に混じって活動していたことがわかります。

当時流行の派手な色柄の錦紗《きんしゃ》の着物にお対の羽織、やはり最先端ファッションの絹の大きなショールを肩にかけ、これまた流行のウェーブをかけた髪に手をやって婉然《えんぜん》とほほ笑む女性（図3―8）。

この写真の主は、一九三七年（昭和一二）三月二七日の夜、銀座七丁目の資生堂前でうっかり私服刑事の袖を引いてしまい逮捕された福島ゆみ子と名乗る「女」です。ところが、取り調べの最中、実は山本太四郎（二四歳）という女装の男性であることがわかり築地署保安係の刑事たちもびっくり。なにしろ逮捕連行した刑事も女性とまったく疑わなかったほどで、写真に付せられた「男ナンテ甘いわ」という台詞もうなずける見事な女っぷりです（『読売新聞』昭和一二年三月二八日号）。

ちなみに『東京日日新聞』は、三月三一日発行の写真特報版で一面すべてを使って「彼女」の大きな写真を載せ、「これが男に見えますか」という見出しを付け、解説文でも「どう見ても女」と、その女っぷりを絶賛（？）しています。

当時「闇の女」と呼ばれた女性の街娼に対して、福島ゆみ子のような女装男娼は「闇の男」と呼ばれていました。「彼女」たちの存在が顕在化するのは意外に遅く、東京では一九二三年（大正一二）の関東大震災以後のようです。それ以前にもいないはずはないのですが潜在していたのでしょう。一九二〇年代には震災から復興した東京最大の盛り場浅草を拠点に活動していたのが、一九三〇年代に入るとモダン東京の盛り場として台頭してきた銀座に姿を現すようになります。

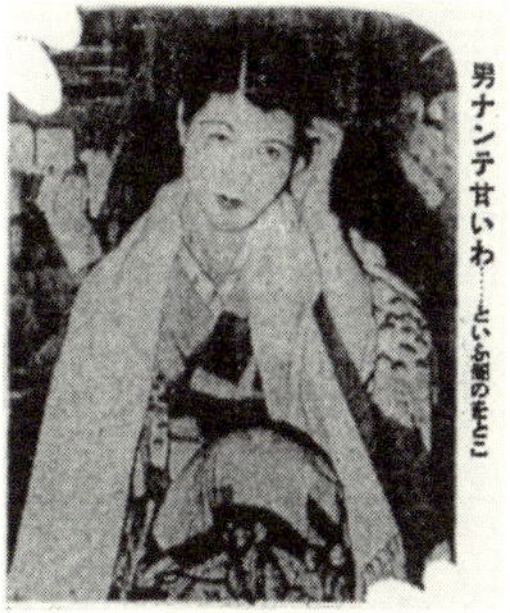

図3－8　美貌の女装男娼、福島ゆみ子（『読売新聞』1937年3月28日号）

おもしろいのは、街頭での誘客行為を理由に、つまり街娼として逮捕されても、戸籍上は男性だとわかった途端、容疑が消滅してしまうことです。なぜなら逮捕の根拠となる「密淫売」の罪状が、行為者を女性と規定していたからです。前節の冒頭で紹介した田中茂子にしても、この福島ゆみ子にしても、男性とわかった以上、警察としては罪に問う法律がないため、余罪がなければ「厳重に説諭の上、釈放」ということになったはずです。戦後になっても、警察は女装男娼の摘発の法的根拠にずいぶん頭を悩ますことになります。

江戸時代の陰間、昭和の女装男娼、そして現代のニューハーフ・ヘルス嬢、男性から女性への性別越境者にとって、セックスワークは、芸能と並ぶ伝統的かつ重要な生業だったことは間違いありません。それは、一般の職業から閉め出された「彼女」たちにとって、生き抜いていくための最後の手段だったのです。

私は『エロ・グロ男娼日記』の女装男娼「愛子」は、小説的な理想化がなされているとはいえ、実在のモデルがあったと考えています。大繁盛だった愛子ほどでなくても、女装男娼という職業が成立していたということは、「彼女」たちに対するそれなりの社会的需要があったことを示しています。女装者がいつの時代にも存在したのと同じように、女装者好きの男性もいつの時代にも存在していたのです。

「旧歌舞伎といふ如きは変態芸術」

「変態性慾」概念が社会的に流布されるにつれて、女装の芸能者（女形）の活動範囲はますます制約されていきました。評論家で近代演劇普及の旗手だった島村抱月は、一九一一年（明治四四）に「日本の旧歌舞伎といふ如きは変態芸術」（「女優と文芸協会」）と断じていますが、この批判はまさに女装すなわち変態という最新輸入の概念に基づいているのです。

歌舞伎は「変態芸術」という汚名を避けるために、女性的な資質をもった者を排除し、女形の門閥化を進め、女形も舞台以外の日常を男性的に振る舞うよう強く求めていきました。戦後の一九六三年（昭和三八）のことになりますが、歌舞伎女形の中村芝鶴《しかく》（一九〇〇〜八二）が女形を志望する入門希望者に対して「志願者は多いが、みな変質者でね。芝居をやりたいっていうより、女の着物を着たい、お化粧をしたいっていうものばかりでね、いくら私たちでも気味が悪いよ」と語っています（「『志願者は〝異常者〟ばかりで…』―〝女形〟補充に頭のいたいカブキ―」『週刊読売』一九六三年八月一一日号）。

歌舞伎女形の当事者が女性的性向をもつ者を「変質者（＝変態）」と決めつけ否定しているのです。「平生を、をなごにて暮ら」すという芳沢あやめの遺訓は、いったいどこに行ってしまったのでしょうか。九世団十郎の歌舞伎「近代化」から八十余年で、女形観はここまで変質してしまったのです。

ところで、日本映画は、一九〇九〜一〇年（明治四二〜四三）頃から継続的に制作されるようになりますが、女優が登場する以前は、スクリーンに出てくる女性の役は、歌舞伎と同様、ほとんどすべて女形が演じていました。映画における女形の存在は、多くの演劇史や映画史でほとんど無視されていますが、スクリーンに女優が登場するのは、かなり後のことなのです。例えば、一九一四年（大正三）に大当たりをとった『カチューシャ』（細山喜代松監督、日活）の主演は、女形俳優の立花貞二郎でした。

ところが、第一次世界大戦後、アメリカ映画に影響された革新運動が起こり、女優の起用が提唱され、一九一九年（大正八）の『生の輝き』（帰山教正監督、映画芸術協会）に起用された新劇女優花柳はるみが、日本映画史上の第一号女優となります。一方、女形は「不自然」「アップに堪えない」などの理由で活躍の場を追われ、一九二〇年（大正九）の衣笠貞之助主演『尼港最後の日』（阪田重則監督、日活）が最後の女形主演作品となり、女優の出現後わずか数年で女形の姿はスクリーンから消えていきました。

映画界から女形を追放し、歌舞伎女形の本質を失わせたのは、男性が女性を演じることは「自然でない」「変態である」とする女形否定論でした。「自然でない」という言説は、明治後半から大正期にかけて西欧から導入された自然主義の思潮に基づくもの、「変態である」という言説は、いうまでもなく変態性慾論を背景にしたものでした（光石、二〇〇三）。

性別越境を重要な要素としてきた日本の演劇は、近代になって移入された自然主義と変態性欲論によって大きな転機に立たされたのです。

新派の花形女形「桃蝶」

歌舞伎の門閥化と映画の女形追放によって、女性的な美貌と演劇的才能に恵まれた若者は、自分の特性を生かす道を狭められ、明治期に歌舞伎（旧派）に対抗して台頭してきた舞台劇「新派」や大衆演劇に活躍の舞台を求めざるを得ませんでした。

「新派」の舞台の中心は女形で、喜多村緑郎（一八七一～一九六一）、河合武雄（一八七七～一九四二）、花柳章太郎（一八九四～一九六五）が「新派の三女形」と称され、根強い人気を保っていました。日常的には、きわめて男性的だったという喜多村緑郎と花柳章太郎に対し、河合武雄は日常的にも女言葉を使うなど女性的であったようですが、さらに女性的傾向が強かったのが、新派の曾我廼家《そがのや》五郎劇団の立女《たておや》形《ま》として大正の末から昭和戦前期に活躍した曾我廼家桃蝶《ももちょう》（一九〇〇～？）です（図3―9）。

図3－9　曾我廼家桃蝶の娘姿（曾我廼家、1966）

桃蝶が舞台人生の大半を過ごした曾我廼家五郎劇団は、座長の五郎の性的指向（女装者好き）を反映して、女優を使わず、桃蝶、秀蝶、菊蝶など美形の女形を数多く擁し、「女形天国」と言われた劇団でした。

桃蝶は、一九六六年（昭和四一）、引退に当たって自叙伝『芸に生き、愛に生き』（六芸書房）を出版しますが、その序文で「女性を愛することの適《かな》わぬ男性」であり、男らしさが「どこにも全く無い」人間であることを「強《し》いてかくそうとは、一度もしたこと」がない、と告白しています。実際、その生い立ちや経歴を読むと、桃蝶の意識や言動はほとんど女性そのもので、女性として男性を愛していることがよくわかります。

ちなみに、今まで男性同性愛を明確に告白した自伝としては、一九六六年一二月に出版された東郷健『隠花植物群』（宝文書房）が日本最初とされてきましたが、桃蝶の『芸に生き、愛に生き』は同年一一月の発行で、わずかにそれを溯ることになります。

一八歳で演劇界に入り、女性的美貌とあふれんばかりの色気を武器に新派の花形女形として活躍した桃蝶の人生は、生まれつきの性別（男）では生きていけない性別越境者がその特性と才能を生かして生きていく余地が、大正～昭和初期の演劇界にはまだかろうじて残っていたことを示しています。しかし、その余地もやがて戦火の中に失われていきました。

変わることない大衆の意識

女装＝変態とする変態性欲論が流布し、演劇評論家が女形否定論をさかんに唱えても、そうした風潮が、演劇を観る人々の側にまで蔓延したかというと、そうではありません。大正期にも六世尾上梅幸（一八七〇～一九三四）や五世中村歌右衛門（一八六五～一九四〇）のような一時代を築いた歌舞伎の女形が活躍していますし、新派も前述の「三女形」と呼ばれたスターによって支えられていました。女形や性別越境者への関心は、大衆レベルではほとんど失われることなく、その興行的な価値も低下していなかったのです。

図3－10　女性用の着尺をデザインする花柳章太郎（花柳、1963）

そうした傾向は、とりわけ女性において顕著でした。昭和初期、一九二五～三五年頃の婦人雑誌には、女装姿の花柳章太郎、曾我廼家桃蝶・秀蝶らの女形が、映画女優らに混じってしばしば登場していました。変態性欲論も女形否定論もどこ吹く風といった感じです。

中でも花柳章太郎は、女性の衣料、着物世界に大きな影響力をもっていました。女装で婦人雑誌のグラビアを飾るだけでなく、その著『きもの随筆　わたしのたんす』の口絵には、自ら着尺《きじゃく》のデザインをする章太郎の写真が載っています（図3―10）。女形が流行の起点となり、女性のファッション・リーダーだった江戸時代以来の伝統は、まだ残っていたのです。

ここに西欧輸入の新思想によって変わってしまった部分と、それによっても変わらなかった一般庶民（特に女性）の意識の対照、乖離が見て取れるように思います。言葉を換えるならば、どれほど西欧の思想・学問の権威に裏付けられた高尚ぶった論説によっても、日本人の女装好き、古来から受け継がれてきた双性原理を根底から変えることはできなかったのです。

その結果、日本の近現代社会は、上からの「近代化」によって構築された社会システムや「変態性慾」論の影響を受けたインテリ男性の意識は、性別二元・異性愛絶対的で、異性装者や同性愛者に否定的・抑圧的である一方、そうしたものが届かなかった一般庶民の意識は、前近代のままで、異性装者や同性愛者に対して抑圧的ではなく、異性装芸能への嗜好に表れるように異性装者に対しては親和的ですらある、といった二重性をもつことになりました。

異性装者や同性愛者に対する人々の意識には、江戸時代的なるものと西欧移入的なるものという近代日本国家の二重構造が、そのまま投影しているのです。

この章の最後に、数字を示しましょう。明治期二・二件、大正期一・二件、昭和戦前期五・〇件。これは『読売新聞』に掲載された女装・男装記事の年平均値です。一九六〇年代に『朝日新聞』に掲載された女装・男装記事の年平均値が一・四件であることと比較すると、数字の意味が見えてきます。異性装がアンダーグラウンド化した明治～昭和戦前期であっても、意外なほど女装・男装に関する記事は多いのです。

まして、明治期などは、新聞紙面が二～四頁だったことを考慮すると、現代の十数倍もの掲載頻度ということになります。もちろん、その大半はけっして女装・男装に好意的な記事ではありません。しかし、好意的か批判的かはともかく、新聞も売り物ですから読者が関心のないネタを繰り返し載せることはしないはずです。つまり、裏返せば、女装・男装ネタは明治期の新聞読者の関心事、好奇心を刺激する話題だったということです。

第４章　戦後社会と女装

1　女装男娼の世界

ここは、一九四八年（昭和二三）秋の東京上野駅です。アメリカ軍の空襲で焼け野原になった東京も少しずつ復興が進みつつあります。とはいえ、食料も衣料も住居も不足が深刻で、人々の生活はまだまだ混乱状態にありました。東京の北の玄関口、上野駅前の闇市（現在のアメ横）は、闇物資を売り買いする人たちで今日も大賑わいでした。その一方で、その日の食べ物、寝る場所にも困る浮浪者・浮浪児が駅の周辺だけで七〇〇人以上もいるという状況でした。

夜の上野駅周辺はまた別の顔を見せます。夕闇の訪れとともに、あちらの街角、あのガード下、あそこの柱の陰に女性が立ち始めます。生活のために身を売る「闇の女」（街娼）たちです。その数は三〇〇人とも五〇〇人とも言われました。

ほら、駅構内のあの柱のところの人（図4―1）、大輪の花柄の銘仙の長羽織姿が華やかで、背もすらっと高く、小金持ちの男性ならちょっと声をかけたくなるような美形ですね。でもなんだか、ちょっと肩幅が……。

上野の男娼世界

一九四六年（昭和二一）、戦災で焼け野原となった東京の街に、女装のセックスワーカーである男娼たちが姿を現します。とりわけ上野駅周辺には、数百人の街娼（女性）たちとともに数十人の女装の男娼が集まり、いわゆる「ノガミ（上野を逆読みした符丁）の男娼世界」が形成されました。

敗戦によって旧体制が崩壊した昭和戦後期には、明治～昭和戦前期に抑圧されていた「男色文化」が急速に顕在化しますが、そのフロントランナーとなったのが、女装の男娼たちでした。

図４－１　上野駅構内の女装男娼（南、1985）

敗戦後の社会的混乱期である一九四〇年代後半に顕在化していたトランスジェンダーは女装男娼だけで、それ以外のトランスジェンダーな存在や同性愛者たちは、まだほとんど潜在した状態でした。ですから、上野の女装男娼は、戦後日本のトランスジェンダー世界の原風景と言えるのです。

江戸時代の上野は、山上に徳川将軍家の菩提寺である東叡山寛永寺が、山下には盛り場である上野広小路があり、陰間茶屋が栄えた湯島天神下にも近く、また不忍池周辺には男女の密会の場に使われる出会茶屋があるという、聖と俗とが隣接する空間でした。

維新後の一八七三年（明治六）に上野の山一体が公園に指定され、一八七七年の第一回内国勧業博覧会をはじめとして昭和初期にかけてしばしば博覧会の会場になり、山上には国立博物館、動物園、図書館、美術学校、音楽学校などが次々に設置され、ハイレベルな文化・教育の空間となりました。

そうした高尚な文化的雰囲気は戦後混乱期になると一転してしまいます。この時期に上野に大勢の街娼（女性）や女装男娼が集まったのは、上野駅が東京の北の玄関口として人や物資の集散が活発だったこともありますが、上野公園という野外性交渉の場として絶好の広大な空間を抱えていたことが大きな理由でした。戦災で多くの家屋が失われ、屋内での性交渉の場が確保しにくかった当時にあって、上野の山は貴重な性交渉の空間だったのです（井上、一九九九）。

上野に形成された女装男娼の世界は、一九四八年頃に全盛期を迎え、その数は五〇人を越えるほどになります。「彼女」たちは自らを「オンナガタ」と称し、仲間を「御連《ごれん》さん」

と呼び、数人単位で上野駅に程近い下谷万年町（現：台東区東上野四丁目）などのアパートに住んで、夕闇が訪れる頃になると、仕事場である上野の山周辺に出勤しました。そして、西郷さんの銅像の下あたり（山下）や不忍池の畔（池の端）に立ち、道行く男を誘い、上野の森の暗がりの中で、性的サービスを行ったのです。

「彼女」たちの出自はさまざまでしたが、主に、戦前から浅草辺りで薄化粧して客を引いていた流し芸人の「男色者」、戦災で活躍舞台を失った女装演劇者（「女形《おやま》崩れ」）、軍隊生活で受け身の同性愛を体験した復員兵（「兵隊崩れ」）などから構成されていたようです。一九四八年の調査によると、年齢は二三歳から四五歳で平均は三〇歳、意外と年齢が高いところに辛苦の人生がしのばれます（南、一九八五）。現在、僅かに残されている写真を見ると、多くは、当時の女性ファッションの主流だった和装で、洋装はまだ稀でした。

ところで、女装男娼たちは、仕事場である上野の山では男娼群全体を代表する「お姐さん（姐御《あねご》）」に統率されていましたが、このような集団化・組織化は、個人行動がほとんどだった戦前の女装男娼にはみられない形態で、上野に始まる戦後の女装男娼世界の特徴になっていきます。上野に集まった男娼の数がそれだけ多く、男娼相互の競合関係を円滑にし、客とのトラブルを解決し、さらには大勢力である街娼（女性）グループと対抗・提携するためにも組織化が必要だったのでしょう。またそうした集団化の中で、化粧や女着物の着付け、特殊な性的テクニックなど女装男娼に不可欠な技術が継承されていったと思われます。

一九四八年一一月二二日の夜、上野の森で大規模な風紀取締り（狩込み）が行われ、街娼四〇〇人、女装男娼五〇人が検挙されました。ところが、それを視察中の田中栄一警視総監（後に衆議院議員）一行に随行していたカメラマンが、街娼を無断で撮影したことに男娼たちが怒って揉み合いになり、その混乱の中で総監が殴打され、帽子を奪われるという事件が起こってしまいます。警察はそのメンツにかけて上野の森の取締りを強化し、一二月九日には上野公園の夜間立ち入り禁止処置がとられます。仕事の場を奪われたことにより、上野の男娼世界は大きな打撃を被ることになりました。

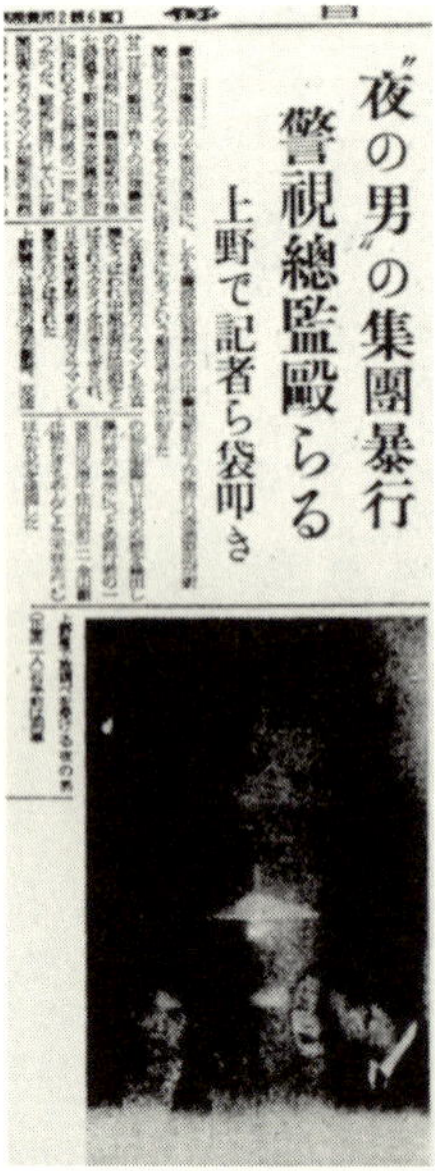
"夜の男"の集團暴行
警視總監毆らる
上野で記者ら袋叩き

図４－２　「警視総監殴打事件」を報じる新聞（『毎日新聞』1948年11月23日号）

この「警視総監殴打事件」が新聞に大きく報道され（図4―2）、当時の性風俗情報メディアの中心だったカストリ雑誌が一斉に取り上げたこと、さらに上野の男娼世界を克明に描いた実録小説、角達也『男娼の森』（一九四九年、日比谷出版社）が隠れたベストセラーになったことで、「ノガミの男娼」の名は一躍全国に広まります。しかし、有名になった時には、上野の男娼世界の全盛はすでに終わりを告げていました。上野の山という仕事場を奪われた女装男娼たちの多くが、上野を去って都内各地の「盛り場」に分散してしまったからです。

ところで、私はこの十数年ほど、毎春、上野公園で女装の仲間たちと「大お花見」を開いています。女装者、女装者好きの男性、私の知人の一般男女、四〇〜五〇人ほどが、毎年同じ桜の大木の下に集まります。花見なら他にも名所はあるのに、なぜ上野にこだわるかというと、ここが戦後の女装世界の原点、少し大袈裟に言えば、女装の先輩たちの汗と涙と精液がしみ込んだ「聖地」だからなのです。

女装男娼の分布

さて、上野から追われた女装男娼たちはどこへ行ったのでしょうか？　確実な追跡は難しいのですが、「東京街娼分布図」（『人間探究』二七号）という便利な資料があります。これで一九五二年（昭和二七）頃の東京の男娼の分布を見てみましょう。

まず、上野界隈（図4―3）。上野駅周辺から上野広小路にかけて街娼（女性）一三〇～一四〇人が広く展開し、男娼は都電山下停留所ぎわの公園入口から不忍池《しのばずのいけ》の畔（現：下町風俗資料館付近）に、女装、非女装（つまり男装）合わせて約六〇人と記されています。他の地域に比べてかなり数が多く、いまだに男娼の本場としての地位を保っている感がありま す。しかし、一九五三年の別の資料には「都電の公園前から池の端仲町にかけ警視総監を殴って勇名を馳せたオカマ族が出没するが御時勢柄か数も減っている」（『内外タイムス』一九五三年三月六日号）と、かつての盛況は回復できなかったようです。

有楽町界隈では、銀座は進駐軍相手の「パンパン」（洋パン）が多く、ほとんど街娼（女性）だけだったようですが、東京駅丸の内～有楽町駅間には女装男娼が混在していました。また東京駅八重洲口にも女装男娼が立っていました。この界隈全体で、街娼（女性）約三〇〇人に対して、男娼一二～一三人と記されています。

新橋駅周辺では、東口、西口、烏森口など駅周辺に街娼（女性）一〇〇人近くがいて、女装男娼は東口の公衆電話周辺に十数人ほどが立っていました。新橋は、今はまったくその面影はありませんが、一九六〇年代までは、西口から田村町（現：西新橋）交差点にかけて女装男娼が立ち、「彼女」たちにとって上客の多い「日本一稼げるショバ（場所）」でした。

最後に新宿界隈（図4―4）。青梅街道口（現在の南口）の新宿御苑の塀沿い、東口の都電終点（現在の歌舞伎町の靖国通り）などに街娼（女性）約一〇〇人が展開していましたが、女装男娼は都電終点付近に一〇人ほどがいたと記されているだけです。この図にはありませ

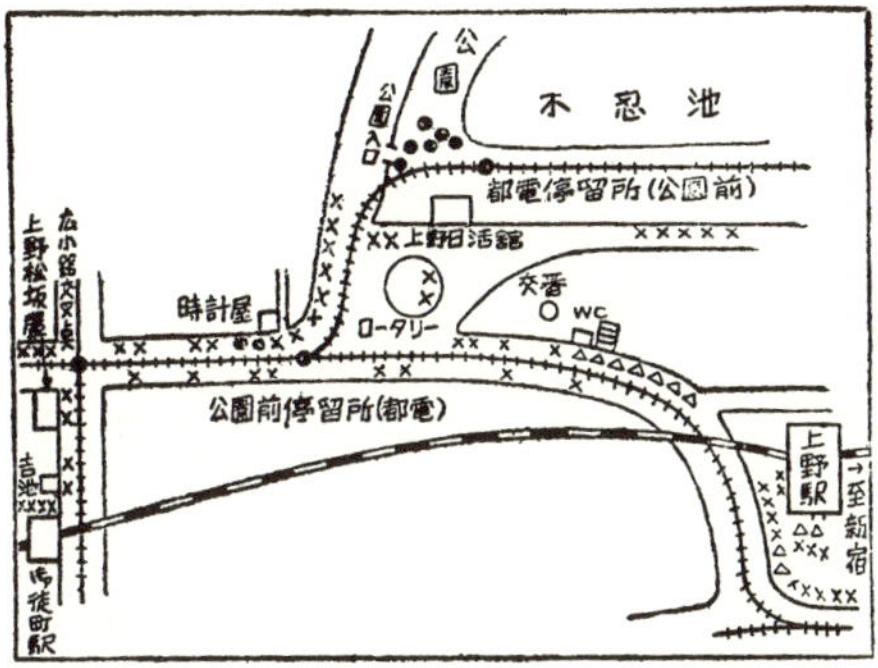

図4－3　1952年頃の上野の街娼の状況（『人間探究』27号、1952年）

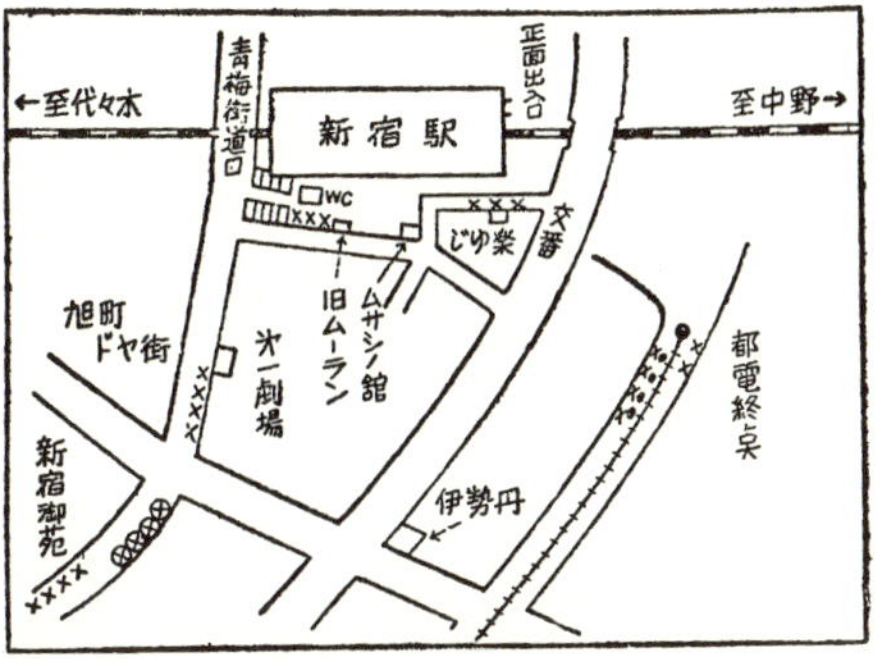

図4－4　1952年頃の新宿の街娼の状況（同上）

んが、実は新宿駅周辺の女装男娼の本場は繁華な東口や南口ではなく、人寂しい西口でした。一九五一年頃に西口広場に女装男娼のグループがあったことが新聞記事（『読売新聞』一九五一年一一月九日朝刊）などから確認でき、一九六〇年代初頃まで活動していたようです。ちなみに、現在の「ゲイタウン」新宿二丁目は、当時（一九五八年三月まで）は「赤線」（特殊飲食店街＝事実上の公認買売春地区）ですから、男娼はもちろん街娼も立てる場所ではありません。

この外、一九五〇年代には、基地の街である立川に女装男娼のグループがありました。アメリカ軍兵士やその関係者（日本人）が主な顧客だったのでしょう。

男娼の秘技「レンコン」

ここで注意しておきたいのは、この時代の女装男娼は、一見、女性の街娼と紛れるように立っているということです。女装男娼だけが集まって立っているということはありません。その点が、現在の新宿二丁目の「ゲイタウン」のような形態とは大きく異なります。

なぜ女性に紛れて立つのでしょうか？　それは「彼女」たちの営業スタイルに理由があります。女装男娼に声をかけてくる男性客は、必ずしも「彼女」が男娼であると知っているわけではないのです。上野のある女装男娼によると、女だと思って（誤認して）声をかけてくる男、女か男か半信半疑の男、男娼だとわかっていて声をかける男が、ほぼ三分の一ずつだそうです。この比率は、私をナンパしてきた男性の分析からも、ほぼ妥当なものだと思います。

最初から男娼とわかる形で営業すれば、女だと思って声をかけてくる客の全部と、半信半疑の客のかなりの部分は声をかけてこないわけで、営業上、かなりの損失になります。つまり、女性に紛れていた方がずっと顧客層が広くなるということです。

「そんなこと言っても、セックスしてしまえば男とわかってしまうだろう」というご指摘は、もっともです。そこで登場するのが女装男娼の秘技「レンコン」です。「レンコン」とは、簡単に言えば、手にクリームを塗って筒形にして背中側から股間にあてがい、そこに男性客のペニスを誘導し、手を膣だと錯覚させて射精に至らせる詐交《さこう》のテクニックです。若いころ、女装男娼のアルバイトをしていた先輩に聞いた話では、熟練した男娼は、このテクニックで初会の客ならほとんど、女だと思い込ませたまま「仕事」を完了できたそうです。なお、「レンコン」については、『性の用語集』で詳しく述べましたのでご参照ください。

ちなみに、ごくごく大ざっぱな話なのですが、一九五〇年前後の状況は、女性の街娼と女装男娼の比率は二〇対一、つまり、街娼が二〇人いたら女装男娼が一人ぐらい混じっているという感じだったと思います。私はこれを「二〇分の一の法則」と名付けています。

女装男娼の衰退

戦後の復興期が終わり、高度経済成長期に入った一九六〇年代になると、街娼（女性）は室内の風俗営業施設（トルコ風呂）や秘密クラブに囲い込まれる形で急速に数を減らしていきます。特に一九六四年の東京オリンピック前の「東京浄化運動」の影響は大きかったようで、女装の男娼も取締りの影響を受けて再び潜在化（アンダーグラウンド化）していきました。それでも、私が年配のお客さん（男性）に聞いた話では、新宿駅西口、歌舞伎町の入口、あるいは新橋駅烏森口界隈、浅草のひさご通り（戦前の浅草の男娼の拠点「ひょうたん池」があった場所）などには、一九六〇年代後半まで女装男娼のグループが維持され、活動を続けていたようです。

また、一九六〇年九月に江東区菊川で起きた傷害致死事件、一九六五年一〇月に性転換手術を行った医師が優生保護法違反で摘発された「ブルーボーイ事件」、一九七〇年六月の「一億円男娼事件」などでは、性転換手術を受けて身体を女性化した男娼の存在も表面化しました。それぞれの事件の性転換男娼の活動地は、新橋、赤坂、表参道でした。

このほか上野の国立西洋美術館裏には、一九八六年頃まで「竹の台会館」という東京都の浮浪者宿泊施設の部屋を女装男娼たちが借りて営業していた男娼窟が存在していました。まさか「都営」だったわけではなく、不法占拠だったのでしょう。

私が夜の新宿の街に通い出した一九九三年頃、毎週末、遊びに行く店の近くの路上に五〇歳代と思われる地味な「おばさん」(年配の女装者)が立っていました。いつもは会釈だけして通過するのですが、冬のある夜、「寒いわねぇ」と声をかけられました。こちらも「寒いですね」と当たり障りのない言葉を返しました。そこで通っていた店のママに「下の道にいつもいるおばさん、何をしてるのですか?」と尋ねたところ、「順ちゃん、案外ウブなのね。あれは『立ちんぼう』さんよ」とママの返事。それが、私が女装男娼の実物に会った最初の経験でした。

携帯電話やインターネットなどの通信ツールが発達した現代では、寒い日も雨の日も路上に立ってひたすら客を待つ「街娼」という営業形態は、すっかり過去のものとなり、日本人の女装男娼の姿は路上からほとんど消えました。この節を書いていて、あの「おばさん」は、今どうしているだろう? と思い出しました。

なお、女装男娼については、井上章一編『性欲の文化史(1)』(講談社選書メチエ、二〇〇八)に「女装男娼のテクニックとセクシュアリティ」という論文を書きましたので、興味がある方はご参照ください。

2　ゲイバー世界の成立

一九五〇年代のゲイ・ブーム

戦後の社会的混乱が一応終息し、生活が安定を取り戻しつつあった一九五〇年代になると、美少年の男性同性愛者や女装者が接客することをセールスポイントとする飲食店が現れ始めます。彼（女）らは「ゲイ（Gay）」と総称され、その働き場の飲食店は「ゲイバー」と呼ばれるようになりました。

一九五〇年代の東京では、尾張町（銀座四丁目）の「ブランスウィック」、新宿東口駅前「二幸」（現：アルタ）裏の「夜曲」、同三丁目明治通り裏の「イプセン」、同二丁目要通り（現在は境界改定で三丁目）の「蘭屋」、新橋烏森口の「やなぎ」、湯島天神下の「湯島」などが同好者の間で知られた店でした。この内、「ブランスウィック」は、三島由紀夫の小説『禁色』に出てくるゲイバー「ルドン」のモデルで、若き日の丸山（美輪）明宏がボーイをしていた店です。

一九五七年、丸山明宏（一九七一年に「美輪」と改姓）が中性的ファッションで歌う「メケメケ」が大ヒットとなり、丸山は「シスターボーイ」と称され、一躍マスコミの寵児となります。この「シスターボーイ・ブーム」に導かれる形で、週刊誌などがゲイバーやゲイボーイを積極的に報道して「ゲイ・ブーム」ともいうべき現象が起こり、東京都内のゲイバーは急増して「ゲイバー世界」が成立しました。

図４－５　男装のゲイボーイ（右）と女装のゲイボーイ（左）（富田、1958）

当時のゲイバーは、丸山のような美少年系のゲイボーイがほとんどで、洋風の店ならアロハシャツに細身のズボン、和風の店なら着流しの着物に薄化粧といった中性的な容姿が主流で、そこに少数の女装するゲイボーイが混じるという状況でした（図４－５）。つまり、一九五〇年代の「ゲイバー世界」は、男性同性愛者の世界と女装者の世界とがまだ不分離で、混然とした状態だったのです。

男色文化の二大潮流

ところで、日本の「男色文化」には二つの大きな潮流があります。一つは「異性装を(必ずしも)伴わない男色文化」、もう一つは「異性装(女装)を伴う男色文化」です。

この両者は、身体的には男―男の性愛文化でありながら、その意識(理念や美的規範)、文化(ジェンダー表現)の面で大きく異なります。

前者は、安土桃山〜江戸時代における武士階層の「衆道《しゅどう》」や、明治初期に薩摩藩の習俗が東京にもちこまれたと考えられる美少年愛好などで、ジェンダーの越境は伴いません。現代においては、新宿二丁目の「ゲイタウン」などで典型的にみられる形態で、男が男のままの男を愛す、男―男のホモセクシュアルな性愛文化です。その美意識の基本は「男らしさ」であり、容姿的には美少年のもつ凛々しく清々しい美しさが貴ばれます。逆に「女らしさ」は評価されず、むしろ排除され、多くの場合、女性性(女性もしくは女性文化)への忌避や嫌悪(ミソジニー)の傾向が見られます。

それに対して、後者は、中世寺院の女装の稚児や、江戸時代の陰間など、異性装(女装)を重要な要素とする、ジェンダーの越境を伴うトランスジェンダーな文化です。現代においては、新宿や六本木などのニューハーフ・パブ、新宿歌舞伎町〜新宿三丁目界隈の女装者のコミュニティなどに典型的にみられる形態で、男が「女」としての男を愛す男―

「女」の擬似ヘテロセクシュアルな性愛文化といえます。美意識の基本は、身体的な男性が演じる「女らしさ」であり、容姿的には女性的な美しさが評価の基準になります。こちらの世界では「男らしさ」はつとめて排除され、逆に女性性に対しては、強い親和性をもっています。

日本の「男色文化」の歴史は、この対照的な二つの形態が、時には近づき、時には分かれ、複雑に絡み合いながら展開してきましたが、社会的状況によって混然化することはあっても、基本理念が異なる以上、常に分離する方向性を持っています。

例えば、ゲイボーイ当人にしても、美しい男でありたいゲイボーイと、美しい女になりたいゲイボーイとではその意識は大きく異なります。またゲイバーに来る客にしても、凛々しい美少年が好みの男性客と、限りなく女らしい男の子（もしくはペニスのある女の子）が好きな男性客とでは、その求めるものがぜんぜん違います。営業的にも、二つの潮流が同じ店に混在しているよりも、別々に店を構えた方が合理的であり、いろいろ都合が良かったのです。

戦後の困難な経済状況下で、やむを得ず混然化していた男性同性愛者の世界と女装者の世界が、経済状況の安定とともにやがて分離に向かったのは、ある意味、必然だったと言えるでしょう。

初期の女装系ゲイバー

さて、美少年系の店が圧倒的だった初期のゲイバー世界で、女装系として異彩を放っていたのが新橋の「やなぎ」でした。一九五〇年に新橋烏森神社境内に島田正雄（お島ママ）が開店した「やなぎ」は、銀座文化人や進駐軍関係者で賑わい、ここで修業した青江忠一（「青江」のママ）や吉野寿男（「ボンヌール」のママ）が銀座に店を出したことで、東京における女装系ゲイバーの元祖といわれるようになります。「やなぎ」自身も、一九五五年に銀座八丁目に進出します。

こうした著名な店以外にも、女装男娼の生活から足を洗い、男娼稼ぎで貯めた資金で盛り場の片隅に小さな飲み屋（世間はゲイバーと認識）を開業する人たちがいました。その典型が、湯島天神男坂下の「湯島」です。この店は、新派の曾我廼家五郎劇団の女形出身で、戦後の混乱期には上野で女装男娼をしていた曾我廼家市蝶《しちよう》（小林由利）が一九五二年に始めたもので、はっきり女装（女形）系を打ち出した店でした（図4―6）。

また、「警視総監殴打事件」で勇名を馳せた上野の女装男娼「鉄拳のお清姐さん」は、一九五二年、浅草と新吉原の中ほどの千束町《せんぞく》にバー「おきよ」を開店します。この店の看板娘は上野の男娼世界随一の美貌を誇った「人形のお時」こと「とき代」でした（図4―

7)。ちなみに、とき代さんは、埼玉県秩父の出身で、私の同郷の先輩にあたります。

そうした小さな店は、盛り場としては衰退しつつあったものの戦前以来の男色文化の伝統が残る浅草と、新興の盛り場として戦後活況を呈していた新宿に多かったようです。一九五〇〜五一年に新宿の花園神社の裏手(三光町)に形成された新宿ゴールデン街・花園街(現:歌舞伎町一丁目一番地)には、そうした「男娼上がり」の人が経営する小さなゲイバーが数軒ありました。

どこの店がそう、と言うことはできませんが、九〇年代後半のお正月、私が振袖姿でお年始回りをしていた時、夜更けのゴールデン街で、そうしたママ(当然ながらかなりの年配)に「上手に着てるわね。どこの娘?」と声をかけられ、「『ジュネ』です。ありがとう

図4－6 「湯島」の女将、小林由利(『人間探究』28号、1952年)

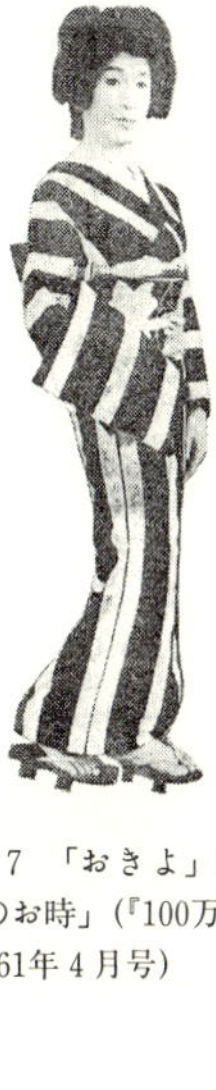

図4－7 「おきよ」時代の「人形のお時」(『100万人のよる』1961年4月号)

ございます」と最敬礼した思い出があります。

3　女装芸者の活躍

傘を手にポーズを決める若い芸者（図4―8）。一九五九年（昭和三四）頃、栃木県の鬼怒川温泉で人気だった「きぬ栄」の艶姿です。若くて美人、踊りも三味線も巧みということで、売り出し中だった彼女は、身請けされた旦那に求婚されたにもかかわらず、故郷（愛知県足《あ》助《すけ》町）に逃げ帰ってしまいます。きぬ栄には、男性と結婚できない訳があったのです。

日本各地に女装芸者がいた

男性が、女性の芸者と同じような女姿でお座敷に出る「女装芸者」の存在は、明治時代から知られていました。戦後になるとその活動はあちこちの温泉地で見られるようになります。静岡県の伊東温泉には、一九六〇年代に「チャコ」という女装芸者がいました。藤《ふじ》間《ま》流の日舞の名取で、踊りの基礎を生かした大きな羽根扇を巧みにあやつるお座敷ストリップ芸を得意業としました。おまけに唄も上手、並の女の芸者より色っぽいということで、花代（一座敷のギャラ）が一般の芸者の数倍という高値にもかかわらず、引っ張りだこ。その盛業ぶりは、週刊誌に紹介されるほどでした。

同じころ、滋賀県雄琴《おごと》温泉に「よし幸」という女装芸者がいました。芝居の女形という前歴を生かした踊りが持ち芸の売れっ妓でしたが、一九六五年一一月に女性への性転換手術（仮性半陰陽の治療）を受け、翌年には戸籍も男性から女性へ変更したので、複数の週刊誌が「性転換芸者」として大きく取り上げました。

図4－8　鬼怒川温泉の芸者「きぬ栄」（『風俗奇譚』1962年1月号）

少し遅れて一九七〇年代の熱海温泉には「お雪」という女装芸者がいました。ゲイボーイ出身で、猿若流の踊りの名手。一九六九年に熱海の芸者置屋の「看板」を買ったときには、地元の幇間や芸者衆から「男が芸者になるなんて」という反対の声があがりましたが、芸と熱意が実って熱海料芸組合の承認が得られ、芸者として正式に検番登録されました。芸者二人を抱える置屋の「女将」でありながら自らもお座敷に出て稼ぎ、芸能人、著名人の贔屓客も多かったようです。

このように一九七〇年代までは日本の各地で女装芸者が活躍し、地域社会でそれなりに受け入れられ、遊興客の人気を集めていたことがわかります。女性の水商売として芸者が花形だった時代は、その模倣形態（コピー）としての女装芸者が活躍できる時代だったのです。

女装芸者たちの特色は、踊りにしても唄にしても、客を引き付けるに十分なだけの技量を持っていたことです。伊東温泉のチャコのように、それに加えて本物の女性の芸者が披露をはばかるような特別な芸（ストリップ）を持っている例もあります。女装芸者であるという話題性・希少性、はっきり言えばゲテモノ性が彼女たちの人気の起点になっていることは否定できませんが、それだけでは人気は継続できなかったでしょう。やはり、お座敷というミニ興行的な場を支えるだけの芸能が必要だったと思われます。

女装芸者という存在は、性別越境者の芸能・飲食接客業という伝統的な職能を示すものとして、きわめて興味深いものがあります。江戸時代の性別越境者で、座敷で唄や舞を披露した芸能者でもあった陰間の伝統を受け継ぐものとも考えられますし、性別越境者と興行という視点から見ても、現代のニューハーフ・ショーの源流のひとつとして考えることもできます。

「あの娘、男でした!」

おもしろい話をご紹介しましょう。一九六九年(昭和四四)一二月の衆議院選挙(沖縄解散)の時のこと、某政党の本部職員が、選挙応援のため福島県会津地方に赴きました。遊説を終えた後、地元の関係者が飯坂温泉に慰労の席を設けてくれました。男性五人に芸者が五人、中に若くて小股の切れ上がったひときわ美人がいました。宴が果てた後、男性たちは、くじ引きで自室に「お持ち帰り」する芸者を決めたところ、その美人芸者は、一番年若の男性が引き当てました。夜更け、若い美人芸者を外してちょっと悔しい思いで年増芸者と同衾《どうきん》していた先輩の部屋の戸がドンドンと叩かれました。「なんだ、今頃、無粋な奴だな」と思いながら戸口に出てみると、美人芸者を持ち帰った幸運児が顔面蒼白で立っていました。「先輩、あの娘、男でした!」。

これは、私が行きつけの居酒屋の常連客のおじ様から教えていただいた話です。語ってくださったご当人が「先輩」なのですからまず間違いのない話です。

この節の冒頭で紹介した鬼怒川温泉の「きぬ栄」も、市左衛門という立派な本名をもつ

図4－9　向島の女装芸者
真紗緒姐さん（左）と（2001年）

男性、つまり女装芸者でした。女装芸者には「チャコ」や「お雪」のように女装芸者であることを売り物にしているタイプと、「きぬ栄」のように置屋の女将の計らいで、女装の男性であることを客や周囲に秘密にして女性の芸者として登録されているタイプとがあったようです。飯坂温泉の美人芸者の場合、少なくとも客には知らされていなかったわけですから、後者のタイプに近いと考えられます。しかし、その場合、男性であることがバレない手立てを取っているはずなのですが……。同衾の相手が若者と見て油断したのか、あるいは若者の性急さが「彼女」の防御を崩してしまったのか、「彼女」にしてみれば、この夜のことは、さぞや不覚だったと思います。同様なケースで露見しなかった例も、けっこうあったのではないでしょうか。

二〇〇〇年度の中央大学の講義で女装芸者の話をしました。山口県湯田温泉出身の学生が帰省したおりに実家でその話をしたところ、「昔、ここにもそういう人がいたよ」と家族が教えてくれたと報告してくれました。どうも女装芸者は、私が把握しているよりも、あちこちにいたのではないかと思えてきます。明治〜昭和期に全国にどれほどの女装芸者が存在したのか、その実態を解明することは今となっては難しいのが残念です。

ところで、二〇〇一年一〇月、東京向島の女装芸者、真紗緒姐さん（芸者で検番登録）にお会いする機会がありました（図4―9）。日舞と長唄をよくする真紗緒姐さんは、ゲイバーの経営者から芸者好きが昂じて転身したものの、やはり幇間の強い反対があり、芸者として認められるまではずいぶん紆余曲折があったようです。現在、女装芸者は、おそらく全国で真紗緒姐さん、ただ一人になってしまったと思われます。女性の芸者がすっかり斜陽になった現代、女装芸者もまた絶滅の危機に瀕しているのです。

4 性転換女性とブルーボーイ

性転換手術という新たな道

一九五二年の年末から五三年の年初にかけて、アメリカ人男性ジョージ・ジョルゲンセン二世の女性への性転換（女性名：クリスチーヌ）が世界的に大きく報道されました。これがきっかけとなって、日本でも性転換者の存在がマスコミ報道によって顕在化します。

日本最初の性転換者とされるのは、一九五一年に男性から女性への性転換手術を受け、五三年の秋に「日本版クリスチーヌ」として紹介された永井明（女性名：明子、転性後はキャバレー歌手）です（図4―10）。東京聖路加病院の雑役夫だった永井の造膣手術を行ったのは当時の産婦人科学界の権威、石川正臣博士（日本医科大学教授）で、性転換手術は、当時は決して非合法でも「闇」でもありませんでした。永井は、手術後、戸籍法に基づいた正規の手続きをへて、戸籍の続柄を「参男」から「二女」へ訂正しています（図4―11）。

その後の数年間に、元海軍中尉で日本舞踊教師の松平任弘（女性名：多恵子）、中学校の音楽教師吉川弘一（女性名：香代、転性後は民謡歌手緑川雅美）、女装の「女給」だった古川敏郎（女性名：椎名敏江、転性後はキャバレー歌手）など、性転換女性の存在が相次いで報道されます。また、一九五四年と五七年には半陰陽の治療手術を受けた有名な女子陸上選手が、男性への「性転換」として報道され、こうした本来はインターセクシュアル（半陰陽）に含まれる事例も含めて、五〇年代中頃のマスコミは一種の「性転換ブーム」とも言える状況でした（三橋e、二〇〇六）。

男性から女性への性転換手術は、第二次世界大戦中に戦傷治療のために発達した形成外科の技術と、人工的に合成できるようになった女性ホルモン剤によって可能になったものです。しかし、豊胸した乳房や人工膣は十分な機能をもつものではありませんし、もちろん妊娠・出産が可能になるわけでもありません。身体の外形だけを女性化する、みせかけの「性転換」にすぎないと言えば、その通りです。

それでも身体の外形を外科的手術と女性ホルモンによって女性化できるということは、女性への性別越境を望む人にとっては画期的な意味をもつものでした。それまでの長い時代、女性への性別越境者が取ることのできた方法は異性装（女装）という技術だけで、身体に手を加えることはほとんどできませんでした。中国では睾丸と陰茎を切除する「宮《きゅう》」（去勢）という非男性化の身体加工技術が確立されていましたが、それは非男性化の技術で

図4－10　日本初の性転換女性、永井明子（『日本週報』1954年11月5日号）

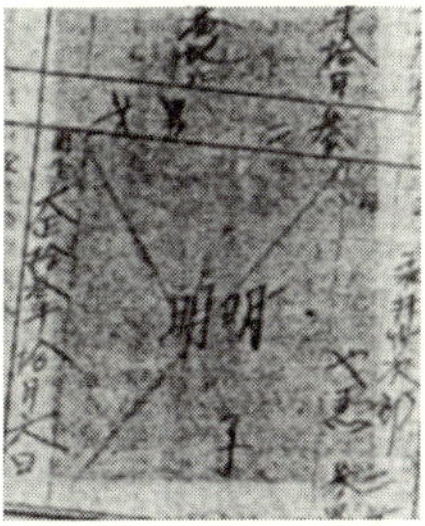

図4－11　性転換後の戸籍。名前の「明」が×で抹消されて「明子」に改められている。父母欄の下の続柄は「参男」の右に「二女」と記され、名前の上部の欄は、「参」の左に「二」、「男」の左に「女」が記され、訂正されている（同上）

はあっても女性化の技術ではありませんでしたし、日本には伝わりませんでした。

日本の性別越境者は、一九五〇年代になって初めて、今までの異性装に加えて、身体の女性化加工という新技術を手にすることができたのです。以後、「彼女」たちは、異性装（女装）と身体加工（女性化）という二つの技術を巧みに組み合わせて、社会の中で女性として生きていくことを目指すようになります。

ショー・ビジネス界の「黒船」

図4－12　第2回、ブルーボーイ来日公演（1964年）のパンフレット（提供：山崎淳子さん）

一九六三年一一月、フランス（パリ）のショー・クラブ「カルーゼル」の性転換&女装ダンサーたちの来日公演がおこなわれました（図4—12）。「彼女」たちは、身体を女性化した男性という意味で「ブルーボーイ」と呼ばれ、「性転換」好きの日本のマスコミは競うように彼女たちの妖艶な姿を報道しました。来日公演は、一九六五年まで毎年クリスマスの時期に行われ、その度に「ブルーボーイ・ブーム」を巻き起こしました。

これがきっかけとなって、日本のショー・ビジ

右／図４－13　吉本一二三の「性転換ヌードショー」（掲載誌不詳 1961年頃）
左／図４－14　銀座ローズの舞台姿（『100万人のよる』1964年７月号）

ネス界は、性転換女性（性転換して女性になった人の意味。Transsexual Woman の訳語）の身体に興行的価値があることに気づき、また性転換女性たちも獲得した女性身体を積極的に商業利用する傾向が強まっていきます。ブルーボーイの来日は、日本の女装世界に大きな衝撃を与えた「黒船」だったのです。

ブルーボーイ来日以前の一九六一年一二月、浅草ロック座で「性転換ヌードショー」を興行して大当たりを取った吉本一二三は、五〇年代に美貌の女装男娼、女装芸者として知られた人で、六一年二月に性転換手術を受け、さっそくその女性化した身体を舞台で生かした先駆者でした（図４－13）。また、「謎の舞姫」「美貌の性転換ダンサー」として六〇年代のショー・ビジネス世界で異彩を放った銀座ローズ（武藤真理子）は、一九六二年に性転換手術を受けた人で、ストリップの殿堂、日劇ミュージックホールなどで活躍し、一九六五年前後の全盛期には、しばしば週刊誌のグラビア頁に登場するなど、「和製ブルーボーイ」として大成功を収めました（図4―14）。

その銀座ローズの後を追うように現れたのが、カルーセル麻紀です。麻紀はこの時点ではまだ性転換手術は済ませていませんでしたが（一九七三年手術）、女性的な容姿を売り物に、六四年に二一歳の若さで日劇ミュージックホールの舞台を踏み、六〇年代末にはテレビや芸能界にも進出していきます（三橋a、二〇〇六）。

「ブルーボーイ事件」と「一億円男娼事件」

六〇～七〇年代には、ショー・ビジネス世界だけでなくセックスワークの世界でも、性転換女性の存在が浮上してきました。女性器に類似した器官をもちながら戸籍上は男性であるため売春防止法の摘発対象とならない性転換男娼の増加は、売春組織の根絶を目指す警察にとって、けっこう悩ましい問題だったようです。

こうした状況を背景にして、一九六五年一〇月、三人の男娼に対して去勢手術（睾丸除去）を行った医師が摘発される「ブルーボーイ事件」が起きます。表向きの容疑は「故なく生殖を不能にする手術」を禁じた優生保護法（現：母体保護法）二八条違反でしたが、警察の意図は性転換男娼の製造システムを叩き潰すことにあったと推測されます。

ところが、皮肉なことに事件摘発から六九年二月の東京地方裁判所の有罪判決までの三年ほどの間、性転換や性転換者をめぐる記事が週刊誌などに急増し、「昭和元禄」といわれた享楽的な世相の中で、「第二次性転換ブーム」ともいうべき現象が生じます。美輪明宏、ピーター（池畑慎之介）、カルーセル麻紀など現在も活躍を続ける性別越境の芸能者たちがデビューしたり、地位を確立したのはこの時期でした。

一九七〇年六月、性転換女性の丹羽昌美をリーダーとする男娼四人組による大規模な組織売春行為が詐欺罪として摘発され、マスコミに大きく報道されました。いわゆる「一億円男娼事件」です（事件名は四人の稼ぎを単純推計すると一億円になることによる）。同年一一月の東京高等裁判所での「ブルーボーイ事件」有罪確定とこの事件摘発を機会に、性転換＝男娼＝売春＝違法行為という図式が警察によって意図的に流布され、「性転換」にダーティなイメージが付与され、性転換者のアンダーグラウンド化をまねくことになります。

唯一の例外は、一九七三年一〇月にモロッコの性転換専門医ジョルジュ・ブローの執刀で手術を受けて帰国し、翌年一月に日劇ミュージックホールで「性転換凱旋公演」を成功させたカルーセル麻紀でした。彼女は他の性転換女性が潜在化していく中でただ一人、タレントとしての地歩を固めていきますが、それは彼女の美貌と才知に加えて、日本の法律の及ばない海外で性転換手術を受けたという「合法性」が有利に作用したと思われます。

七〇年代以降、性転換手術は国内では非合法であり、するなら海外でという認識が形成され、日本の医学界には、性転換症の問題には一切ノータッチ（アンタッチャブル）という意識が確立されてしまうのです（三橋f、二〇〇六）。

5 ゲイバー世界の分裂

ホモセクシュアル系と女装系の分離

さて、再びゲイバー世界に目を戻しましょう。一九六〇～七〇年代にかけて、東京のゲイバー世界は、非女装の美少年系と女装系との分離、基本理念が異なる男性同性愛の世界と女装の世界との住み分けが進行していきました。その際、三つの注目すべき現象が起こります。一つ目はゲイボーイの容姿、さらには身体の女性化。二つ目は女装系ゲイバーのショー・ビジネス化。三つ目は、両者の地理的な立地の相違です。

まず、地理的な問題からお話ししましょう。この時期、ホモセクシュアル系ゲイバーが新宿二丁目に、かなり極端な形で集中していったのに対し、女装系のゲイバーは、新橋→銀座→赤坂→六本木→西麻布・青山というルートで、山の手線環状ラインの内側に成立した新興の盛り場の発展に沿う形で展開するという、まったく対照的な動きを見せます。つまり、ホモセクシュアル系ゲイバーのゲットー化（ゲイタウンの成立）と、女装系のゲイバーの一般の盛り場への入り込みという現象が、ほぼ同時期に進行したのです。

こうした方向性の違いは、それぞれの客層の違いに基づいていると考えられます。ホモセクシュアル系ゲイバーのほとんどは、ホモセクシュアルな性的指向をもつ男性だけを顧客にしています（ヘテロセクシュアルな客も歓迎するゲイバーは「観光バー」と呼ばれて区別されます）。客も客同士の「出会い」を期待して来店します。集客のターゲットはきわめて限定されており、不特定多数の人で賑わう盛り場に立地する必然性を持ちません。

それに対して、女装系のゲイバーは、女装した男性を好む男性や女性だけでなく、そうした性別越境的な世界に拒絶感を持たず、むしろおもしろがる一般の（ヘテロセクシュアルな）男女を集客対象にしています。集客のターゲットはかなり広く、大勢の人が集まる繁華な盛り場に立地することが経営的に有利であり必要なのです。

ホモセクシュアル系ゲイバーが、新宿駅から遠い新宿二丁目に集中し、女装系ゲイバーが同じ新宿でもヘテロセクシュアルな歓楽街である歌舞伎町に多いのはそのためです。

女装系のゲイバーは、客へのサービスにも熱心で、店のフロアーを臨時の舞台にして演じられる華やかなフロアー・ショーを売り物にする店も増えていきます。

一般人を顧客とする女装系ゲイバーは、そのビジュアル的な華やかさもあって、一般雑誌にとっては報道する価値がある存在でした。一般人が容易に入り込めないほどゲットー化が進み、不可視性を増していった新宿二丁目のホモセクシュアル系の店に比べれば、女装系ゲイバーの軒数は、はるかに少ないにもかかわらず、マスコミ報道を通じた一般社会への可視性はずっと高いという逆転現象がこの頃から生じます（三橋g、二〇〇六）。

こうした歴史的・地理的展開の結果、現在の東京では、男—男のホモセクシュアル系バー（ホモバー）の世界と、ニューハーフ／女装系の世界とは、ほとんど完全に分離しています。人的交流がまったくないわけではありませんが、両者は実態的に別の業界と言ってよいでしょう。

「二丁目」に対する誤解

ところで、ノンケの（ホモセクシュアルの気がない）人に、お愛想半分本気半分で「順子さん、今度、二丁目に連れて行ってください」と言われて、困ってしまうことがしばしばあります。なぜ困るかと言うと、私はほとんど二丁目の店に行ったことがないからです。どうして行かないかと言えば、そこは私のような「女」の世界ではないからです。いつも女の格好をしている私が、男―男の世界であるホモセクシュアル系の店に行ったら場違いですし、迷惑になりかねません（実際、女装者は入店お断りのホモバーはけっこうあります）。

ですから、私は「いいえ、私たち女装者の世界は、二丁目ではなくて歌舞伎町なんです。そっちでよろしければご案内します」とお返事します。そうすると相手は「えっ？」という顔をしますが、それはこの二つの世界の違いが、ノンケの人に理解されていないからです。

また、「順子さんのいるお店って、女性が行っても大丈夫なのですか？」と女性に聞かれることがあります。これも同様の理解不足に基づく質問です。二丁目のホモバーには「女性お断り」の店は少なくありません。それに対してニューハーフ系の店で「女性お断り」は聞いたことがありません。私がお手伝いしていた歌舞伎町の女装スナックやニューハーフ・パブでは女性も大事なお客様でした。ショーを売りにする店なら、半分以上が女性客というのが現状でしょう。

実は、一九七〇〜八〇年代に女装系のゲイバーやゲイボーイの記事を率先して載せたのは女性週刊誌でした。たとえば、『週刊女性』一九七九年二月一三日号に載った「ゲイバー女装の館―女性より美しい〝女〟たちの秘密―」は、ゲイバーのフロアー・ショーに着目してその魅力を紹介した最初の記事でした。江戸の陰間茶屋に女性客がかなりいたように、美しい女装の男性を好むのは、男性ばかりではなく、女性もそうなのです。そこにはヘテロセクシュアルか、ホモセクシュアルかという西欧的な単純な性愛原理では捉えきれない、男と女を兼ね備えた存在を特別なものと見て好む双性原理が、現代社会にも息づいているのです。

6　ニューハーフ誕生

名付けの親は桑田佳祐

「ニューハーフ」という言葉は、一九八一年四月、大阪のゲイボーイ、ベティ（後にショーパブ「ベティのマヨネーズ」のママ、ベティ春山）の歌手デビューに際して、作詞・作曲者であった桑田佳祐が「男と女のハーフ」という意味のキャッチ・コピーとして考案したことに始まります。ところが、ちょうど同じ頃、女装の男性でありながらポスター企画「六本木美人」のモデルに起用されて注目された銀座ホステスの松原留美子が、同年五月に角川映画『蔵の中』の主演に抜擢され、マスコミは「噂のニューハーフ」として大々的に報道し、ニューハーフは、「彼女」のキャッチ・コピーとして全国に広ま

図4－15　松原留美子の1stアルバム「ニューハーフ」の宣伝チラシ（1981年）

りました（図4―15）。

このように個人のキャッチ・コピーだったニューハーフを、それまで（女装の）ゲイボーイと呼ばれていた人たち全体の呼称として使いだしたのは、『週刊女性』が一九八三年八月から始めた「今週のニューハーフ」というコーナーでした。こうして、一九八〇年代半ばころから、従来のゲイボーイに代わって、ニューハーフという言葉が商業的なMtF（男性から女性への）トランスジェンダーの呼称として次第に浸透していきました。なお、言葉としてのニューハーフについては、『性の用語集』で詳しく解説しましたので、そちらを参照してください。

さらなる身体の女性化

ところで、前節「ゲイバー世界の分裂」で、ホモセクシュアル系ゲイバーと女装系のゲイバー（後のニューハーフ世界）とが分立していく際に三つのことが進行したと述べました。地理的な問題についてはすでに説明しましたので、ここでは残る二つについてお話ししましょう。

その二つとは、女装系のゲイボーイの容姿、身体の女性化のさらなる進行と、女装系ゲイバーのショー・ビジネス化です。この両者は、相互に密接に関係します。

一九八一年に刊行された土田ヒロミ『青い花―東京人形―』（世文社）は、ゲイバー世界とそこに働く人たちを最初に撮影した写真集として貴重ですが、記録された一九七〇年代のゲイボーイの姿を、現代のニューハーフを見慣れた目で見ると、かなりの違和感を覚えます（図4―16）。

私がこんなことを言うのも変なのですが、一口に言えば、いかにも女装した男性という感じの人が多いのです。顔やボディ、手足のラインに女性的な柔らかさが乏しく、男性の身体を女の衣と化粧とで女姿につくり上げたといった感じで、人工的なものが強く感じられます。その点で「東京人形（トウキョウ・ドール）」とは言い得て妙だと思います。もちろん、そこにあやしい中性的な魅力があることも確かなのですが。

図4－16　写真集『青い花』(1981年)

これに対して、ほぼ一〇年後に刊行された、とうえいき『LA FIEVRE シーメール』（大洋図書）を見ると、モデルに起用されたニューハーフ（朝川ひかる・矢木沢まり・安藤沙理維・有吉加奈子ら）は、誰もが女性的な顔と身体ラインをもち、一見しただけでは本物の女性と見間違うほどです（図4―17）。

図4－17　写真集『LA FIEVER シーメール』(1990年) より。モデルは朝川ひかる

この写真集のモデルになったのは、フジテレビのお昼の人気番組「笑っていいとも！」のコーナー「Mr.レディの輪」(一九八八年一〇月～八九年九月) をきっかけとして起こった「Mr.レディ・ブーム」の中でも粒よりの「美女」たちでした。中でも矢木沢まりは、東宝映画『Mr.レディー 夜明けのシンデレラ』(一九九〇年) に主演するなど、短期間でしたが芸能界に進出しました。

『青い花』のモデルたちと見比べると、この一〇年ほどの間に、商業的なMtFトランスジェンダーの身体イメージが大きく女性的な方向に動いたことが、間違いなく見て取れます。

女装系ゲイバーのショー・ビジネス化

こうした容姿、身体の女性化は、本人の女性化願望が内的要因として大きいものの、それをいっそう促進する外的要因がありました。それが、女装系ゲイバーのショー・ビジネス化です。

女装系ゲイバーのショー・ビジネス化の先陣を切ったのは、一九七〇年に西麻布に開店した「プティ・シャトー」でした。この店は「男だけで観せるレビューの店を創ったらどうかしら」という染谷彰吾ママの構想のもとに、東京における本格的なゲイバー・フロアー・ショーを確立します（図4—18）。

図4－18 「プティ・シャトー」のフロアー・ショー（プティ、1994）

フロアー・ショーとは、本格的な舞台施設を持たない飲食を主とした店で、時間を決めてフロアーの一部を利用して行われるショーで、元々は酒席における余興的な性格のものでした。たとえば、ゲイバーでママが得意の日本舞踊を披露するような形は、けっこう古くから行われていたと思われます。それを本格的な構成をもったショーとして店の売り物にしたのが、一九七〇年代の「プティ・シャトー」だったのです。そして、八〇年代になると、ある程度の規模の店は、ほとんどフロアー・ショーを行うようになります。

図4―19 「ABECHAN」の舞台
(ニューハーフ、1983)

東京の「プティ・シャトー」(西麻布)、「ピープル」「ジョイ」(赤坂)、「青江」「ラキラキ」(六本木)、「狸御殿」「ABECHAN」(新宿)、京都の「奈奈」(祇園)、大阪の「エルドマン」(北新地)、「なるしす」(ミナミ)など、華やかなフロアー・ショーは、女装系ゲイバー(八〇年代半ばから呼称がニューハーフ・パブに変化)の最大の人気要素になっていきます(図4―19)。

九〇年代になると、大阪の「ベティのマヨネーズ」や東京の「黒鳥の湖」、「アルカザール」(新宿)、「金魚」(六本木)など、専用の舞台を備えてショーに特化したニューハーフ・ショーパブが登場し、はとバスツアーなどの団体客を受け入れ、さらに大衆化が進行します。そして、序章で触れたように、その人気は女性のショーを明らかに上回るまでになったのです。

このようなショー・ビジネス化の進行、見せる要素が高まる中で、重要度を増していったのは、演技者の容姿、さらに言えば女性的な美しい容姿です。もともとゲイバーの売り物は、巧みな話術、女性的な気遣い(やさしさ)、そして女装のゲイボーイの美しい容姿でしたが、ショーにおいては、容姿の美しさとダンスの巧みさが何よりも重要になります。

たとえば、群舞の場合、ダンスの技巧が同様なら、容姿が美しい人がメインのポジションを与えられるのはショー・ビジネスでは当然で、さらに女性性を売り物にするショーである以上、女性の身体的特徴である乳房を露出できる人が圧倒的に有利になります。

早い話、ショーの舞台の前列で踊りたければ、お客に見せられるような乳房を作らざるを得ないということです。こうした興行的要請が、ゲイボーイの身体の女性化を促進する外的要因として大きく作用したことは間違いないと思います。

ちなみに、日本では余程のアンダーグラウンドなショーでない限り、股間（性器）をはっきり露出することはあり得ません。ですから、性器の女性化は興行的要請とは基本的に無関係です。

お茶の間に浸透

一九九二年一〇月、上岡龍太郎司会の「ムーブ」（TBSテレビ）が「Mr.レディ50人が大集合」を放送し、以後、九五年頃までニューハーフをメイン出演者とするテレビ特番が番組改編期を中心に数多く放送されるようになります。これらの番組に出演したベティ春山、春野桃子、奥田菜津子、春菜愛などは「ナニワ（大阪）のニューハーフ」として人気者となり、タレントとして芸能界に進出していきました。
ところで、一九九六年の春、私は、宮城県気仙沼漁港の物産センターで、地元のおばさんとこんなやり取りをしました。

地元のおばさん「お姐さん、ほらあの上岡龍太郎の番組……」
順子「『ニューハーフ50人』ですか?」
地おば「そうそう、あれに出てたよね」
順子「私、五一人目だったんですょぉ。誰かが風邪引けば出られたんですけどね(↑嘘)」
地おば「そうかい、残念だったね。でも今度はきっと出られるよ。お姐さん、美人だから。干物買ってくかい」
順子「ありがとうございます(魚の干物を購入)」

やはり、テレビの影響力はすさまじいものがあります。東北の鄙《ひな》びた港町だけでなく、おそらく全国津々浦々で似たような会話が成立したでしょう。ニューハーフが、すっかり「お茶の間」にお馴染みの存在になったことを、改めて実感させられました。

7 アマチュア女装者の登場

新宿駅東口広場、真新しい駅ビルを背景に記念写真を撮る三人の女性（図4―20）。左の後ろ姿の女性に比べると、三人とも背が高くスタイルが良いことがわかります。撮影日時は一九六四年六月、高度経済成長の真っ盛り、東京オリンピックを目前にして、東京中が沸き立っていた頃です。

図4―20 「富貴クラブ」のメンバーの外出写真。左から松葉ゆかり、小野悠子、佐々木涼子さん（提供：松葉ゆかりさん）

もうおわかりの通り、この三人は女装の男性、しかも女装を職業としないアマチュアの女装者たちです。今でこそ、新宿駅東口で女装者を見かけることは珍しくありません（私もよく通ります）。しかし、今から四〇年以上前の社会環境を考えると、この写真がどれだけすごいものであるか、私にはよくわかります。ひとつの「偉業」と言ってもいいかもしれません。

女装愛好の秘密結社「富貴クラブ」

一九五〇年代後半になると、潜在していた女装願望者の中にグループ化の動きが始まります。演劇（女形）研究を隠蓑《かくれみの》にして一九五五年一〇月に結成された女装愛好者の秘密サークル「演劇研究会」（主宰：滋賀雄二）が日本最初の女装愛好グループと思われます。同会は、まったくの非顕在組織でしたが、男娼やゲイボーイとは一線を画したアマチュアリズムを提唱し、ほぼ月刊で二五号まで刊行された会誌『演劇評論』を中心に一九五八年末頃まで活動を続けました。『演劇評論』はその誌名とは異なり、演劇関係の記事はほんのわずかで、ほとんどが会員の女装告白記・体験記で占められた日本最初の女装愛好同人誌でした（図4―21）。「演劇研究会」の人脈と基本理念は、解散後も受け継がれ、その後、アマチュア女装世界が形成されていく原点となりました。

一九五九年、解散した「演劇研究会」の理念と人脈を継承して、女装愛好者の秘密結社として結成されたのが「富貴クラブ」（主宰：西塔哲）です。同クラブは、一九六〇年一月に創刊された性風俗雑誌『風俗奇譚』と提携し、それを広報媒体とすることで会員数を増やしていきます。筆名を鎌田《かまだ》意好《いすき》、つまり「カマ大好き」と称したほどの筋金入りの女装者愛好男性（女装者を愛好する非女装の男性）である西塔会長の独裁的な権限と厳しい秘密保持システムのもと、六〇年代半ばには専門の女装指導者を置いた「会員の部屋」を運営する本格的な会員制女装秘密クラブに成長します。

『風俗奇譚』は、ＳＭ、ホモ（ゲイ）、各種フェティシズムを包括する総合的な性風俗雑誌

図４−21　「夏化粧」と題された『演劇評論』の口絵。当時の女装スタイルがよくわかる（『演劇評論』21号、1958年）

ですが、創刊程ない六〇年九月号で「女装する男たち」を特集し、六一年二月号からは女装関係の投稿通信欄「女装愛好の部屋」を常設するなど女装記事に力を入れます。そして「富貴クラブ」の活動ルポや、会員の手記、写真を独占的に毎号掲載し、全国に散在する女装者や女装者愛好男性にとっての必読の雑誌となっていきました。

「富貴クラブ」と『風俗奇譚』の提携関係は、「富貴」の西塔会長と『風奇』の高倉一編集長が、たまたま旧制東京府立第三中学（現、都立両国高校）の先輩・後輩だったことによるとい

うことになっています（高倉一氏の談話）が、両者の略称「ふうき」の類似性など、どこか計画的なものが感じられます。

いずれにしても、「富貴クラブ」によって「アマチュア女装者」という新たな概念が確立され、それが『風俗奇譚』という雑誌媒体によって流布されたことにより、全国に散らばる同好の士が結び付けられ、女装を職業としない非商業的なトランスジェンダーが、初めて顕在化することになったのです（三橋c、二〇〇六）。

怪しい入会儀礼

ところで、先ほど「秘密結社」という言葉を使いました。「何を大袈裟な」と思う方もいらっしゃるでしょう。しかし、秘密結社という言い方をしたくなるような性格を「富貴クラブ」はもっていました。

まずその入会方法を見てみましょう。私の大先輩に当たる松葉ゆかりさんは一九六四年に「富貴クラブ」に入会した方です。松葉さんが『風俗奇譚』に載っていた入会案内に記された電話番号に連絡を入れたところ、電話に出たのは坪井さんという男性で、「次の土曜日の二時に、新宿伊勢丹横の入口のところで待っていてください。（目印は）紺色のコートに、新聞を左手に持っています」と指示されます。約束の日に指定の場所に行くと、若い男の子が現れ「わたしについてきてください」と言います。ついていくと、そこはこざっぱりした格好の男の子が、何人かたむろしているお店でした。実は、そこが「富貴クラブ」の連絡場所になっている新宿二丁目のゲイバー「ぼんち」で、マスターの坪井ひでおさんによって人物鑑定が行われたのでした。

一次面接に合格した松葉さんは、別の若い男性にタクシーに乗せられ、西口から青梅街道に入り、新宿の西の外れの方に連れていかれます。連れていかれた家の玄関を入ると、何人かの人がいて、中には鏡の前で化粧をしている人もいたので、そこが「富貴クラブ」であることがやっとわかりました。そして、世話係らしき人に「格好、するんでしょ」と言われたので、道具を借りて女装しました。メイクが終わると、赤ら顔で禿頭の、いかにもエネルギッシュなすけべなおじさま（西塔会長）に「おいで」と呼ばれ「膝の上に乗れ」と言われました。女の子のように膝の上に抱き上げられて、キスをされて、「かわいいね」「かわいいね」と連発されて、松葉さんはもううっとり。こうして松葉さんは「富貴クラブ」への入会が認められたのでした（杉浦ほか、二〇〇六）。

松葉さんが連れていかれたのは、当時、成子坂（現：新宿区北新宿二丁目）にあった「富貴クラブ」の「会員の部屋」だったのですが、そこに至るまでに、何段階かの人物チェックがあったことがわかります。それでも、松葉さんの場合は、比較的すんなり入会できた方なのです。それは松葉さんが若くて美しかったからで、そうでない多くの場合は、このようにスムーズに入会が許されるわけではなかったようです。

ちなみに、松葉さんによれば、会長さんの抱擁は、お気に入りの若い子だけでなく、どんな年輩の人でも、新人なら誰にでも同じようにするのだそうです。どこか秘密結社の入会儀礼を思わせます。

また、「富貴クラブ」は、広報のためにときどき一般週刊誌の取材を許すことがありましたが、その際、取材記者は「会員の部屋」への行き帰り、目隠しをされて車に乗せられ、場所を悟られないように何度も回り道をしたとのことです。

厳重な秘密管理、怪しい入会儀礼、私が「秘密結社」という言葉を使いたくなるのも、お解りいただけたと思います。なぜそれほど秘密管理が厳しかったのか、それは秘密が漏れた場合、つまり女装愛好者であることが露見した際の社会的ダメージが、現在とは比較にならないほど大きかったからです。実際、「富貴クラブ」の有力な女装会員だった加茂こずえは、女装活動を暴露した一通の匿名の手紙によって、勤務先の読売新聞社を退社せざるを得ませんでした。

女装をするんなら……

ところで、「富貴クラブ」の女装会員すべてが女装で外出できたわけではありません。外出（ただし、必ず男性会員との同伴）が許されるかどうかは西塔会長の判断だったようです。外出が許されない女装会員は「会員の部屋」の室内で女装するしかありませんでした。しかし、それでもまだ良い方で、女装がしたくて入会を申し込んだのに、会長に「君は女装に向いていないから男性会員でいなさい」と言われた悲惨な例もあったようです。

つまり、ある程度、女性として社会的に通用する容姿でないかぎり、女姿でクラブの部屋を出入りすることは許されなかったわけで、これも人目を恐れた秘密保持の方策だったのです。ですから、この節の冒頭に掲げた写真の三人は、「富貴クラブ」の中のエリート中のエリートということになります。

図４－22 「会員の部屋」に集う「富貴クラブ」のメンバー。中央後ろが小池美喜さん（提供：小池美喜さん）

では、外出を許されない、あるいは外出を好まない女装会員は、「会員の部屋」の中で何をしていたのでしょうか。私に長文の「手記」を託してくださった小池美喜さん（一九六五年入会）は、そうした室内派の女装会員でした（図４―22）。

入会から三年ほどたち、女姿もだいぶ板についてきたある日、小池さんはクラブの世話人である堀江オリエさんに「お化粧も上手になったし、本当にキレイになってるわ……。これでもっと色気が出せるようになれば、他の人だって放って置かないわよ。女装するだけじゃ、つまらないじゃない。外へ出掛ける訳でもなくて、せっかくキレイになったんだから……。ねっ、一度、バックを受けてみない……」と誘われます。

オリエさんは、戦前は芝居の女形、戦後は新宿で女装男娼をしていたプロの女装者で、その女装技術と人柄を西塔会長に見込まれて、「富貴クラブ」の実務を任されていた人です。ちなみにオリエさんを介して、プロの女形・女装男娼がもっていた化粧法や着物の着付け、そして性的技巧がアマチュア女装の世界に伝えられたことに私は注目しています。最も遠いように思われる女装男娼の世界とアマチュア女装の世界は、意外なところで系譜的につながっていたのです。

小池さんは、オリエさんに立役(インサートする側)になってもらい、その巧みな手ほどきで、初めてのアナル・セックスを体験し、女役(インサートされる側)の性的快感に目覚めてしまいます。以来、小池さんは「これからは、男が欲しくて仕様がないわよ」というオリエさんの予言通り、「濃い念入りな化粧をし、(中略)『お立ち』をしてくれる者の気を引き、女装の『オネエ(女役)』の愉悦に悶えるのが病みつき」になっていきます。

私は晩年の小池さんから、ご本人出演の「本番有り」のプライベート・ビデオを見せていただいたことがあり、「富貴クラブ」の濃厚なセクシュアリティの在り様の一端をこの目で見ることができました。

「富貴クラブ」の時代は、女装とセクシュアリティとがしっかり結び付いていた時代でした。つまり、小池さんの体験のように、女装して「女」になるということと、男性と性的関係をもつことは、ほとんど分かち難く結び付いていたのです。「女」になったのなら、男性の気を引き、男性の誘いがあれば、その言うままに男性のペニスを身体に受け入れる、それでこそ一人前の「女」という感覚が、この世界の「常識」だったのです。それはまた、この時代の男女関係の投影でもありました。

私の駆け出しの頃（一九九〇年代前半）にも、まだそうした雰囲気は残っていました。小池さんがクラブの先輩に言われた「女装をするんならバックを受けてみなくちゃ、女の気持ちも解らないし、女の気持ちになれば、自然に色気も出てきて、男の方だって誘い易いもの」という言葉は、私が新宿で先輩から言われたこととほとんど同じです。

私のように、女装者が「セックスは、自分がしたい時に、したい人とする」「私は男の性欲を満足させるために『女』になったんじゃない」と明言できるようになったのは、ごく最近のことなのです。

図4－23　中野の「会員の部屋」のベランダで（1973年頃、夢野すみれさん）（提供：高倉一氏）

六〇年代、成子坂下→番衆町（現：新宿五丁目）→諏訪町（現：西早稲田二丁目）と拠点を頻繁に移していた「富貴クラブ」は、一九七〇年以降、中野区中央二丁目のマンションの一室に落ち着きます（図4－23）。そして、西塔会長の逝去によって一九九〇年八月に活動を閉じるまで、三〇年以上の長きにわたって、アマチュア女装世界の「名門」として、多くの女装者を輩出することになります。

8　新宿女装コミュニティの形成

新宿女装世界の原型

その昔、新宿駅東口を靖国通りに出て、区役所通りに入り最初の路地を右折すると、そこに都電の専用軌道（現在は「四季の道」という遊歩道）がありました。小さな踏切を渡ると、「青線」（非公認買売春地区）の残り香がただよう小さな木造建築の飲食店が密集しています。

図4－24　花園五番街「ふき」。ドアのところにいるのは当時の有名女装者、美島弥生さん（提供：美島弥生さん）

一九五〇年代の飲み屋街の雰囲気を伝える、淫靡で猥雑でそして怪しい魅力をもつ空間、ゴールデン街&花園街です。

櫛の歯状に何本かある路地のひとつ、花園五番街に鉄平石《てっぺいせき》を貼った特徴的な入口の店がありました（図4－24）。この店こそが、新宿女装コミュ

図4－25　新宿女装コミュニティの始祖、加茂梢さん（『女性自身』1969年9月6日号）

ニティの原点である女装バー「ふき（梢）」です（現在、花園神社側から入ってすぐの左側、二階が「幻影城」というバーになっている建物。鉄平石貼りの外観は当時のまま）。

「ふき」は、一九六〇年代前半に読売新聞社に勤務するかたわら女装秘密結社「富貴クラブ」の有力会員として活躍したアマチュア女装者、加茂こずえが一九六七年二月に開店した店です。当初はその店名が示す通り「富貴クラブ」との提携のもと、その理念に基づき女装者と女装者を愛好する男性とが気楽に飲める店として出発しました。

ゴールデン街地区には、それ以前から女装男娼やゲイボーイ出身のプロの女装者が男性客を接客する小規模なゲイバーが何軒か存在していましたが、「ふき」はそれらとは異なり、アマチュア女装者が客あるいは臨時従業員（ホステス）として女装者好きの男性客と空間をともにする形をとりました。つまり、店が女装者と女装者愛好男性との「出会い」の場になるという新たな営業スタイルを作り出したのです。

加茂は、六八年二月に「富貴クラブ」と袂《たもと》を分かち、六九年九月には店名も「梢」と改称し、独自の立場でアマチュア女装者の育成を開始します。七〇年頃には「女装学校校長」のようなキャッチ・コピーでマスコミ（週刊誌やテレビ）にも何度も紹介され、著書『女装交友録』（太陽文芸書房）を刊行するなど全盛期を迎えました（図4—25）。

こうしてプロフェッショナルな女装世界（女装系のゲイバー）と純粋なアマチュア女装世界（富貴クラブ）の中間に、セミプロ的色彩を持つ第三の世界、「梢」を拠点とするアマチュア女装者と女装者愛好男性のコミュニティ「新宿女装世界」の原型が形成されたのです。

男と「女」の出会いの場を提供

私の新宿ホステス時代（一九九〇年代後半）には、「梢」はすでに伝説の店となっていましたが、それでも「梢」出身の先輩女装者や、「梢」で遊んだことのある男性客は、まだ何人か残っていて、当時の思い出を語ってくれることがありました。「梢」に通ったということは、九〇年代の女装世界では、この世界の重鎮であることを示すステイタス・シンボルでした。

一九七八年一〇月、新宿花園五番街の「梢」の一軒挟んだ手前（花園神社寄り）に女装バー「ジュネ」が開店します。「ジュネ」は八四年にそれまでオーナーだった中村薫がママ

図4－26　花園五番街時代の「ジュネ」（1993年頃）。店の前に立つのは女装会員の久保島静香さん（提供：久保島静香さん）

になると、経営が乱れた「梢」に代わって新宿の女装世界の中核に成長していきます（「梢」は一九八二～八三年頃に閉店）。

「ジュネ」は、「梢」のシステムを引き継ぎ、アマチュア女装者が客あるいは「ホステス」として女装者愛好の男性客と空間を共にし、店が男と「女」の出会いの場となる営業スタイルを確立します。また女装会員制度を設けて、会員に店付属の支度部屋を使用する便宜をはかることによって、一九八〇年代～九〇年代前半にかけて数多くのハイレベルな女装者を育成しました（図4－26）。

一九九三年の秋、私が初めて「ジュネ」を訪れた時、話し相手をしてくれた中山麻衣子さんも、そうしたハイレベルな女装者の一人でした。サラサラのセミロングヘアー、どう見ても男性には見えないナチュラルな女性的な美しさに驚愕したことを覚えています。しかもその人はプロのニューハーフではなく、昼間は超一流企業のエリート男性社員だと教えられ、二重の衝撃でした。その時には、まさか自分が二年後、「彼女」をサポートする形で、「ジュネ」のお手伝いホステスになろうとは、思いもしませんでしたが。

一九八六年に新宿三丁目に開店した女装バー「嬢」（愛沢有紀ママ）をはじめ、九〇年代にかけて「ジュネ」出身者やその営業スタイルに倣った人たちが、新宿歌舞伎町から新宿三丁目のエリアに次々と女装バー／スナックを開店していきました。それらの店は、ライバルでありながらも、女装会員の料金を相互に割引くなど連携を保ち、女装者や女装者愛好男性はそれらの店を回遊することで、女装系の酒場を拠点とする新宿女装コミュニティが形成されていったのです。

9　商業女装クラブの出現

気軽に楽しめる趣味としての女装

一九七九年八月、女性下着販売会社のアント商事を経営母体として、アマチュア女装者を顧客とする最初の商業女装クラブ「エリザベス会館」が東京神田にオープンしました。

同会館は、女装用品売場、プロのメイキャッパーや美容師が常駐するメイクルーム、女装姿でくつろぐサロン的な談話室、プロ仕様の撮影機材を備えた写真スタジオを持つ本格的な女装施設で、非女装の男性の完全排除、女装外出の原則的禁止などによって、一般社会から隔離された安全な女装環境を提供する営業形態を作り上げました。

また、「エリザベス会館」は、サラリーマンのストレス解消法、「企業戦士のしばしの休息の場」としての女装というコンセプトを積極的に打ち出し、それまでの女装がもってぃたアンダーグラウンドで淫靡なイメージを払拭しようとしました。そうした戦略はかなり成功し、八一年の松原留美子の「ニューハーフ・ブーム」や八三年の男優ダスティン・ホフマンの見事な女装が大ヒットしたアメリカ映画『トッツィー』のブームに乗って、マスコミの認知を得、「日本唯一の」商業女装クラブとしての地歩を固めていきます。

「エリザベス会館」の出現によって、気軽に楽しめる趣味・娯楽としての女装という形態が創出されたことは、女装の歴史の上で大きな意義を持つものでした。これ以降、アマチュア女装世界の中心は、「富貴クラブ」のような非営利の同好会的な女装クラブから「エリザベス会館」のような商業女装クラブへと移行し、女装者は企業（女装会館）―顧客（女装者）という商業論理に組み込まれていきます。

また、「エリザベス会館」が非女装の女装者愛好男性を徹底的に排除したことによって、同館の女装者は、それまで女装行為と表裏一体だった男性との性愛関係から完全に切り離されました。このことは長い女装の歴史の中で、画期的であると同時にきわめて特異な形態と言うことができます。こうした女装とセクシュアリティの分離と、外出禁止のシステムで外界から隔離されたことによって、「エリザベス会館」における女装は、室内での単独行為としての女装という形に純化されていきました。

「エリザベス会館」での一日

「エリザベス会館」での一日を簡単に説明しましょう。開店は一三時。意外にも「昼商売」なのです。五〇〇〇円（一九九〇年当時）の入店料を払った男性客は、女性スタッフのアドバイスを受けながら、衣装（当然のことながら女性衣料）を選び、フィッティングルームで着替えます（初めての人は、ブラジャーが着けられなかったり、パンストを伝線させたりします）。髭を念入りに剃った後、専門の女性メイキャッパーに化粧をしてもらい（髭跡を隠す特殊メイクで、かつ写真映りを考慮した濃化粧）、好みのウィッグ（鬘）をつけてもらって女姿に変身します。変身が完了すると、撮影室に連れていかれて、ポラロイド写真を撮影します（一枚は基本料金の内）。その後は、談話室でコーヒーを飲みながら（お酒は飲めません）世話係の女性スタッフや女装者同士でおしゃべりするか、おとなし

図４－27 「エリザベス会館」の外出イベント。浅草寺のほおずき市で、岡野香菜さんと（1994年）

く備え付けの本（女装小説や女装漫画）を読むか、追加料金を払って写真を撮ってもらうか、大きな鏡の前でじっとしているか（自分の女装姿にみとれているナルシスト系の女装者）、思いのままに時間を過ごします。そして、二一時の退館時間までに、メイクを落とし、服を着替えて男姿に戻って帰っていきます。

これではあまりに変化に乏しいので、月に一度、持ち込んだお酒が飲めるパーティがあり、また季節ごとには女性スタッフに引率されての外出イベント、たとえば上野公園でのお花見、亀戸天神の藤祭り、浅草寺のほおずき市、東京湾納涼船などが組まれていました（図４－27）。なおこうした外出には、基本料金に加えて外出特別料金が取られます。また、特別な衣装（ウエディングドレス、振袖など）を、特別料金を払って着せてもらうこともできます。しかし、基本的には、お酒もセックスもない、ただただ女装するだけの、健全と言えばとても健全な世界なのです。

「競技女装」の世界

一九八〇年六月、「エリザベス会館」の経営母体であるアント商事からアマチュア女装の専門雑誌『くいーん』が創刊されました。『くいーん』は販路が限定されていたとはいえ、アマチュア女装世界が初めてもった専門の広報媒体であり、全国に散在する女装者を誌面を通じて結び付け、潜在的な女装願望者を着実に掘り起こし、アマチュア女装世界の拡大に大きな役割を果たしました（図4―28）。

『くいーん』は、一九八四年から全国規模の女装写真コンテスト「全日本女装写真コンテスト（フォトコン）」を誌上開催します。当初は一〇〇名ほどだった応募者は年々増え続け、一九九〇年代に入ると二〇〇名前後になります。そして、女装者の中には、コンテストの入賞を目指して、日々、女装に精進し技術を磨く人たちが現れてきます。こうしたコンテストを目標にしたストイックな女装の形態を、私は「競技女装」と名付けました。

図4－28　アマチュア女装雑誌『くいーん』(1994年8月号)。表紙モデルは南麻衣子さん

私が「エリザベス会館」に在籍した一九九〇～九四年頃は、まさに「競技女装」の全盛期で、毎夏のフォトコンは、全国から一八〇名前

後のアマチュア女装者が自慢の写真を応募して「女装美」を競い合う一大イベントでした。この「オール・ジャパン」で受賞、あるいは上位に入ることは、アマチュア女装者の憧れであり、大目標だったのです。

「今年こそ」と思う女装者は、年明け早々から作品作りの準備に入ります。メイクさんや撮影係の女性スタッフと相談しながら写真のコンセプトを練り、衣装の準備やポーズの練習をして、ウエイト・コントロールも怠りなく、何度も試写を繰り返し、先輩や友人の意見も聞きながら締め切りの五月の連休明けまでに応募写真を仕上げていきます。

六月下旬発売の『くぃーん』には、応募写真がズラリと並び、そこから七月末までが『くぃーん』読者による投票期間です。選挙運動のように全国各地のファンや友人に投票お願いの手紙を書くのもこの間です。結果は、八月中旬に開催される「エリザベス会館」のサマー・パーティで発表されます。当日は有力候補が全国から上京し、思い思いの衣装で着飾った華やかな授賞式が行われます（図4―29）。

思いがけず部門賞を受賞して飛び上がって喜ぶ若手、目標のグランプリ（大賞）に届かず複雑な表情で準大賞の賞状を受け取るベテラン（授賞式の後、悔し泣き）、濃化粧が崩れるのもかまわず嬉し泣きのグランプリ受賞者。舞台の上での悲喜こもごもは、本物の女性のミスコンとまったく変わるところはありません。

日本における「競技女装」は、二〇〇三年の『くいーん』誌の廃刊によって幕を閉じました。日本ではあまり知られていませんが、タイやフィリピンなどの東南アジア諸国では、現在でも男性から女性への性別越境者のコンテストが盛んに行われ、「彼女」たちの社会進出の大きな足掛りになっています。日本ではそこまで行かなかったのが残念です。

図4－29　華やかな「フォトコン」の授賞パーティ(1993年)

ところで、新たにアマチュア女装世界の中心となった「エリザベス会館」と、ほぼ時を同じくして形成された新宿の女装コミュニティとの関係は、その当初においては必ずしも険悪なものではありませんでした。しかし、一九八七年末頃から、顧客の流出を恐れる「エリザベス会館」が、系列誌『くいーん』に新宿の女装世界の記事や店の広告を一切載せなくなり、両者の関係は絶縁状態となります。この対立は現在に至るまで融けず、以後、首都圏の女装者は、クローズドな環境で安全かつノンセクシュアルな女装を楽しむ「エリザベス会館」系と、オープンな環境で男性との交流を前提とした女装を楽しむ新宿コミュニティ系に大きく二分されることになりました。

なお、「エリザベス会館」は、創業の地である神田（千代田区）から、亀戸（江東区）を経て、現在は浅草橋（台東区）に移り、八〇年代と変わらぬコンセプトで営業を続けています。

第5章　現代日本の女装世界
——新宿の女装コミュニティ

1　順子の生い立ち――新宿まで

心の中の「もう一人の私」

日本の女装の歴史をたどる時空旅行も、やっとほぼ現代まで戻ってきました。ここで、少し趣を変えて、現代日本を生きるトランスジェンダーである私自身のライフストーリーをお話しするのをお許しください。

北関東の小都市の比較的恵まれた家庭の長男として生まれた私は、父母の愛情と教育のもと、少し人見知りで内気なところはあるものの、学業的にはかなり優秀な少年に育ちます。電車で一時間ほどかかる男子高（県立のエリート校）に進学してからも、同じ電車で通学する女子高生と交際したり、ごく普通の男の子の青春時代を送りました（今になって思うと性別違和感の萌芽はいろいろあったのですが）。

そんな私が、心の中の微妙な違和感を最初に自覚したのは、高校三年生、一八歳の時でした。同級生たちが『平凡パンチ』のグラビアを見ながら、女性について語り合っていた時、友人たちの女性に対するイメージと私のそれとが違うことに気がついたのです。友人たちが性欲の対象として女性を見ているのに対し、私にはそうした気持ちが希薄でした。ただ、その時の違和感はまだぼんやりとしたもので確かな形を成すまでには至りませんでした。

それをはっきり自覚したのは、東京の大学に進学してしばらくたった二一歳の頃でした。その時の情景はなぜか妙に鮮明に心に浮かびます。場所は東急渋谷駅の二番線ホーム。私の前を焦茶のタイトスカートにブーツ姿のスタイリッシュな女性が歩いていました。その後ろ姿を見た時「すてきだなぁ、あんなふうになりたいな」という言葉が心に浮かんだのです。「いったい何を考えているのだ」、私はあわてて自分の心に浮上した意外な思いを打ち消しました。

ところが、同じような女性同化願望が、その後もしばしば起るのです。不安にかられた私は、大学の図書館で心理学の解説書を読みあさりました。そして、男性の心の中にも女性的な要素（アニマ）があるというユングの説に行き当たります。「そうか、私は、そのアニマが普通の男性よりも大きいのかもしれない。でもそれはいずれ解消しなければいけないものなのだ」。その時はそう理解し、無理やり自分を納得させせました。

その後の約一〇年間、私は心の中の女性を必死に抑え続け、普通の青年であろうとし続けました。しかし、そうした努力にもかかわらず、心の中の「もう一人の私」の存在は日に日に大きくなっていくばかりでした。そして、それは次第に一人の女性人格として形を成していったのです。

一度だけのつもりが……

私には大学時代から親しく交際していた女性がいました。知的で美しく価値観や趣味を共有でき、そして私に過度に男性性を求めてこない彼女は、私にとって理想的な女性でした。彼女とならば生涯を共にするパートナーシップを築けると思いました。彼女と婚約した時、ひとつの決断をしました。「心の中の女性人格を殺して、普通の男になろう」と。しかし、同時に「このまま、この世に一度も姿を出すことなく、殺してしまうのは、あまりにかわいそうだ」とも思いました。

一九八五年、三〇歳の秋、私は通信販売でウィッグ、化粧品、女性の下着セット、紺色のワンピースを購入し、一度だけのつもりで初めての女装を試みました。化粧を終えた時、鏡の中に、私の母の若い頃の写真によく似た女性がいました。ずっと心の中で育ってきた私の女性人格が現実世界で形を成した瞬間でした。「やっと出てこられたわ」、鏡の中のルージュに彩られた口がそうつぶやきました。

私は、「もう一人の私」に「順子」と名前を付け、セルフタイマーのカメラで記念の写真を撮りました。そして、数日後、「順子、さよなら」と言いながら、買ったばかりの女装用品をすべて廃棄したのです。

しかし、最初の決心とは裏腹に、一度表に出て実体化してしまった順子を押し殺すことは至難でした。結局、私は、その後の約五年間、数ヵ月に一度くらいのペースで、自宅や旅行先のホテルで孤独な女装行為とセルフポートレートの撮影を繰り返すことになります。

普通の男性、良き夫であろうと努めても、どうしても順子の存在を消すことができません。罪悪感と自己嫌悪にさいなまれ、女装用品の購入と廃棄を二度、三度と繰り返しました。今にして思うと、人生で一番つらい苦悩の時期でした。その証拠に、わずかに残っているこの時期に撮った写真は、どれもひどく表情が堅く、微笑んでいるものは一枚もありません。順子は笑うことがない「女」だったのです。

そんな中で、私は、アマチュア女装交際誌『くいーん』の文通欄（写真と短い文章が載る）に投稿を始めました。一九八六年八月刊行の三七号が順子の写真が掲載された最初の出版物になりました。そして、その雑誌を通じて、自分と同じような環境にある一人の魅力的な女装者と文通を始めました。女装名を村田高美という彼女は、やがて私の女装人生に大きな影響を与えることになります。

「競技女装」に打ち込む

一九九〇年の春、大きな転機が訪れます。私は、高美嬢から東京神田にある「エリザベス会館」への入会を強く勧誘されました。一足早く自宅女装から脱した彼女は、同クラブの若手スターになっていたのです。

私は迷いました。「エリザベス会館」が女装者にとって魅力的な場所であることは知っていましたし、憧れの場所でした。だからこそ、そこに足を踏み入れたら、自分の女装行為、女性化傾向に歯止めがかからなくなることが予感でき、それが恐ろしかったのです。しかし、もう順子を抑え続けること、性別違和感（この言葉は当時はありませんでした）との戦いに私は疲れ果てていました。孤独な環境の中で苦悩と逡巡を繰り返すことは精神的にもう限界でした。結局、私は、自分の女性人格である順子の成長を許容することを決断したのです。

一九九〇年六月一四日、高美嬢に伴われて、初めて「エリザベス会館」の入口をくぐりました。すでに三五歳、女装者としてはとても遅いスタートでした。緊張した面持ちでメイクルームに入る時、受付のおばさんが「お尻の大きな娘はね、この世界では出世するのよ」と私の尻を軽く叩きました。

月一～二回のペースで「エリザベス会館」に通い始めた私にとって、大きな悩みは容姿のコンプレックスでした。高美嬢だけでなく、クラブの先輩たちの誰もが、私とは比較にならないほど女らしく、美しく見えました。こんなハイレベルな環境で、私はやっていけるのだろうか、不安はつのるばかりでした。

そんなある日、談話室の世話係の女性、土肥恭子さんが、私の顔をしげしげと見ながら、「順子ちゃん、あなたは、何千人に一人かの女顎《おんなあご》なのよ。このクラブでたくさんの女装する男たちを見てきた私が言うのだから間違いないわ。だから頑張りなさい」と言ってくれました。コンプレックスまみれの暗い女装人生に一筋の光が差した思いがしました。

入会半年後の一九九〇年一二月のクリスマス・コンテストで、思いがけず私は優秀新人賞（三〇歳代クラス）に選ばれました。評価されたことで、長年の屈折した思いとコンプレックスが少しずつ融けていき、抑圧されていた順子の才能が目覚め始めました。私は少しずつ微笑むことができる「女」になっていきました。

以後、私は、積極的に女装のテクニックの習得に努めるようになりました。化粧、ファッションセンス、しぐさ、言葉遣い、身につけなければならない女性ジェンダーは山のようにありました。ダイエットを心掛け体重を高校時代のそれに戻し、柔軟体操を日課にし、ファッションモデルの教本を買ってきて鏡の前でポーズの練習を繰り返しました。そうやって習得したものを生かしながら、毎年夏に開かれる「全日本女装写真コンテスト」（オール・ジャパン）の入賞を目指して写真撮影を繰り返す「競技女装」に打ち込みました。

一九九一年夏、私は念願かなってオール・ジャパンの準大賞を受賞します。翌九二年には、全部門通計しての最多得票者に与えられ、大賞と同等の価値があるとされる特別賞と写真技術賞を受賞します。この年、大賞に輝いたのは私をこの世界に導いた高美嬢でした。授賞式の舞台に彼女と並んで立った時、私は涙を抑えることができませんでした。

その後の一年半ほど、私は彼女と共に「エリザベス会館」に取材に来るテレビ番組や雑誌の案内役をつとめる同館の「看板娘」になります。受付のおばさんの予言は見事に的中したのです。

そして、九三年夏のコンテストで、私は、特別賞、準大賞、写真技術賞の三冠を受賞します。三八歳、遅咲きの大輪の花をようやく咲かすことができたのです。大賞こそ僅差の接戦の末に逃しましたが、全国の読者（投票権は『くぃーん』の読者に与えられる）の最も多数の支持を得た証してある特別賞を二年連続受賞したことは、コンテストの歴史で前にも後にもなく、今でも私の誇りです。三つの賞状と花束を抱えた私の心には、おだやかな達成感がありました。

こうした外的評価の積み重ねによって容姿コンプレックスから脱却し、「女」としての

エリザベス会館の新人時代（1990年）

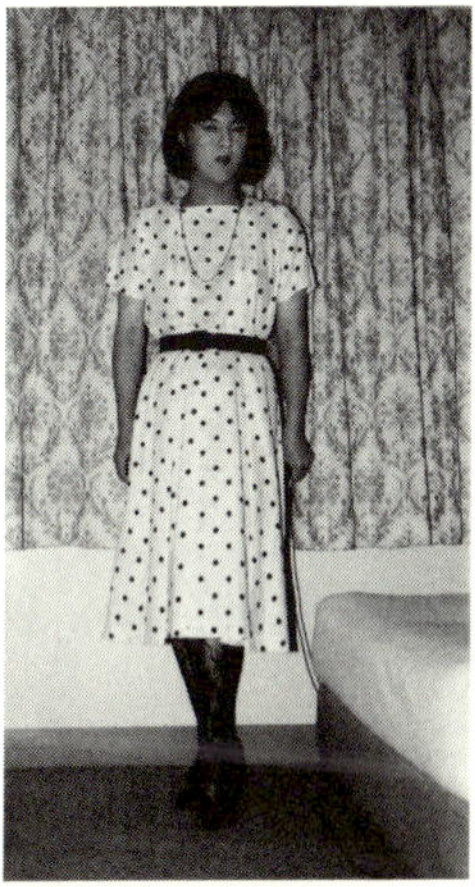

自宅女装時代（1986年）

三冠受賞作品（1993年）

エリザベス会館の看板娘時代（1993年）。村田高美さんと

自分に、ある程度、自信がもてるようになった私は、もっと広い世界を知りたくなりました。「エリザベス会館」では、女装者の外出は基本的に禁止されていましたから、女装外出の機会はクラブが企画するイベントの際の集団外出だけです。外出時の女装者に行動の自由はなく、「女」としての社会性が養われる機会はほとんどありません。たとえ時限的ではあっても「女」として社会の中で生きてみたい私は、そうした「籠の鳥」状態に耐えられなくなってきました。

一九九四年八月、私は高美嬢とともに「エリザベス会館」への出入り禁止を言い渡されます。処分の理由が説明されない、まったく一方的な通告でした。後で探ったところでは、どうも私のクラブの外での行動（個人的な女装外出とテレビ出演）を営業妨害行為として密告した人がいたようです。まあ、出る杭は打たれる、人の世に嫉妬は付きもの、ある意味で次のステップに進む良いタイミングだったのかもしれません。不幸な形で終わりましたが（いまだに出入り禁止）、「エリザベス会館」で過ごした四年間は、私にとって本格的な女装テクニックを習得し、「女」としての基礎と自信を得ることができた貴重な修業時代でした。

2　ネオンが似合う「女」になる

夜の新宿へ

「エリザベス会館」という女装者にとっての安住の世界を追われた私は、一九九四年の秋、東京におけるもう一つの女装世界である、ネオンきらめく夜の新宿の街に活動の本拠を移しました。

実は、私が初めて新宿の女装世界に足を踏み入れたのは、「エリザベス会館」を追われる二年前、九二年秋のことでした。高美嬢に案内されて訪れた新宿三丁目の女装系バー「梨沙」（鮎川梨沙ママ）は明るく楽しく社交的で、行動の自由のない「エリザベス会館」しか知らなかった私にはまさに別世界でした。そして九三年九月には、新宿女装世界の中核である花園五番街（ゴールデン街地区）の女装バー「ジュネ」（中村薫ママ）を訪れ、最もそれらしい女装世界の有り様を知ることができました。

私は、次第に新宿の女装世界、その背景をなす新宿という街の魅力に惹かれていきました。そして、この街を舞台に自分のやりたい事を試してみようと思うようになりました。

具体的には、営利的な女装クラブが主催するイベントではなく、女装者自身の手によるイベント企画の実現です。

九五年四月、私は「エリザベス会館」時代の妹分である秋本明香《さやか》・岡野香菜・美剣《みつるぎ》チコ・葉月の諸嬢らと、新宿三丁目の女装バー「びびあん」(美杏さつきママ)を借りて、お店形式の女装パーティ「フェイクレディ」を開催しました。「フェイクレディ」は、ママ(順子)もチーママ(チコ)も、美形ぞろいのホステス(明香・香菜・葉月)も、少なくとも見かけは本物(プロのニューハーフ)に見える、お店の入口にはちゃんと開店祝いのお花が飾ってある、会社社長風の男性客が「順子ママ、開店おめでとう」と言いながら、お祝いのワインを持って入ってくる、いかにもそれらしくて実は全部フェイク(贋物)、翌日の夜に行ってみると跡形もなく、「あれ？　昨夜、賑わっていた店はどこ？」という一夜限りの模擬店です。当時は、女装者の自主的な企画イベントはまだ珍しく、大きな反響を呼び、一夜の来店客六三人、比喩ではなく、店の床が抜けるのではないかという大盛況ぶりはは「伝説の模擬店」として、後々、新宿の女装コミュニティで語り継がれることになりました。

「フェイクレディ」の大成功によって新宿の女装世界で認知された私は、老舗の女装スナック「ジュネ」(九四年五月に新宿歌舞伎町区役所通りに移転)に足繁く通うようになりました。

そして、九五年夏ごろから、金曜日の「ジュネ」（金ジュネ）の責任ホステスの中山麻衣子さん（昼間は超一流メーカーのエリート研究員）をサポートする形で、週一度の「お手伝いホステス」（無給のボランティア・ホステス）を始めました。

「ジュネ」のお手伝いを始めた頃、私は四〇歳になっていました。しかし、店では私より一つ年下の麻衣子さんが二八歳と言っていた関係で、実年齢より一回り下の二九歳と自称していました。いくらなんでもそれで押し通すのは無理でしたが、それでも「二九？　そりゃないよ。もうちょっと行っているだろう。三十二、三かな」「え〜っ、やっぱりわかっちゃいますか〜ぁ」という調子で、ほとんどの男性客は三〇歳代前半だと思ってくれたようです。

ありがたいことに、エッチっぽい容姿と幅広い雑学に裏付けられたクールな会話の対照（アンバランス）、それに一九六〇〜七〇年代の女性歌手の歌一〇〇曲以上をレパートリーにもつ歌声（「ジュネ」はカラオケ・スナックの要素が濃い）を愛してくださった男性客は少なくありませんでした。男性客に魅力的な「女」として扱われることは、「女」としてのアイデンティティを育んでいくための、なによりの肥料《こやし》になりました。

遅い青春時代

こうして私は週一〜二回、夜の新宿の街で過ごすことによって、「女」としての社会性を文字通り身体体験として身につけ、また新宿女装世界のドンである「ジュネ」の薫ママや古参の男性客S氏の話を親しく聞くことで、新宿の女装者としてのノウハウとコミュニティの一員としての自覚を持った、ネオンが似合う「女」に成長していきました。

それは、私にとって何にも換えがたい新鮮で充実した時間でした。ミニスカートの太腿をさすろうとする男性客の手を上手にあしらいながら、ドリンクを作るのにも慣れました。お客さんの好みに合わせて、自分のレパートリーから歌を選び、多い夜には二〇曲近く唄うこともありました。好ましいお客さんとチークダンスをしながら、愛の歌を耳元でささやくように唄うテクニックも覚えました。

ロマンスグレーの紳士であるS氏と初めて店外デートをしたときのドキドキ感、贔屓にしてくれた社長Mさんと小雪がちらつく靖国通りで人目もはばからず交わしたクリスマスのキス、眠気覚ましに店の周囲を散歩した時に眺めた天高く渡る冬の満月の冴え冴えとした美しさ、真冬の夜中、シースルーのミニワンピース姿でお客さんを見送るときの肌を刺すような寒さ、どれも今でもしっかり覚えています。

店外での思い出もたくさんあります。「お姐さん、これから出勤？　お店どこ？　後で行くからさ」と気軽に声をかけてくる陽気なほろ酔いサラリーマン。「お姐ちゃん、面接してかない？　今なら店長いるよ」と呼び止めたランジェリー・パブの呼び込み（本気？冗談？）。夏の明け方、始発電車を待つうちに道端で居眠りしていた私に「お姐さん、こんな所で寝てたら風邪引くよ」と缶コーヒーをおごってくれたスケボー少年。

ナンパされた時、持っている本の頁を指さして「これパーレビ国王でしょう」と言ったら、とても喜んでくれた王党派のイラン青年。「アゼルバイジャンって、イランの北にある国よね」と言ったら「日本に来て私の国を知っていたのは貴女が初めてです。ぜひホテルでゆっくり話しましょう」と誘ってきたアゼルバイジャン人。「なぜ、私は西アジアの人にやたらと誘われるのでしょう？」という質問に「あなたは私の国ではたいへん美人です」とうれしい（？）保証をしてくれたトルコ人の絨毯《じゅうたん》売り。

夜明けの路上、銀色のベンツの脇を通りかかった私に「お疲れさんです」と丁寧に挨拶した車番の下っ端ヤクザ。歌舞伎町の大交差点で信号待ちをしていたら、いきなり「たのむ。お姐さんのはいてるストッキング一五〇〇円で売ってくれ」と懇願してきたフェチ男。「お姐ちゃん、パンツ見えてるよ」と段ボールの寝床から的確な指摘をしてくれたホームレスのおじさん。靖国通りの深夜喫茶で「ジュネの順子姐さんですよね」と話しかけてきて、仕事の苦労話を語ってくれたデリバリーの風俗嬢、夜の新宿の街で出会った人の思い出は尽きません。しつこく絡んでくる酔っ払いを払い腰で投げ飛ばしたこともあったし、逆にヤク中の大男にレイプされかかり、必死に知略をめぐらしてなんとか虎口を脱し、夜明けの街をハイヒールで走って逃げたこともありました。

「ジュネ」のお手伝いホステスとして新宿の夜を過ごした一九九五年夏から九八年末までの三年半は、私にとって遅い青春時代とも言える時代でした。そして、男性としては大学の研究室しか知らない世間知らずの私が、アンダーグラウンドな部分を含めて社会の様々な側面を学び、男性の意識と行動を観察できた貴重な場でもありました。

九九年二月からは、友人の青山エルさんが始めた歌舞伎町のニューハーフ・パブ「ミスティ」を手伝うようになり、二〇〇二年二月に体力的限界で夜の世界から「引退」するまでの通計約六年半、私は、ほぼ週一度の夜を新宿歌舞伎町の「女」として過ごしました。歌舞伎町は私にとって「女」として社会の中で生きていく自信を育ててくれた街でした。その間に目と耳と身体で、日本最大の女装コミュニティの在り様を観察し体験して得た知見は、私の「女」研究者としての再出発、その後の「トランスジェンダー論」の構築の大きな糧となったのです。

新宿の女装コミュニティを紹介しようと思いながら、私のライフヒストリー語りがずいぶん長くなってしまいました。私が現代の女装者の典型かどうかはともかく、一人の女装

模擬店「フェイクレディ」のホステスたちと（1995年）。右から秋本明香、岡野香菜、葉月の諸嬢

女装で昼間に外出し始めた頃（1994年）

お手伝いホステス時代（1999年）

「ネオンが似合う『女』」と言われた頃（『週刊Spa！』1997年5月28日号）

者が誕生するプロセス、なぜ性別を越えて生きる道を選んだのかという動機、東京における二つの女装世界の違い、そしてなによりも女装者という存在が過去のものでなく現代の日本社会を生きる存在であることを理解していただけたらと思います。

3　新宿女装コミュニティの性別認識

男と「女」の世界を成り立たせるフィクション

新宿のマイナー・セクシュアリティ（性的少数者）のコミュニティと言えば、読者の多くは、新宿二丁目の男性同性愛者のコミュニティ（ゲイタウン）を思い出されるのではないでしょうか。私が「女」としての青春時代をすごした「新宿女装（トランスジェンダー）コミュニティ」は、ゲイ・コミュニティとはまったく別に存在している世界です。構成メンバーも、エリアも、存立原理も異なり、したがって人的交流も少なく、ほとんど独立的に存在していると言っていいでしょう。

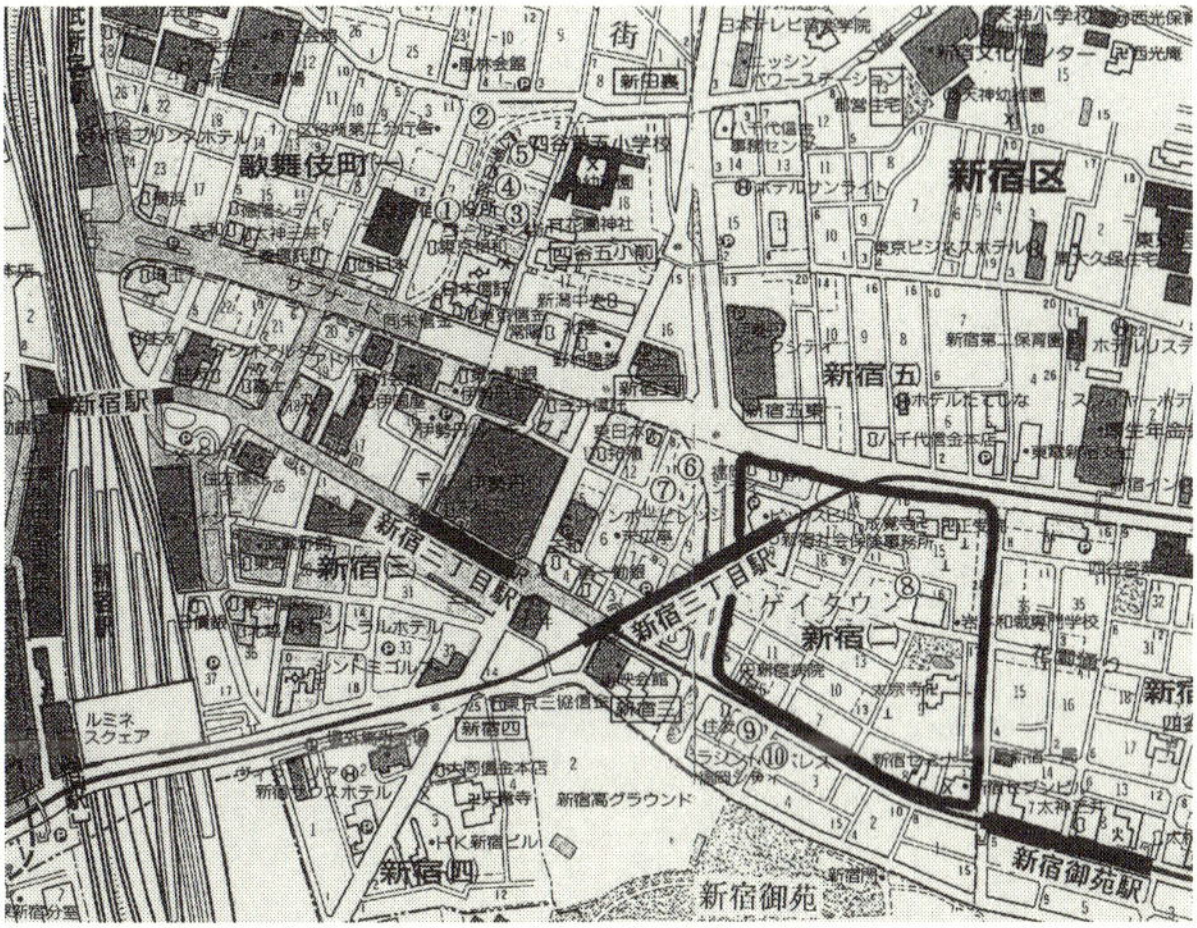

図5―1　新宿女装コミュニティの立地（2000年6月調査）。
丸囲み数字が女装系の店、太枠内がゲイタウン

新宿女装コミュニティは、地理的には、歌舞伎町区役所通りから、花園神社裏のゴールデン街・花園街地区、三丁目の末広亭のあるブロック、二丁目のゲイタウンを経て、新宿御苑の北側に至る広い範囲に散在する十数軒の女装系の酒場を拠点に形成されています（図5―1）。新宿二丁目にも女装系の店がないわけではありませんが、中心はやはり歌舞伎町一丁目と新宿三丁目です。おそらく万単位の構成メンバーをもつゲイ・コミュニティに比べれば、女装コミュニティの規模は構成メンバー数百人と格段に小さく、店の集中度も低く一般の飲食店に紛れるように存在しています。そのため、一般人

に可視化されることが少なく、社会的認知度は低いのですが、一九六〇年代中頃から四〇年に及ぶ長い伝統をもっている世界です。

さて、新宿女装コミュニティとは、どういう世界なのか、もう少し内部に踏み込んでみましょう。

「いいか順子、新宿の女装の世界はな、お前のような女装の娘だけで成り立ってるんじゃないんだ。俺のような女装の娘が大好きな男と、お前のような女装の娘の二本柱で成り立っている世界なんだ。どっちが欠けても成り立たないんだよ」

歌舞伎町の女装スナック「ジュネ」のボックス席で、新米ホステスの私の太腿に手を置きながら教え諭すかのように語ってくれた常連客S氏の言葉です。その言葉の通り、新宿の女装コミュニティは、そこに集まるアマチュアの女装者と、そうした女装者を愛好する非女装の男性（女装者愛好男性）から構成された「女」と男の世界なのです。「女」と男、それこそが、アマチュア女装者と女装者愛好男性の「出会いの場」として設定された、この世界の最大の特色であり、存立原理なのです。つまり、新宿女装コミュニティとは、けっして男と男の世界ではなく、限りなく男と女の酒場世界に近い、酒場を舞台にした男と「女」の世界なのです。

そうした世界を成り立たせているのが、この世界に特有の性別認識です。それは一言で言えば、女の格好をして女として振る舞っていれば「女」（女扱い）というものです。つまり、たとえ身体的には男性であっても、女性を擬態していれば、その女性擬態を了解した上で「女」として扱い、通用させるという認識です。

もう少し理屈っぽく言えば、衣服によって隠蔽される身体的な性別、とりわけ性器の形態は問われることなく棚上げされ、ジェンダー・ロール（性役割）やジェンダー・パターン（性別表現）などの社会的性別（ジェンダー）をきわめて重視する性別認識が、コミュニティの共通意識として存在するのです。

女装者の呼び方は「○○（女名前）ちゃん」「あの娘」「彼女」「お嬢さん」「お姐さん」で、女扱いが徹底されています。ちなみに「女装《じょそ》子《こ》」という言い方は、もともと未分化段階の一九五〇～六〇年代のゲイ世界で、女装する人を蔑視して使った言葉なので、女装の世界では使いませんでした（最近はそうした語源を知らずに使う人が増えていますが）。

もちろん、こうした共通意識は、コミュニティ外部の人から見れば、まったくのフィクションであり、一種の共同幻想かもしれません。しかし、コミュニティ内部では厳格に守られる規範であり、それを破ることはタブーです。例えば、初来店の客が女装客をしつこく口説きながら「どうせ男同士なんだから」と言ったのを耳にした「ジュネ」の薫ママが「あんた来る店を間違えてるわよ。男同士がいいんだったら二丁目（ゲイタウン）に行きなさい」と追い出したことがありました。

ホステスごっこ

このように、新宿の女装世界は、身体的には男性である者が社会的に女性を演じるというフィクションが設定されている世界ということができます。このフィクションを踏まえた上で、女装客と男性客の、「女」—男の関係（性愛関係も含む）が展開されるのですが、実はその上にもう一つのフィクションが設定されています。それは、一流企業のエリート研究員の麻衣子さんや大学講師の私のように、本来、素人である女装者が水商売のホステスを演じているというフィクションです（図5—2）。

私は「ジュネ」で、自分がついた客のドリンクを作り、煙草に火をつけ、カラオケの曲を入れ、トイレから戻る客におしぼりを手渡し、ママとともに「お見送り」をするというクラブホステスのルーティンワークをこなすだけでなく、会話と歌、微妙な身体接触で男性客をリラックスさせ楽しませ、次回の出会いの期待を抱かせて別れるというホステスの役割を演じていました。自分で言うのもなんですが、労働力的にも営業的にも店に対して十分な貢献をしていたし、ホステス擬態（ホステスごっこ）としてはかなりのレベルだったと思います（多分に気まぐれなところはありましたが）。

　では、なぜホステスごっこなのでしょうか？　個人的に言えば「それがなりたい自分だったから」なのですが、もう少し分析的に言えば、ホステスと客という関係性が酒場という場では最も安定的であり、また、ホステスが、男性がイメージする「女らしさ」を最も集約的に演じている職業で、「女らしさ」を演じたい女装者の意識と合致するからでしょう。こうしたホステス願望が女装者に広く存在することは、新宿の女装世界の店が、成立以来現在に至るまで、スタッフ希望者や私のような押しかけお手伝いに事欠かなかったことからもわかります。

図５－２　「ジュネ」での接客風景（1998年）

　見方を変えるならば、「ジュネ」のような女装系の店は、そうした二重のフィクションを演じる舞台としての機能をもっているのです。女装者は店という舞台でホステスという役割（ロール）を演じる女優（アクトレス）であり、お気に入りの「娘」を指名し、その容姿をほめ、「おさわり」行為を行い、店外デートに誘うS氏のような男性客は、「ホステスとスケベな客」というストーリーを演じるホステスごっこの共演者、助演男優なのです。また、店付属の支度部屋は、男性が社会的な女性を演じるために必要な準備をする楽屋にたとえられます。現在、最も多くの会員数を誇る女装スナックの店名が「アクトレス」（新宿三丁目）なのは、偶然ではないのです。

新宿の女装世界という場は、男性が社会的な女性を演じるための舞台として、そして女装者と女装者愛好男性が出会う場として存在するのです（三橋b、二〇〇六）。

4　女装コミュニティの人々――女装客と男性客

女装者の五つのタイプ

店をお手伝いしていたころ、「順子さんがいるお店にはどんな人が来るのですか？　私が行っても大丈夫ですか」とよく質問されました。それに答える前に、一般に似たようなイメージでとらえられている店の客層を整理してみましょう（表）。

それぞれ業態の特色がよくわかると思います。女装系の店は、女装者が客として来店するという点に最大の特徴があります。逆に言えば、女装者と出会いたかったら女装系の店

店の業態	男性客	女装客	女性客	接客スタッフ
ニューハーフ系（ショーパブ）	○	▲	◎	ニューハーフ
ニューハーフ系（ホステスクラブ）	◎	▲	△	ニューハーフ
女装系（女装スナック／バー）	◎	◎	△	女装者、ニューハーフ
ゲイ系（観光バー）	○	▲	◎	ゲイ男性、女装ゲイ
ゲイ系（ホモバー）	◎	×	×	ゲイ男性

表：業態別の客層（記号は比率の高い方から◎○△▲の順、×はNG）

に行けばいいわけです。ですから、先の質問へのお返事は「女装者に嫌悪感を抱かない男性なら誰でもお客さんになれます。女性も女装者に友好的な人なら大丈夫です。女装者を見下す男性や、女装者と張り合ったりするような女性はちょっと困りますが」ということになります。

女装系のお店に来る人はどんな人たちなのか、もう少し詳しく見てみましょう。まず、女装者から。

新宿の女装世界の女装者のほとんどは、普段は男性として生活し、男性として仕事をもち、主に週末の夜などに女装して女装系の店を訪れる人たちです。基本的にはアマチュアの、パートタイムのトランスジェンダーであり、フルタイムのトランスジェンダーや女装した状態で仕事をもっている人は稀です。

女装する動機・理由は人それぞれで、複数の動機が重なることも稀ではないし、あるタイプからあるタイプへ移行することもあるので単純な類型化は難しいのですが、私はおよそ五つのタイプに整理できると考えています。

一つ目は、女性の衣服（あるいはその一部）や化粧に執着や性的な快感があり、それを身につけたいために女装するフェティシズム型。二つ目は、自分の女装した姿に愛着や性的興奮を感じ、それを実体化したいために女装するナルシズム（自己愛）型。三つ目は、男性に対して強い性的指向があり、男性の視線を集め、性的関係を結ぶことを容易にするための手段として女装する女装ゲイ型。四つ目は、男性としての自分の性別に違和感を抱き、限定的・時限的ではあっても、女性としての自分を実体化し社会的関係を構築したいために女装する性別違和感型。そして、五つ目が、男性としての自分の性別に強い違和感を抱き、性同一性障害の診断を受け、身体的にも社会的にも法身分（戸籍）的にも可能な限り女性になろうとする性同一性障害型です。

きちんとアンケートを取ったわけではないですが、私の長年の観察から新宿女装コミュニティで最も多数を占める主流は性別違和感型だと思います。ナルシズム型やフェティシズム型がそれに次ぎ、女装ゲイ型は意外に少ないように思います。また、最新流行（？）の性同一性障害型も新宿では少数派です。自らの男性としての性別を「誤り」と考え、その「訂正」を求める性同一性障害の人にとっては、男性という性別を前提とする女装の世界は本質的な部分で違う世界なのでしょう。

逆に、性別違和感型にとっては、夜の酒場という限定的・時限的な世界であっても、女性としての自分を実体化し、社会的関係を構築するためのかけがえのない舞台なのです。ちなみに、私の自己分析は、性別違和感型が七割くらい、ナルシズム型が三割くらいのミックスです。

セクシュアリティという観点からすると、ナルシズム型やフェティシズム型は自己完結的で女装者愛好男性との関係性を必要としません。これらのタイプの女装者は、性的指向が女性に向いている人（つまり男嫌いの女好き）が多いようです。女装ゲイ型は、男性との性愛関係が目的で、女装はその手段にすぎず、意識的にはホモセクシュアル的な人たちなので、女装コミュニティよりも、新宿二丁目のゲイ・コミュニティの方に親和性があり、いずれはそちらに流れていってしまいます。

多数派と思われる性別違和感型の性的指向は男・女ほぼ半分、つまり男好きの人と女好きの人の比率が半々といった感じでしょうか。世の中でよく誤解される点ですが、女装しているからといって男好きとは限りません。私のように、女性同化願望が強い女好きで、女性と結婚していたり、女性の恋人がいる人もけっこういます。性別違和感型の人が男性と性愛関係をもつ場合は、女装ゲイ型の逆で、女装して女性としての社会的関係性をもつことが目的であり、男性との性行為はその結果ということになります。つまり、「女」として構築した社会的関係の延長に性愛行為があり、擬似的ではあってもヘテロセクシュアルな意識を持っています。性同一性障害型は、男性型である自らの身体（性器）への違和感が強いので、それが露になる性愛行動には消極的なことが多いようです。

男性客の三つのタイプ

次に男性客を見てみましょう。女装客と同様に来店する動機・理由は人様々で、複数の動機が重なることもありますし、時にはあるタイプからあるタイプへ移行することもあるのですが、私は以下の三つのタイプに整理しています。

一つ目は、根っから女装者、もしくはニューハーフが好きな男性。つまり、「ペニスのある女の子（シーメール She-male）」に明確なセクシュアル・ファンタジー（性幻想）を抱き、セクシュアル・オリエンテーション（性的指向）をもつシーメール愛好型。二つ目は、身体的な性別よりもジェンダー・パターン（外見的な性別）やジェンダー・ロール（性役割）、さらにはジェンダー・アイデンティティ（心情的な性別、性自認）に比重を置いて性別認識をしている男性で、言葉を換えれば、外観的に女性に見え、女性としてふるまい、女らしい心をもっていれば、たとえ身体が男性でも、「俺にとっては女」という考え方をするジェンダー認識型。そして、三つ目が、女装系の店の気楽な雰囲気、安価な値段を好む男性。ともかく安く楽しく飲めれば、女装系の店でもどこでもOKというお気楽型です。

お気楽型は、女装コミュニティのオープン化に伴い増えてきたタイプで、店にとっては「お金を払ってくれればお客さん」ということで対応する客です。中には、女装者を女性の安価な代替物と考え、本物の女性にモテないので偽物の女にならモテるかもしれない」という幻想を抱いて来店する人もいます。九十九パーセント、やっぱりモテないのですが。

お気楽型の人は、性愛意識的には女装者に対する嫌悪感が希薄なだけで、単純なヘテロセクシュアルであり、特に論じる必要もないのですが、安く気楽に飲めるからという理由で来店していた人が、女装者特有の魅力に目覚めて、ジェンダー認識型に移行することも珍しくありません。たとえば、「僕はまったくのヘテロだから」と言い張っていた某大学教授を、インタビュー調査の挨拶に女装系の店にご案内したところ、私が知らない間に、ボトルを入れて、贔屓のホステス（もちろん女装者）を作り、すっかり常連客になっていたということもありました。

女装者愛好男性として女装コミュニティの構成員になるのは、シーメール愛好型とジェンダー認識型の男性です。

シーメール愛好型は、「富貴クラブ」のような秘密結社的な女装クラブの男性会員や、新宿女装コミュニティの常連的な男性メンバーに多く見られ、女装者愛好男性の中核的な部分を構成してきました。欧米でトラニー・チェイサー（Tranny Chaser）と呼ばれている男性に相当すると思われます。直訳すれば「女装者の追っかけ」であり、日本の俗語では「かま好き」です。一般の女性よりも「ペニスのある女の子」に対して、強いセクシュアル・ファンタジーを抱いています。

このタイプのある男性は、私に「俺はヘテロセクシュアルでも、ホモセクシュアルでもなく、カマ・セクシュアルなんだよ」と自らの性愛意識を語ってくれました。「カマ・セクシュアル」ですから、当然、女装者やニューハーフとの性愛行動に積極的です。特定の女装者やニューハーフのファン（追っかけ）になって店に通い詰めたり、店内での性的接触（「お触り」）や店外デートを執拗に求めてくるのが、このタイプの男性です。当然、自慰行為の「おかず」も女装者やニューハーフで、「順子姐さん、昔、（写真をおかずに使わせてもらって）ずいぶんお世話になりました」などと、こちらが返す言葉に困るような挨拶をしてくるのも、このタイプです。

このタイプの人の中には、高額な料金（一万八〇〇〇円～二万五〇〇〇円）の見返りにセクシュアルなサービスを提供する「ニューハーフ・ヘルス」に通う人もいます。また中には、女装者やニューハーフを「愛人」として囲ったり、さらには事実上の「妻」として

「結婚」生活を送る人もいます。

一昔ほど前のことですが、任侠世界のある親分さんが、代々女装者を愛人にしていたという話を聞いたことがありました。その理由は「いざ（出入り）という時、もともとは男だから度胸があって役に立つ」ということでしたが、早い話、この親分はシーメール愛好型の人だったのでしょう。

ジェンダー認識型は、性別認識の基準を身体（性器の形）よりもジェンダー（「女らしさ」）に置くタイプです。ですから、女装者なら誰でも「女」として認めるのではなく、女装者の容姿や心情の「女度」レベル、「俺にとっては女」かどうかを自分なりの基準で判断します。女装者にしてみればシビアな判定者ですが、女装者が努力して作り上げる「女らしさ」を最も評価してくれるのもこのタイプの男性なので、自らの「女らしさ」と、それを作り上げるテクニックにプライドをもっている女装者にとっては、好ましい男性客です。私をかわいがってくださったのは主にこのタイプの男性客でした。

ジェンダー認識型の男性が、シーメール愛好型と大きく異なる点は「ペニスのある女の子（シーメール）」にセクシュアル・ファンタジーを抱いていない点です。したがって、女装者やニューハーフとの性愛行動には積極的でないことが多く、具体的に言えば、女装スナックに通い、「お～、よちよち、お前、かわいいな。名はなんと言う？」なんて言いながら、女装者といっしょに飲み、語り、唄うことは好きでも、ホテルに誘うことはほとんどしません。

「女らしさ」好きと「ギャップ」好き

ところで、ジェンダー認識型の男性を観察していて、その嗜好に二つのパターンがあることに気が付きました。

一つは、いろいろな面で「女らしさ」への憧憬や嗜好が一般の男性よりも強いように感じられる人たちです。女っぽくすればするほど喜んでくれるので、「この人、もしかして『女らしさ』フェチなのかなぁ」と気づいたのです。

女装者やニューハーフの場合、身体的性別が男性なので、それを補う意味で、女性のジェンダー記号を過剰に身につけようとする傾向が見られます。その結果、容姿、ファッション、言動、心情、セックス・アピールなどの面で、生得的な女性を上回る「女らしさ」を体現している場合がしばしばあります。私も女友達に「私より女らしいわ」と言われることがありましたが、それは身体的な男性性をカバーするためには、生得的な女性を上回る「女らしさ」を表現する必要があったからです。

つまり、このタイプの男性は、女装者やニューハーフが表現する過剰な「女らしさ」に強くひかれている「女らしさ」好きなのです。私はこのタイプを「『女らしさ』愛好タイプ」と名付けています。セクシュアル・ファンタジーやセクシュアル・オリエンテーションという側面ではなく、「女らしさ」好きという嗜好的な側面（セクシュアル・プレファランス）から女装者愛好に至ったケースだと思います。「女らしさ」好きの極みとしての女装者好き、と言うと、なんだか矛盾のように思えますが、実際はけっこうこのタイプの男性が多いのです。

もう一つは、普通の女性とは話せないようなことを女性（の格好をした人）と話せるのが楽しい、好きだというタイプの男性です。

女装者は、もともとの育ちが男性なので、野球、サッカー、競馬、車、バイク、鉄道、軍事（兵器・武器）、政治、パソコンなど、一般的に男性が好む事象に精通している人がけっこういて、その手の話題には十分に対応できます。ちなみに、女装者の三大趣味は、なぜか、鉄道、軍事、バイクです。

私も、鉄道旅行好きのお客さんと、島根県の一畑《いちばた》電鉄の話で盛り上がったことがありました。そのお客さんは、「ミニスカートのエッチっぽいお姐ちゃんとこんなマニアックな話ができるなんて……、いやぁ、今夜は楽しかった」と、感激して帰っていきました。

「こんなマニアックな話」は、鉄道だったり、野球、サッカー、競馬だったり、政治でもいいわけです。

店のお客さんではないのですが、夜の街でナンパされて三年近くお付き合いしたアマチュア野球の監督さんは「順子のように野球がわかる女は他にはいない」と、私と野球の技術論をするのを楽しみにしていました。また、パソコンがまだ今ほど普及していない当時、「この前、教わった通りにやったらうまくいったよ。ところで○○のインストールの仕方なんだけど……」なんて調子で、来店するたびに、昼はハイテク企業の研究員である麻衣子さんに、パソコンの操作法を教わっていくお客さんもいました。

このように女装者がもつ男と女の双面性、女っぽい容姿と男っぽい会話（頭の中身）のギャップをおもしろがり、好んでいると思われるタイプの男性を、私は「ギャップ愛好タイプ」と名付けました。見方を変えれば、このタイプの男性は、女装者がもつ双性性に魅力を感じているわけです（三橋d、二〇〇六）。

女装者愛好男性という存在は、女装者以上に知られていません。しかし、女装者が古来から存在したように、女装者好きの男性もずっと昔から存在したと思うのです。いえ、むしろ彼らこそ、古代以来の双性原理を現代に伝えている男性たちと言えるでしょう。

5　女装コミュニティのセクシュアリティ

ゲイ・カップルとの決定的な違い

先に述べたように、新宿女装コミュニティでは、女装者の性別認識は「女」です。その認識の上に立って男性客との間に「女」―男の関係性が成立しています。つまり、男性と女装者の性愛関係は、あくまでも男と女のヘテロセクシュアルな関係を擬態した男と「女」の関係として認識され、決して男と男のホモセクシュアルな関係とは認識されません。

例えば、「俺にとって順子は女なんだよ。俺はもともと女が好きで、俺にとって『いい女』のお前を好きになったんだからさ。だから、俺はあくまでヘテロなんだよ」という論理がしばしば語られます。このような身体的には男―男関係であっても、精神的・社会的には徹底的に男―女関係であろうとするセクシュアリティの在り様を、私は「擬似ヘテロセクシュアル」と呼んでいます。

身体的な構造に立てば、「擬似ヘテロセクシュアル」は現実ではなく、一種の共同幻想です。意識や全体的な容姿（ジェンダー・イメージ）を無視して性器の形態のみに注目すれば、ホモセクシュアルでしょう。しかし、当人たちの自己意識がヘテロセクシュアルであるだけでなく、周囲の人々もヘテロセクシュアルであるという共同幻想を崩そうとはしません。コミュニティ全体が「女」─男という擬似ヘテロセクシュアルな認識をかたくなに維持することによって、新宿女装コミュニティは、男─男のホモセクシュアルな関係性を基盤とするゲイ・コミュニティと明確に差異化されるのです。

ですから、女装者を「女装した男」と認識して、女装者との関係に男同士的なホモセクシュアルな感覚を持ち込む男性は、女装コミュニティではまったく好まれず、排除されます。先に触れたように「二丁目に行きなさい」なのです。そうした点では、男性と女装者の関係は、ホモ・フォビア（Homo-Phobia 同性愛嫌悪）を共通基盤にしていると言えます。

男─男の関係性には絶対になりたくないというホモ・フォビアは、いたるところで観察されます。例えば、ジェンダー認識型の男性は、女装者といっしょに酒を飲み語ることを楽しみながら「お触り」程度の身体接触はしても、性愛関係には消極的な人がほとんどです。稀に何かの勢いで性愛関係が成立したとしても、男性による女装者の「乳房」への愛撫、女装者による男性へのフェラチオなどに止まることが多く、本格的なインサート・プレイに至ることは稀です。

このタイプの典型であるS氏は「女装の娘を脱がせたときなんかも、おちんちんは隠させてた。おっぱいは見たいけど、下半身はぜんぜん見る気がしない。そこ（男性器）見ちゃったらしょうがないじゃない。見ちゃあダメなんだよ」と語っています（三橋ほか、二〇〇六）。なぜ「見ちゃあダメ」かと言えば、基本的にヘテロセクシュアルな意識を持っている男性として、女装者の身体の男性的な部分を目にすることにより、男と「女」という擬似ヘテロセクシュアルな共同幻想が崩壊し、男同士のホモセクシュアル・イメージが喚起されてしまうことを恐れるからです。

それは女装者の側も同様で、性行為のために裸体になることで、身にまとった女性の服飾がはがされ、身体の男性的な形態があらわになり、「女」としての擬態が崩れ、男になってしまうことを恐れ嫌います。したがって、女装者が性行為のために全裸になることはまずありえず、必ず何か女性のジェンダー記号を残そうとします。私の場合、ウエストニッパー、ガーターベルト&ストッキングは絶対に取りませんでした。また好みの男性に、女装していない男姿を見せることも女装者にとってはタブーです。いずれもホモセクシュアルなイメージが生じてしまうことを恐れるからです。

両性具有幻想の終着点

これに対し、女装者と積極的に性愛関係をもちたがるシーメール愛好型のセクシュアリティはどうでしょうか。

このタイプの男性は、女性的な容姿、身体ラインをもちながらペニスがあるというMtFトランスジェンダー（女装者）の特異な身体を基盤として、ある種の両性具有幻想を喚起し、それに欲情していると思われます。女装者の身体の男性的な要素（ペニス）を嫌うのではなく、それを性幻想の素材にしているのです。ですからたとえ小さくても乳房のある女装者は、このタイプの男性からとても珍重されます。

両性具有幻想の終着として「女を勃たせてイカせる」ことを好む人が多いので、男性が女装者のアナルにペニスを挿入すると同時に女装者のペニスを露出して愛撫する行為がしばしば行われます。この場合、男性が女装者の体内に射精するのと同時に、女装者を射精に導くのが理想的とされます（これを「トコロ天」と言います）。また男性による女装者のペニスへのフェラチオも特徴的な行為として観察されます。

しかし、性別違和感の強いタイプの女装者には、（私のように）自らのペニスを他者に触わられたり、射精をともなうオーガズムに導かれるのを嫌う人もいるので、このような性行為が常に歓迎されるわけではありません。

こうしたアナル・セックスや相互フェラチオのような性行為は、ゲイ・カップルの間でもしばしば行われています。しかし、あくまでも意識的・外観的に男—女関係が擬態され、両性具有幻想が大きな要素として介在するところに、たとえ行為的には類似していても意識（セクシュアル・ファンタジー）の上では大きな差があるのです。

ちなみに、新宿の女装者と男性の性愛関係の場は、多くの場合、一般の男女が利用するラブ・ホテル（歌舞伎町二丁目のラブホテル街）やシティ・ホテル（西新宿など）です。ゲイ・コミュニティのような専用の場（ハッテン場、ハッテンサウナ、専用のホテル）はありません。こうしたセクシュアリティの場の選択にも、男—女のヘテロセクシュアルな関係性を擬態する意識が貫かれているのです。

第６章　日本社会の性別認識

1　「女をする」ということ

「女」として扱ってもらうには？

前章では、新宿の女装コミュニティという特異で狭い世界を取り上げました。この章では、より広い観点で、女装者を含むＭｔＦのトランスジェンダーが日本社会の中でどのように認識されているか、それを通じて日本社会の性別認識を考えてみようと思います。

新宿の女装コミュニティでは、女の格好をして女として振る舞っていれば、とりあえずは「女扱い」されます。だから、「女」として扱ってほしい人は、まず、服装、化粧、髪型などを女性のジェンダー・パターン（性別表現）に変換します。つまり「女装する」ことになります。新宿には、月決めで女装用品を収納するロッカーと化粧台（共用）を貸してくれる女装のための支度部屋がいくつかあります。月会費はだいたい一万五〇〇〇円前後、そうした場所を利用すれば、男性が女装することは、少なくとも環境的にはそれほど難しいことではありません。

行動範囲をコミュニティの内部、つまり薄暗い女装系の酒場だけに止めるのなら、とりあえずジェンダー・パターンを女性に変えれば、まあなんとかなります。しかし、コミュニティの中で男性客や女装者仲間から「女」としてそれなりの評価を得ようと思ったり、店の外の夜の街に出るとなると、それだけでは不十分で、しぐさ、しゃべり方などのジェンダー・ロール（性役割）も女性に変換することが必要になります。

ジェンダーとは、社会的性と訳されるように、社会の中で機能している性別のことです。いろいろな考え方があると思いますが、私は、ジェンダー・アイデンティティ（性自認）、ジェンダー・ロール、ジェンダー・パターンを含むものと考えています。つまり、世の中で「女扱い」されようと思ったら、その人が、女性のジェンダーをしっかり行っていること（doing female gender）を他者に示し、「女」としての他者からの認識（性他認）を得ることが必要になります。逆に言えば、いくら性自認が女性であると主張しても、“doing female gender”が不十分であれば、「女」としての性他認を得ることはできません。生得的な男性が社会に「女扱い」を求めるのならば、女性のジェンダー・イメージをそれなりに構築し表現することが不可欠なのです。

「おねえ言葉」は使わない

まず、しぐさですが、私は、初心者の女装者に女性的なしぐさのコツを聞かれた時、三つの基本に留意するようアドバイスします。一つは、首と背筋をしっかり伸ばし左右の肩甲骨を近づけるように意識すること。女装者は高い身長や広い肩幅を気にして肩をすぼめた猫背になりがちなのですが、逆に首を伸ばし、顎を引き、胸を張ることで「肩が落ちる」形、つまり、なで肩のイメージになるのです。二つ目は、腕の使い方で、脇を締めて肘《ひじ》を手首より内側に入れる感じを意識すること。こうすると男性的な肩関節中心の動きから、伝統的に女性的とされる肘関節中心の腕の使い方になり、男らしく「肩肘を張る」の逆の形ができます。三つ目は、足をややハの字に構える（つま先に対して踵《かかと》を開く）と楽に膝がつくこと。意識的にX脚を作ることで、太腿から膝にかけて開かないようにするのです。

他にも、立ち姿のときの重心の掛け方（片脚に重心を乗せる）、座っているときの脚の流し方（お尻の重心を片寄らせて、浮いた方に脚を揃えて斜めに流す）、脚の組み方（上になった脚を支え脚と平行に近くなるようにする）など、女性的なしぐさのこつはいろいろあります。こうした女性的な身体作法の基本は、江戸歌舞伎の女形によってすでに定型化（マニュアル化）されたもので、それが近代以降、芝居の女形や女装男娼などを通じてニューハーフ世界や女装者のコミュニティに伝承されてきたものです。

次にしゃべり方。これもよく誤解されることですが、女装者のコミュニティでは、ゲイ・コミュニティで多用される「おねえ言葉」、つまり、女性性を過剰に誇張した言葉は使いません。

「おねえ言葉」というのは、部外者にはなかなか再現が難しいのですが、例えば、「あっら〜ぁ、○○さん、おひさしぶり〜ぃ。お元気だった〜ぁ。やだわ〜ぁ、もうちょっとぉまめにいらしてねぇ」みたいなしゃべり方です。こういうしゃべり方をする女性は、現代ではきわめて稀です。私なら「あ、○○さん、おひさしぶりです。お元気でした？　でも、もう少しまめにいらしてくださいね」というしゃべり方になります。

以前、ある女性に「順子さんって、いつもそんなしゃべり方なんですか？」と問われました。私はてっきり「いつもそんな女っぽいしゃべり方なんですか？」という意味だと思って「いえ、いつもはもうちょっと男っぽいかもしれません」とお返事しました。でも質問者の意図はそうではなく「いつもそんな男っぽいしゃべり方なんですか？」だったのです。彼女には、女装の人といえばべたべたの「おねえ言葉」というイメージがあったので、そうではない私のしゃべり方が不思議だったのでしょう。

私よりもっと男の子っぽいしゃべり方をする女装者もけっこういます。現代の若い女性の言葉は、男性との差が小さくなっていますから、女装者が男っぽいしゃべり方を残していても、以前ほど不自然に感じなくなりました。その分、「おねえ言葉」の特異性（不自然さ）は際立ちます。「ジュネ」でお手伝いしていたころ、どこで覚えてきたのか「おねえ言葉」を得意げに使っていた女装者に、常連の男性客が「そのべたべたした気持ち悪いしゃべり方、やめてくれよ。ここは二丁目じゃないんだからさ」とクレームをつけたことがありました。世界（コミュニティ）が違えば、言葉使いも違うのです。

習得という点では、「おねえ言葉」がノンケの男性と差異化するためのゲイ・コミュニティの共通言語として先輩から後輩へと継承されるのに対して、女装世界の言葉使いは、その女装者の周囲の本物の女性（純女《じゅんめ》）のしゃべり方がお手本になります。私の場合は、母親が使っていた東京山の手（武家）の女言葉がベースで、それに少し歳下の女友達のしゃべり方の影響が入っているようです。ここにも女装世界の女性模倣・同化的性格が表れています。

身体の脱男性化

さて、女性的なしぐさやしゃべり方が、ある程度、身について、夜の街だけでなく日中の外出もするとなると、もう一段階バージョン・アップが必要になってきます。それは身体の男性的記号性が強い部分に手を加えること、つまり、衣服では隠蔽できない身体の露出部分の男性的形質をどのように脱男性化するかということです。具体的に、最も重要なのは、髭と手足の体毛の処理です。特に髭の剃り跡は、いくらファンデーションを重ねても、いえ重ねれば重ねるほど、昼の光の中では目立ってしまいます。髭や体毛の処理法は、以前は剃刀《かみそり》で剃毛《ていもう》するか、毛抜きで一本一本抜くかでしたが、最近では電気針やレーザーによる脱毛処置が多くなっています。

以前は、女装の人というと、薄青黒い髭の跡とか、ストッキングからはみ出るすね毛とかがイメージされました。今でもそうした戯画がしばしば見られますが、実際には、そんな古典的イメージの人は急減しています。頬や顎を撫でてもすべすべ、手足も並の女性よりつるつるという女装者も稀ではありません。私も中央大学の講師など昼間の仕事が多くなった二〇〇〇年にレーザー脱毛で髭をほぼ完全に処理してしまいました。もっとも脱毛処理はほぼ永久的（不可逆的）ですから、歳をとってから白髭のおじいさんになりたい人にはお勧めしません。

身体の脱男性化をさらに促進するのが女性ホルモンの投与です。身体的な男性が、皮下注射や錠剤の服用によって女性ホルモンを定期的に摂取すると、肌のきめが細かくなり皮下脂肪がついて身体ラインが丸みを帯び、乳腺が活性化して乳房も膨らんできます。全体的な身体イメージが女性化し、脱男性化の効果は格段に大きいものがあります。

ただし、女性ホルモンの効果は個々の体質によってかなり差があり、投与量と効果とは必ずしも比例しません。また、ある程度の期間、投与を続ければ、造精子機能の不可逆的な喪失（子供が作れなくなる）を招き、血栓症や肝機能障害などのリスクが高くなります。一九九〇年代くらいまでは「女性ホルモン投与をするのはプロ（ニューハーフ）、アマチュアの女装者は薬はやらない」という一定の線引きがありましたが、最近では、インターネットの発達で個人輸入などによる女性ホルモン剤の入手が容易になり、「薬」に手を出すアマチュア女装者は増えつつあります。

このように女性ジェンダー・イメージの構築は、女装者／ニューハーフの世界では、段階的かつきわめてテクニカルに行われてきました。こうした女性ジェンダーの習得と身体の脱男性化を基盤に、現実の社会の中で女性としての社会体験を積むことで、徐々に女性としての社会的認知（性他認）が獲得されていくのです。また、他者から女性として扱われることで女性としての性自認が確認され補強されていきます。つまり、性自認と性他認のフィードバックの絶えざる反復によって、女装者を含むＭｔＦのトランスジェンダーは、男性から女性へと社会的な性別を越境していくのです（三橋h、二〇〇六）。

2 「女扱いされる」ということ

男とバレても「女扱い」はつづく

さて、女の格好をして女として振る舞っていれば、つまり“doing female gender”していれば「女扱い」されるという性別認識は、新宿の女装コミュニティだけに特有のものなのでしょうか。

たとえば、ある程度の女性ジェンダーを身につけているＭｔＦのトランスジェンダーが、化粧品店やブティックに行けば、店員は女性客としての扱いをします。レディス・メニューがあるレストランならウエーターはそれを勧めるでしょう。気楽な居酒屋で飲んでいれば、周囲から「お姐《ねえ》さん」「お姐ちゃん」と呼ばれ、「お兄《にい》ちゃん」と呼ばれることはまずありません。新宿歌舞伎町のラブホテル街では、男性同士の（ゲイの）カップルは入室お断りのところがほとんどですが、男性と女装者のカップルは入れてくれます。

ここで大事なことは、店員やスタッフが、その人物の身体的性別が男性であることを見抜いていても、「女扱い」されるということです。どれだけ巧みに女性ジェンダーを演じていても、背の高さや肩幅の広さ、腰（骨盤）の狭さ、喉仏、声などの第二次性徴に基づく身体外形の男性的要素は隠しきれません。そうした要素から身体的性別が男性であることを見抜かれたとしても、しっかり“doing female gender”していれば、「女扱い」は継続されるのです。ブティックから追い出されたり、レディス・メニューが引っ込められたりすることはありません。そこに商業的な接客配慮があることは確かですが、ＭｔＦのトランスジェンダーの女性擬態がバレても「女扱い」が継続するという現象は、私の経験からして現代の日本社会では広く認められると思います。

世の中で機能している性別認知

性別越境において、パス（Pass 生得的な性別を隠し通し、望みの性別で通用すること）／リード（Read 生得的な性別が読み取られること、バレること）を過剰に重視する考え方があります。わかりやすく言えば「バレたらおしまい」だから「絶対にバレてはいけない」という考え方です。性同一性障害の当事者にしばしば見られる考え方で、そこからさらに、「（三橋のような）元の性別が一目でバレるような人は、世の中の迷惑だから社会に出るべきではない」という「パス絶対主義」のような考え方も生まれています。

しかし、そうしたパス至上主義は、当事者の心理的には、ある程度、そうであっても、社会的には正しいとは言えません。日本社会では、バレたからといって相手の態度が百八十度変わるというものではないのです（稀にそういう人もいますが）。

たとえば、私はMtFの友人たちと温泉旅行をする時には、旅館に迷惑をかけることを避けるために、「新宿のニューハーフの慰安旅行です」と告げておきます。しかし、生得的には男性であることをバラしておいても、ほとんどの場合、仲居さんはちゃんと（？）女性用のピンクの浴衣を用意してくれます。戸籍上、男性だからといってブルーの浴衣にはならないのです。あるいは、ホテルにチェックインする時、たとえバレていても、しっかり“doing female gender”していれば、F（Female）に○をしてくれますし、時には「レディス・ルームをご用意しておきました」と言ってくれます。

そうした望みの性別での通用の仕方を「それは配慮パスだから、ほんとうのパスではない。意味がない」と否定するパス至上主義の性同一性障害者は、あまりにも現実の社会を知らなさ過ぎます。世の中というものは、相互の配慮で成り立っているのですから。

以前、歌舞伎町の店の手伝いが終わった明け方、屋台店で飲んでいた時、ミニスカートの裾にのせていたハンカチを落として店を出てしまいました。それに気づいた店主は「お〜い、男のお姐ちゃん」と私を呼び止めました。生得的な男性であることがバレていても、彼にとって私は「女装のお兄さん」ではなく、「男のお姐ちゃん」なのです。つまり、二分法的な認識では女ということになります。バレていようが、いまいが、しっかり“doing female gender”していれば、世間では女なのです。

言うまでもないことですが、私たちは社会生活を裸体でしているわけではありません。日常の社会生活では、性器に代表される身体的な性は、幾重にも隠蔽されています。自分の性別を示すために、いちいち性器の形や身分証明書の性別欄を他者に示すわけではないのです。したがって、一般社会における性別認識の基準が、生得的な性別がどうであるか、身体的性別が男女どちらか、あるいは性器の外形が凸か凹かではなく、そうしたものを「棚上げ」した上で、どちらのジェンダーをしているか（doing gender）になるのは、当然のことなのです。

言葉を換えるならば、日常生活で現実に機能している社会的な性別認知というものは、性器の形や戸籍に記された続柄（性別）ではなく、doing gender を指標にした個人の性別認識の積み重ねによってなされているのです。

3 「女」扱いから「女」錯覚へ

「女」錯覚

世の中には、「人間の性別は性染色体で決定される」、あるいは「性別は遺伝子レベルで決まっているのだから、他の要素を論じるのは無意味だ」という人がいます。そういう男性には「じゃあ、あなたは、女性と付き合うときに、その人の染色体や遺伝子を調べるのですか?」と問いかけてみたくなります。そういう性染色体とセックスしているような頭の固い方から「MtFのトランスジェンダーを『女扱い』するのは単なる性別の誤認であって、誤りに基づく立論は無意味」という批判をいただいたことがあります。

確かに、そうした身体本質主義に立脚すれば、私を呼び止めた屋台の店主は、私を「女装のお兄ちゃん」と呼ぶのが正しいことになります。しかし、彼はとっさの場合に私を「男のお姐ちゃん」と呼んだわけで、それは、彼の性別認識がストレートに言葉として出たものだと思います。世の中は、常に純粋科学的に正しい認識で動いているわけではありません。無意識や意図的な「誤認」、「錯覚」で動いている部分もたくさんあるのです。

私のように世の中で「女」扱いされていると、さらに不思議なことに出会います。「この人は身体的には男性だけども『女』扱い」という意識がいつのまにか飛んでしまい、「女」錯覚とも言うべき現象が生じることがあります。

性自認と性他認のフィードバック

二〇〇三年、東京都教育庁の主催の研修会でトランスジェンダー関連の講演をした夜、お世話になった方たちとの慰労会の席で、なぜか出身高校の話になりました。職員のKさん（男性）が「僕は熊谷西《にし》（高校）ってとこなんです」と言ったので、「あっ、Kさん、熊《くま》西なんですか。私も熊谷ですよ」と応じたところ、Kさんは「えっ！ 三橋さん、熊女《くまじょ》（熊谷女子高校）ですか？」と言いました。

大喜びする私を見て、Kさんは自分の間違いに気づき「いや～ぁ、つい錯覚しちゃって、すいません」と言うので、「いいんですよ、そのままずっと錯覚しててくださいな」とお返事しましたが、この手の錯覚は、世の中で「女」扱いされていると、けっこう頻繁に経験します。

例えば、女性グループに混じって温泉に行こうという話になった時、日程の相談の中で、「私そこはちょっと」「もう終わってると思うけど」などという会話が始まりました。

「ああ、生理のことか」と思い至り、下を向いておとなしくしていたら、幹事役の女性が「順子さんはだい……」と言いかけて「あっ、ごめん、忘れてたわ」と付け足しました。話の流れの中で、私が身体的な女性でないことを忘れて、「順子さんは大丈夫？」と聞きかけて、途中で気が付いた「女」錯覚です。

中には、こうした「女」錯覚を、あえて修正しないで、そのまま飲み込んでしまう人もいます。「あたしにとって、順子さんは女、だからいっしょにお風呂入っても平気」と言って実際に入ってくれた女性や、「俺にとってはお前は女、だから（ヘテロの俺が）セックスできる」という男性たちのような人です。

このように私に対して「女」認識を明確にもってくれることは、性自認が大きく女性に傾いている私にとっては、とてもありがたいのですが、その反面、こちらとしてもそれを裏切るような言動、たとえば男姿を見せるとか、ことさら男らしく振る舞うとかはできなくなります。つまり、他者の性別認識（性他認）が、こんどは私のジェンダーに縛りをかけてくるわけです。具体的には、どんなに忙しくても、お化粧しなければ出掛けられない、ちゃんと「女」しなければ人に会えないという状況が生じてきます。

よく「男性と女性と自由に行き来できて、楽しいでしょう」と言われますが、実際にはなかなかそういうわけにはいきません。他者（社会）が私に求める性別認識（それは元をただせば、私が作り出したものなのですが）に合わせることが、円滑な社会関係を作るためには必要なのです。先にも述べたような、性他認と性自認とのフィードバック（相互作用）という現象がここにも見られるのです。

4 「日本人の女ではない」ということ——性別認識と民族認識

「日本人ではない」という思考回路

一九九〇年代前半、新宿の街に出稼ぎのイラン人が多かったころの話です。靖国通りでイラン人らしき男性に声をかけられました。

イラン人男「アナタ、ドコカラキマシタカ?」
順子「渋谷」
男「オオ、チガイマ〜ス。ドコノクニカラキマシタカ?」

順「日本」
男「ウソ、イケマセンネ。アナタノカラダ、ニホンジンノオンナノヒトト、チガイマス」
順「………（そりゃあ、そうでしょう）」
男「オトウサン、オカアサン、ガイコクノヒトデスカ？」
順「日本人よ」
男「デハ、オジイサン、オバアサン、ガイコクノヒトデスネ」
順「日本人よ（いい加減、気づけよな）」
男「ゼッタイ、チガイマスネ。Half or Quarter?」
順「わかったわよ、ハーフよハーフ、ニューハーフ」
男「オオ、ヤッパリ、ソウデシタ。ワタシ、スグニワカリマシタ。デハ、ホテル、イキマショウ」

一昔前のナンパ会話を長々と引用したのは、この会話が、私が性別認識というものを考える一つの原点になったからです。私の身体つきを観察した人が、「こいつは、日本人の女ではない」という判断をした場合、私のようにいつも性別のことを気にしている人間は、「女ではない」、つまり「男である」という判断が下されたと思ってしまいます。しかし、必ずしもそうではなく、このイラン人の男性のように「日本人ではない」という判断をする人もいるのです。

このように「日本人の女ではない」という判断からは、「日本人ではない」と「女ではない」という二つの思考回路が発生する可能性があります。私のような性別（ジェンダー）を第一義に考えている人は、すぐに「女ではない」という回路に入ってしまいますが、在日の外国人のような自分の民族（エスニシティ）をいつも問われている人だと「日本人ではない」という回路に入ることも多いのです。

外人女認識の回路

同じころ、歌舞伎町のラブホテルで、空き部屋があるのに宿泊を断られたことがありました。その時期は「歌舞伎町浄化作戦」実施中で、外国人娼婦のラブホテル立ち入りを厳しく規制する警察の「お達し」があった直後だったのです。通常のときなら、「でかい女だと思ったら、なんだ、日本人のニューハーフかい」と的確な判断が下せるフロントのおばさんも、この時は「外人女性お断り」ということが頭の中に第一義的にあり、その状況だと、栗色がかったウェーブヘアーのちょっとエキゾチックな顔立ちの大柄な女は、皆、外国人女性に見えてしまい「外人の方はお断りなんです」ということになってしまったのでしょう。こうした認識の形を私は「外人女認識の回路」と名付けています。

実は、こうした「日本人の女ではない」という認識が含む二義性を逆手にとる女装者は、昔からいました。女性に比べて大柄で彫りの深い顔立ちの男性の場合、日本人の女性に化けるより、外国人女性に化ける方がずっと容易だからです。

一九七〇年六月の「一億円男娼事件」の主犯、性転換女性丹羽昌美は、六〇年代から七〇年代にかけて売春類似行為などで逮捕歴四四回を誇る（？）性別越境世界のダーティー・ヒロインともいうべき存在でしたが、「彼女」は髪をブロンドに染めて、片言の日本語を駆使して巧みに外国人女性を装い、外人女性好きの男たちを手玉にとっていたのです。

私も、声をかけてきた男性に上手な日本語で返事をしたら、「大久保から流れてきたコロンビア人のお姐ちゃん（娼婦）かと思ったら、なんだ、日本人のニューハーフか」と残念がられたことがありました。

私も含めて、性別を越えて生きようという人は、どうしても自分がどちらの性別で見られているかということを気にし過ぎ、そこにこだわってしまう傾向があります。しかし、世間の対人認識において、常に性別認識が第一義的かというと必ずしもそうではないということです。

着物友達の女性に、こんなことを言われたことがあります。

「姐さんの身体が男だろうと女だろうと関係ないのよ。あたしの関心は、姐さんがどんな着物を着て、どんな帯をしてくるかなんだからさ」

同じ思考法で「君の身体が男だろうと女だろうと関係ない。僕の関心は、君がどんな仕事をしてくれるかなんだから」と言ってくれる人が世の中にもっと増えれば、性別越境者の就労状況はもっと改善され、社会進出も盛んになると思うのですが。

5 性別認識と場

「場」によって性別認識は変わる

性同一性障害の人がパスについて語っているのを聞いていると、女性ホルモンを投与するようになったらパス率が上がった、あるいは、美容形成で顔を女性化したら完パス（完全パス）になった、逆に、三橋はあんな派手で品のない着物を着ているからパスできないのだ、など、ほとんどの場合、その人自身の状態だけを基に語られ、「場」（いつ、どこで、どんな状況で）の要素が希薄なことに気づきます。

たとえてみると、背景のない、両側が白い塀の細い道で、人と人とがすれ違う時の性別認識を語っているようです。しかし、社会の中で性別認識がなされるのは、ほとんどの場合、そんな単純な状況ではありません。昼と夜、明るい所と暗い所とでは異なりますし、大都市の盛り場とそうでない場所とでは判断条件が違ってきます。また、一対複数、複数対複数という状況で判断がなされることも多いわけで、一対一の場合とはまた判断が異なってきます。ここでは、性別認識と場というテーマを考えてみましょう。

ある年、洛北の山寺、大原三千院に紅葉を見にいきました。焦茶色の豹柄のプルオーバーに黒のタイトミニ、黒の網タイツに同色のショートブーツというけっこう派手ないで立ちでしたが、お寺で大勢の観光客に混じって紅葉を見ている間は、ほとんど周囲の視線を感じません。三千院の奥にある来迎院という静かなお寺でボーッと紅葉を眺めていたら、品の良い老夫婦にシャッター押しを頼まれました。カメラを返すとき、奥様が「お若いのに、一人でお寺巡りなんて、偉いわねぇ」と話しかけてきました。「はい、母が好きだったので」と返事する私。

なんかぜんぜんバレてない感じだな、私もけっこうパスできるようになったのかな、と気分良く、その日のお宿の大阪へ。ところが、夕方の堂山の繁華街を、昼間とまったく同じ格好で歩いていたら、若い女の子の二人づれに「あっ、ニューハーフ」と指さされてしまいました。

つまり、世の中の人は、洛北の山寺にニューハーフなんていないと思いこんでいるので、ほとんど誰も私に気がつかず、いかにもニューハーフがいそうな大阪梅田界隈では、たちまち気づかれるということです。まさに「場」によって、性別認識は変わるという好例だと思います。

妖怪の法則

いそうな所にはいる(目に入る)、いそうじゃないところにはいない(目に入らない)という例をもうひとつご紹介しましょう。

やはり京都の鷹ケ峯に紅葉を見にいこうと、駅前からタクシーに乗ったときのことです。毎度のことながら、「お客さん、どちらから?」「東京から」「景気はどうですか?」という水商売系の客と運転手の定番の会話になりました。

順子「あたしは新宿なんだけど、日本人の普通の女性のお店は減ったわね。外国人の女の人のお店か、あたしみたいなののお店か……」
運転手「すいません、お客さん、『あたしみたいの』ってどういう意味ですか?」
順「えっ? だからニューハーフ」
運「ええっ! お客さん、ニューハーフなんですか」
順「そんなに驚かなくても、京都にだっているでしょう。『カルシウムハウス』とか有名なお店あるし」
運「ありますし、お乗せしたこともありますけど、でも、今は昼間でしょう」

つまり、この運転手は、ニューハーフは夜にしかいないという固定認識をもっていたので、昼間に乗ってきた大柄な姐ちゃん↓ニューハーフ? という連想が働かなかったのです。

この運転手、この後、私に「ふ〜ん、あたしたちは、夜しか出ない幽霊・妖怪の類《たぐい》なんだ」と絡まれることになるのですが、こうした「いないと思えば気づかない。いると思えば目に入る」という性別認識の現象を、私は「妖怪の法則」と名付けています。

多数決の法則

少し視点を変えましょう。最近の私は、純女の着物仲間といっしょに遊んでいることが多いのですが、そんな時には、女装者であることがバレる確率は単独行動の時よりずっと低くなるように思います。

つまり、ニューハーフという存在を認識している人でも、ニューハーフと女性が一緒に遊んでいる、女性の集団の中にニューハーフが混じっているという状況はなかなか想像できません。女性といっしょにいる女の格好をしている人は当然、女性という認識の方がずっと強いので、着物仲間の女性といっしょにいる私を見る人は「大柄な女性」という認識に至ることが多くなるのです。

それに対して、私が主催する女装者の親睦グループのお花見に、純女の着物友達が参加すると、まったく逆の現象が起こります。単独で見ればどう見たって女性の人が、「あの人、ニューハーフかも」と疑われることになるのです。子供も産んでいる正真正銘の女性が、酔っ払いオヤジに「あんた、よくできてるねぇ、どう見たって女だ。とてもニューハーフとは思えないよ」と大絶賛（？）されたりします。

これも同じことで、一般の人には、ニューハーフの集団に本物の女性が混じっているという状況認識が希薄なので、ニューハーフのグループという集団の特性が優先的に認識され、「よくできたニューハーフ」という認識に至るのです。

私はこうした現象を、性別認識における「多数決の法則」と言っています。たとえ異質なものがわずかに混じっていても、母集団全体の特性に引っ張られて認識され、異質さは打ち消されてしまうという現象です。このように属する集団という要素も、性別認識にはかなりの影響を及ぼしているのです。性別認識を、単独対単独でしか考えない人は、社会の中でしばしば生じているこうした現象を見逃してしまいがちです。

本節の最後に「外人女認識の回路」「妖怪の法則」「多数決の法則」が見事に合体した例をご紹介しましょう。

女友達三人と九州の別府に遊びに行ったときのことです。タクシーの中で賑やかにおしゃべりして下車した後、料金を払った友達が「順子さん、運転手がね『あの着物の方、日本語上手ですね』って言ってたよ」と教えてくれて大笑いになりました。

つまり、運転手は、女物の着物を着ている大柄な私を、「着物を上手に着て日本女性と遊んでるニューハーフ」ではなく「日本語が上手な着物好きの外国人女性」と認識したのです。それが、女性といっしょにいるという状況、外国人客が多い国際観光都市、ニューハーフは少ない地方都市別府という条件下で、彼の頭の中に浮かんだ認識だったのです。彼にしてみれば十分に妥当性のある判断だったのでしょう。しかし、残念ながら「外れ」

だったのです。

6　身体を「棚上げ」できない場

温泉入浴の場

今まで述べたように、一般的な社会的関係の中では、トランスジェンダーの身体的な性別は問われることなく、「棚上げ」されることがほとんどです。しかし、「女」として社会的認知を獲得しているＭｔＦのトランスジェンダーでも、普段は「棚上げ」している身体的な性別を「棚下ろし」しなければならない機会があります。それは衣服によって隠蔽されていた身体的な性別とりわけ性器の形態が、裸体になることによって露になる場合です。

具体的には温泉などの公衆浴場での入浴や、性行為の場などが考えられますが、ここではまず、温泉入浴という場について考えてみましょう。

私は、年一〜二回、ＭｔＦのトランスジェンダーの仲間たち（身体の女性化の程度は様々）との温泉旅行をもう一三年ほど続けています。最近では、できるだけ混浴露天風呂か「貸し切り湯」の設備がある旅館を利用していますが、しばらく前まではそうした設備はほとんどありませんでした。

たとえ日常的に女性として社会生活をしていても、戸籍上の男性が女湯に入ることは建造物侵入罪に問われる可能性があるので、戸籍上の性別に従って男湯を利用するしかありません。宿側もトラブルを恐れてそれを求めることがほとんどでした。しかし、それで問題が解決され、トラブルが生じないかというと、そうではありません。今度は社会的性別（見かけ上の性別、ジェンダー・イメージ）とのズレがもたらす混乱が生じてくるからです。

那須のある温泉ホテルでは、お風呂の入口でタオルを渡す係のおばさんに「だめだめ、お姐さん、そっち（男湯）じゃないわよ、こっちこっち（女湯）」と、浴衣の袖を引っ張られて呼び止められました。「女装者の慰安旅行なんですぅ」と訳を話しても納得してもらえず、小声で「まだ下が付いてますから」と言わずもがなの説明をしてやっと釈放してもらえました。

ようやく男湯に入っても騒動は続きます。女装者のグループが男湯に入ってきた場合の男性のリアクションはかなり強烈で、お風呂から飛び出す（逃げる）人や、出るに出られず茹《ゆ》だる（逃げ遅れる）人などが数多く見られました。

当時の私は豊胸手術はもちろん女性ホルモン投与もしていないので、乳房の膨らみはほとんどありませんでした。冷静に観察すれば女性の身体ではないことは容易にわかると思います。女性の身体ではない↓女装した男性であるという判断がなされれば「男同士」ということになって、なにも逃げる必要はないはずです。

ところが、現実にはそうはなりません。まず、そうした場合、女装者の裸体を冷静に観察できる男性は稀です。さらに、脱衣所ではピンクの浴衣や女性用の下着が、浴場では髪形や化粧、しぐさから喚起される女性ジェンダーのイメージがなお残り、「男同士」という認識にはなかなか至らないのです。

強固なジェンダー・イメージ

以前、大学での講義の時に、西伊豆の堂ケ島温泉での私の入浴時の写真（図6―1）を一〇〇名ほどの学生（男女比四対六）に事前予告の上で五秒間ほど見せて、男性のイメージか、女性のイメージかを挙手してもらったことがありました。結果は七対三ほどで女性イメージがまさっていました。この結果から、乳房がほとんどない女装者の裸体でも、ぱっと見では、トータルな女性イメージはかなり維持されるということがわかります。

堂ケ島温泉で入浴後に宴会をしていた時、他のグループの男性に「さっきお風呂で、ママさんの身体、拝ませてもらいましたよ」とニヤニヤしながら言われたことがありました。この男性はその後の言動からヘテロセクシュアルであると思われるので、男性の裸を「拝む」趣味はないと思うのですが、その好色的なニヤニヤ笑いからして、自分が見たものが何なのか混乱が生じているように思われました。つまり、女装者（身体的には男性）の裸体を見たのに、女性の裸体を見たような錯覚が生じていたのではないかと思うのです。女装者の裸体を女性の裸体に無意識に読み換えているのです。こうした「錯覚」＝「読み換え」が意識的になされるならば、それは「幻想」という言葉がふさわしいでしょう。

図6－1　男性にみえますか？女性にみえますか？（1997年）

このようにMtFのトランスジェンダーが裸体になり身体的性別が露になれば、女性としてのジェンダー・イメージは崩壊するかというと、必ずしもそうでもないのです。一度認識されたジェンダー・イメージはそれほど強固で、トータルとしての女性イメージはなお維持され、むしろ、そこからさらなる性幻想（セクシュアル・ファンタジー）が喚起されるのです。

7 「女見立て」のセクシュアリティ

ニューハーフをナンパした男の反応

性別認識を考える最後に、やはり、身体的な性別を「棚下ろし」しなければならない性行為の場についても触れておきましょう。

ある程度、熟練した魅力的な女装者なら、街を歩いていて、男性から声をかけられることは珍しいことではありません。私も洋装していたころは、ずいぶん声をかけられました（おもしろいことに、和装ではほとんど声をかけられません）。そんな時、私は後々のトラブルを回避するために、声をかけてきた男性に「わかってるかもしれませんけど、私、身体は男のままですよ」と告げることにしていました。

ニューハーフだろうと思って声をかけてくる男性は、当然「わかってる」とか「やっぱりそうか」という反応になります。女性か、ニューハーフか、半信半疑で声をかけてくる男性は、七割くらいが「外れ」という感じで立ち去り、三割くらいが「どうしようか」と考えて「それでもいいよ」ということになります。

この三割という比率については、戦後（一九四〇年代後半）、上野で活動したある女装男娼が、女だと思って声をかけてきた男性で、男娼だとわかった後でも性行為を求める人は三割と証言しています。私の経験に照らして、納得できる話です。

女性だと思って声をかけてきた男性は、ほとんど（九割）が驚いて立ち去ります。中には自分から声をかけたくせに、まるで化け物にでも遭遇したかのように（まあ、妖怪の類であるのはたしかなのですが）、後退《あとずさ》りして逃げる失礼な男もいました。しかし、一割くらいは驚きつつもしばらく考えて、「それでも……」ということになります。

三つのケースの比率は、個々の女装者によって異なるでしょうが、私の場合、新宿や六本木で一〇〇人ほどのナンパ男を観察したところでは、三者はだいたい同じ比率、$\frac{1}{3}$、$\frac{1}{3}$、$\frac{1}{3}$という感じです。

つまり、概算的に言えば、$\frac{1}{3}+\left(\frac{1}{3}\times\frac{1}{3}\right)+\left(\frac{1}{3}\times\frac{1}{10}\right)=\frac{43}{90}\fallingdotseq 48\%$となって、声をかけてきた男性の約半数と、お付き合いするかどうかの交渉に入ることになります。もちろん、すべての男性が性愛関係を求めてくるわけではなく、「そういう人（ニューハーフ）と話がしたい」、つまり、「お茶だけ」、「食事くらい」、「お酒まで」という男性も半分くらいはいました。

ここで興味深いのは、自分が声をかけたのがMtFのトランスジェンダー（世間認識的にはニューハーフ）だとわかった際に、ただちにナンパをキャンセルせずに、どうするか考える男性がある程度の割合で確実に存在することです。何を考えているのか、その内容は様々でしょうが、私の観察では、性別認識の読み替えをしている場合もかなりあるように思います。こうした女装者を「女」に読み替える思考操作とはどのようなものなのでしょうか。

女に見立てる

日本の伝統文化には「見立て」という思考方法があります。あるもののイメージを別のあるものに投影すること、擬似同型的なイメージの転位です（松岡、二〇〇〇）。例えば、円錐形の山容をもった山を○○富士と称したり、縞模様の石を虎に擬したりするようなことです。イメージの意識的な読み替えと言ってもよいでしょう。

私は、女装者を「女」として認識する思考は、この「見立て」のひとつだと考えています。つまり、女装した男性のイメージを女性のイメージに転位することにより、女装した男性＝「女見立て」＝「女」という図式が成立するのです。

この「見立て」を使うことで、たとえば歌舞伎女形の坂東玉三郎が男性であることを知っていても、その女性美を賛美することにまったく支障は生じないし、女装者を「女扱い」することも容易になるのです。

つまり、性別認識の読み替えとは「女見立て」の作業であり、それに成功して、自らのヘテロセクシュアルな性愛意識、逆に言えばホモ・フォビアと折り合いがつけられた男性は「それでもいいから付き合って……」ということになるのではないでしょうか。

こうした観察から、「女見立て」を使った「擬似ヘテロセクシュアル」な性愛意識は、新宿の女装コミュニティに特有なものではなく、ある程度の広がり、普遍性をもっているように思うのです。

熟練した女装者は、性行為の場で、たとえ衣服を脱いで身体が露になっても、つまり、身体的性別が「棚下ろし」されても、「擬似ヘテロセクシュアル」な共同幻想を維持できるようにさまざまな操作を行います。それは一口に言えば、身体の男性的要素を可能な限り削り、女性のジェンダー記号をできるだけ身にまとうという操作です。

具体的には、体毛を徹底的に除去し滑らかな皮膚を作り上げ、身体ラインの曲線化と乳房の擬似的な形成（寄せ上げ、特殊なパッド）を行い、セクシーなランジェリーを身につけます。さらに、女性的なしぐさ、声（性行為時の発声）や香り（香水）など、視覚・聴覚・嗅

図6—2　「過剰な女」が作るセクシュアル・ファンタジー（1993年）

覚・触覚を総動員して、ベッドの上でも総体的な女性ジェンダー・イメージを維持することを目指すのです。

　このようなジェンダー記号の操作を積み重ねることによって、女性ホルモン投与や乳房・性器の形成手術などの身体加工を施さなくても、ヘテロセクシュアルな男性の性衝動を刺激するに十分な女性ジェンダー・イメージを表現することは可能なのです。もっとも、こうした女性ジェンダー記号の積み重ねは、女性ジェンダー・イメージの過剰演出につながり、現実にはそんな女性はほとんど存在しません。しかし、現実には稀な「過剰な女」だからこそ、男性の性幻想を強烈に喚起するとも言えるのです（図6—2）。

　また、こうした女装者は、肛門括約筋のトレーニングや直腸洗浄の徹底など高度な身体ケアーを行うことで、本来、排泄器官であるアナルの機能を性愛器官に変換していますし、ヘテロセクシュアルな男性を十分に満足させるだけの性的技巧も身につけています。そのためのテクニックは、中世寺院の女装の稚児や近世社会の女装のセックスワーカーである陰間たちが身をもって開発したものが、先輩女装者から後輩へ直接的に、あるいは女装者好きの男性を介して間接的にコミュニティの中で伝承されてきたものです。

柔軟で可変的な性別認識

このように、ハイレベルの女装者は、さまざまなテクニカルな操作を駆使することによって、女装した男性↓「女」という「見立て」、イメージの転位をより促進します。その結果、女装者は、男性にとって「女装した男」ではなく「ペニスのある女性」あるいは「大きなクリトリスの女性」として意識される（見立てられる）ようになるのです。

こうして「女見立て」が完成されれば、本格的なインサート行為に至っても、「擬似ヘテロセクシュアル」な幻想はしっかり維持され、男性が（女装者も）嫌うホモセクシュアルな意識が介在する余地は消失してしまいます。

二年ほど付き合ったボーイ・フレンドにこんなことを言われたことがありました。

「正直言って、最初の時はとまどったよ。でもその内に慣れちゃった。俺にとって順子は、股の間（の構造）がちょっと変わってる女なんだ。早い話、（ペニスを）入れる所が数センチ後ろにズレるだけなんだよ」

彼は、新宿の女装コミュニティに出入りしていた男性ではなく、路上でたまたま声を掛けられ継続的な性愛関係をもつことになった人で、私と出会う以前は「純女」との性体験しかなかったオリエンテーション的にもファンタジー的にもヘテロセクシュアルな男性です。そうした男性の見解だけに、MtFのトランスジェンダーが演出する性幻想の効力がよくわかると思います。「見立て」や性幻想を介在させることによって、男性の性別認識や性行動のあり様は、かなり柔軟で可変的になる好例ではないでしょうか。

セクシュアリティを論じる人の多くは、人間のセクシュアリティを、ヘテロセクシュアル（異性愛）とホモセクシュアル（同性愛）とに二分し、そのどちらからしても典型的でない形はバイセクシュアル（両性愛）という区分に押し込めて、事足れりとしています。こうしたセクシュアリティの典型化は、異性愛、同性愛の両方から推し進められ、結果として両性愛は、ある意味、日本の性愛文化の伝統に則っているにもかかわらず、同性愛者からも抑圧、差別されるという現象を生んでいます。

しかし、現実の人間のセクシュアリティは、そんなに明確に二分、あるいは三分できるものではなく、その間に曖昧・微妙な領域が、かなりの幅で介在しているのです。

私がここで紹介した擬似ヘテロセクシュアルなセクシュアリティのあり様などは、そうした境界領域のセクシュアリティの代表的なもので、しかも、日本の性愛文化には、こうした形態がかなりの比重をもって歴史的に根強く存在し続けてきました。そこにこそ日本の性愛文化の最大の特質があり、豊穣さの源泉があるように私は思います。そうしたものを近代以降に流入した西欧流の性科学が、単純にホモセクシュアリティと決めつけて周縁化（変態性慾化）したことこそ、日本の性愛文化の本質が見失われ、貧困化を招いた原因なのではないでしょうか。

終章　文化としての女装

1　女装文化の普遍性

「前世が女だったから」

二〇〇五年七月、タイのバンコクで開催された「第一回アジア・クィア・スタディーズ国際学会—アジアにおけるセクシュアリティ、ジェンダーと人権— (Sexualities, Genders, and Rights in Asia: The 1st International Conference of Asian Queer Studies)」にゲスト・スピーカーとして出席してきました。

昼の会議が終わり、ナイト・ツアーの準備のために部屋に戻ろうとしたとき、ロビーで、すてきなタイ美人に呼び止められました。会議をサポートしている地元のNGO、RSAT (Rainbow Sky Association of Thailand) のブースで看板娘をしている「お嬢さん」で、「いっしょに写真を」と言っているようです。実は、美人好きの私はずっと彼女とツーショットを撮る機会をうかがっていたので、向こうから声をかけてくれて大喜び（図7—1)。

彼女のようなMtFのトランスジェンダーを、タイ語では「カトゥーイ」(Kathoey) といいます。無理に翻訳すれば、日本語の「ニューハーフ」に相当するでしょう。しかし、タイ社会における彼女たちは、日本のニューハーフよりもはるかに社会進出をとげています。実質五日間という短い滞在でしたが、ショッピングセンターの化粧品ブースの販売員や、普通のレストランのウェイトレスをしている「カトゥーイ」を見かけました（お互い同類なのでわかるのです）。もちろん、ショービジネスやセックスワークの世界で活躍している人が多いのは日本と同じ。私も、バンコクのショービジネス界の親分の「カトゥーイ」になぜか気に入られてショーの舞台に上がったり、夜の路地に立つスタイル抜群の「カトゥーイ」に微笑まれたりしました。

図７－１　タイの「美女」と(2005年)

差別がないわけではありません。私とツーショットを撮った彼女も「大学など、高等教育を受けるのはなかなかたいへん」と言っていました。しかし、聞くところによると、企業や病院の受付嬢をしている人もいるというし、タイ観光省の宣伝ポスターのモデルになった人もいて、その職種は日本よりずっと広いようです。一般社会には「そういう人もいる」という感じで受け入れられているように思われました。熱心な仏教国であるタイでは「カトゥーイ」がそうである理由は、もっぱら「前世が女だったから（だから仕方ない）」という輪廻転生思想で理解されているようで、そうした思想的背景が社会的受け入れを推進していると思われます。

女装文化の世界的な広がり

この学会では、タイの隣国のラオスにも「カトゥーイ」によく似たトランスジェンダーがいるという報告がありました。いろいろ情報を聞き集めると、東隣のカンボジアにもポルポト政権下の大虐殺以前には同様のトランスジェンダー文化があったようです（カトゥーイがクメール語起源であるという説もあります）。南隣のマレーシアやインドネシアは、イスラム教国ですが、トランスジェンダーの文化があります。とくに、インドネシアのスラヴェシには、「チャラバイ（Calabai）」と呼ばれるＭｔＦと「チャラライ（Calalai）」というＦｔＭとがいて、トランスジェンダー文化が濃厚な地域として知られています。また、これは帰国後に知ったことですが、ベトナムにもトランスジェンダーの芸能集団が残っているようですし、また、ミャンマー（ビルマ）にも、精霊の媒体（依《よ》りまし）となる「アチャオ」（Acault）というＭｔＦのトランスジェンダーがいるそうです。

こうなると、タイのトランスジェンダー文化はけっして孤立的なものではなく、東南アジアに広く分布する文化形態である可能性が強くなってきます。タイの西隣はビルマですが、その西はもう「ヒジュラ（Hijra）」という現代世界で最大のトランスジェンダー集団を抱えるインドなので、インド—ビルマ—タイ・ラオス・カンボジア—マレーシア—インドネシアと南アジア全域に類似のトランスジェンダー文化が連続的に存在することになります。

そうした南アジアのトランスジェンダー文化に、中国江南地方に二〇世紀初頭まで存在した「相公」（Xiang-gong 女装の芸能&セックスワーカー）や韓国の女装の巫人の文化（図7—2）、そして日本の多彩な女装文化をつなげることができれば、南アジアから東アジアにかけての、トランスジェンダー文化の大きな広がりが想定できるかもしれません。

図7—2　朝鮮半島の女装の巫人（黄海道で1930年撮影）（秋葉、1950）

儒教やイスラム教、あるいは共産主義、そして西欧近代化の波による抑圧など、厳しい状況の中で懸命に系譜をつないできたトランスジェンダーの文化がアジア各地に広く存在した、そんな仮説を明確にイメージできたことが、バンコクの学会での大きな収穫のひとつでした。

さらに世界に視野を広げると、現在はイスラム文化圏になっている地域でも、アラビア半島のオマーンに「ハンニース（Xanith）」というトランスジェンダーがいましたし、バンコクでの学会でも、パキスタンやイランの事例が報告されていました。アメリカ大陸に目を転じると、北アメリカの先住民社会には、「ベルダーシュ（Berdache）」と呼ばれた女装のシャーマンが重要な役割を果たしていました（図7―3）。また、メキシコ南部のフチタン地方では、今でも「ムシェ」と呼ばれるMtFのトランスジェンダーが女性の相談役をつとめています（図7―4）。こうした、MtFのトランスジェンダーが女性の相談役として社会的役割をになう形は、タヒチを中心としたポリネシア諸島の「マフ（Mahu）」などにも見られます。ちなみにマフとは「女写し」という意味です。

このように、性別を越境する、あるいは男と女の中間的な文化要素を身につけて、それぞれに地域社会で特有の社会的役割を果たしている人々は、世界各地に広く存在していました。女装という文化は、地域や時代を越えて、人間の社会の中に古くから広く普遍的に存在したものなのです。そして、こうしたサード・ジェンダー（第三の性）的な人々は、神・祭への奉仕者、神と人との仲介者、社会的弱者である女性の相談役、男女の仲介者

（ジェンダーの緩衝装置）として、重要な社会的機能をもっていたのです。

第三ジェンダー、所によっては第四ジェンダーまでを設定する社会が世界各地に広範に存在したことは、ジェンダーを単純に男女に二分する西欧近代の考え方も、相対的な文化所産であることを物語っているのです。

しかし、植民地支配によって西欧キリスト教文明が世界的規模で浸透し、西欧化すなわち近代化という流れが支配的になるにつれて、サード・ジェンダーは固有の社会的役割を失い、男性—女性、異性愛—同性愛という曖昧さを許容しない二項対立的な西欧近代文化の文脈に読み替えられていきます。たとえば、タヒチのマフが女装のホモセクシュアルと

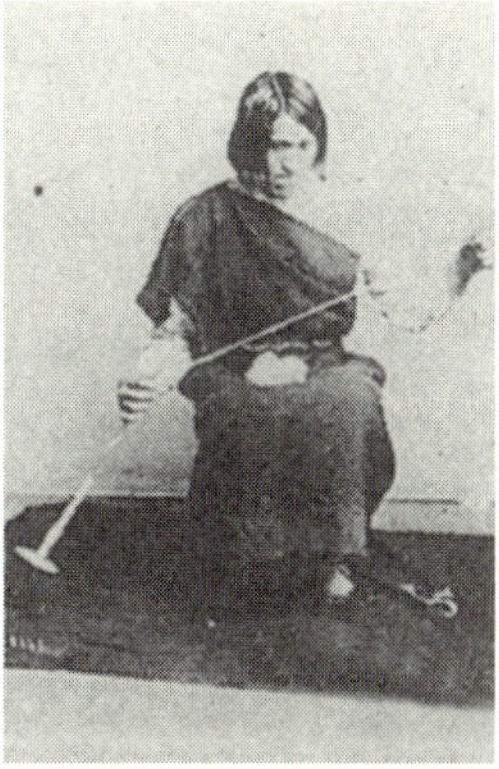

図７—３　アメリカ先住民社会のベルダーシュ（石井、2003）

図７—４　メキシコ、フチタン地方のムシェ（ヴェロニカ、1996）

して認識され、次第に本来の姿を失っていったように。

アジアで西欧の植民地化を免れたタイと日本に、トランスジェンダー文化が色濃く残っているのは、けっして偶然のことではないのです。

2 トランスジェンダーと職能

トランスジェンダーの五つの職能

ここでは、世界各地に散在するトランスジェンダー文化や日本の歴史上の事例から、トランスジェンダーの社会的役割（職能）についてまとめておきましょう。

私はトランスジェンダーの職能を五つに分類しています。

まず一つ目は、宗教的職能です。アメリカ先住民社会のベルダーシュのような女装の男性シャーマンは、かつては世界各地に見られました（石井、二〇〇三）。二〇世紀の朝鮮半島などでも報告例があります。男装の女性シャーマンも、女装の男性シャーマンほど多くはありませんが、存在しました。また、インドのヒジュラは本来、神に奉仕する者で、現代でも誕生や死（葬送）などの儀礼と深くかかわっています（石川、一九九五）。日本の古代～中世社会においても、女装の巫人、男装の巫女は見られましたし、中世寺院社会の女装の稚児は、観音菩薩の化身として宗教的な存在でした。トランスジェンダーと宗教的職能の深いかかわりは、現在においても、神事・祭礼時に数多く見られる女装に名残を止めています。

図7―5　踊るインドのヒジュラ（石川、1995）

二つ目は、芸能的職能です。芸能的職能は、トランスジェンダーが社会の中で生きていく糧（生業）として、伝統的に最も重要でした。異性装（女装・男装）の芸能者集団は、インド（ヒジュラ）から東南アジア、さらに中国（京劇の女形）、日本などの東アジアに広範に存在していたと思われます（図7―5）。

日本では、中世寺院社会の女装の稚児の芸能、それと起源的に深く関係すると思われる稚児装の白拍子、女装の能、そして近世社会の歌舞伎の女形へと連なる異性装芸能の伝統があります。近代になってからも新派の女形は、まぎれもなく演劇界のスターでしたし、大衆芸能の女形は現在でも根強い人気があります。また、大勢の観客を集める大舞台ではなくても、江戸の陰間から近代の女装芸者へ、そして現代のニューハーフ・ショーパブへと脈々と受け継がれたお座敷芸的な女装芸能の系譜も忘れてはなりません。

それと背中合わせになるように、明治の女義太夫、昭和の女剣劇、少女歌劇（松竹・宝塚）と連なる男装の芸能も存在し、日本の異性装芸能の歴史は実に多彩です。日本の伝統演劇の歴史は異性装芸能史そのものと言ってもいいでしょう。

三つ目は、飲食接客的職能です。飲食接客的職能は、トランスジェンダーの職能の中でも、とりわけ日本において発達した職能です。その起源は、中世寺院社会の女装の稚児や白拍子にみられ、近世社会における陰間によって確立されたと思われます。そして、近代の女装芸者を経て、現代のニューハーフ・パブやクラブのホステス、あるいはミス・ダンディのクラブのホストとして、日本のトランスジェンダーの主要な生業になっています。

ちなみに、ニューハーフがホステス、あるいはミス・ダンディがホストとして酒席に侍る業態は、日本独自のもので、西欧諸国には見られません。これは、そもそも女性が、芸者あるいはホステスとして酒席に侍る業態が存在するのが、現代社会では日本だけ（日本の接客文化の影響を受けた韓国、台湾、タイ、フィリピンなどには存在しますが）だからです(井上、二〇〇五)。お手本の独自性が、模倣(コピー)にも受け継がれているということとです。

四つ目は、性的サービス的職能（セックスワーク）です。性的サービス的職能は、芸能的職能、飲食接客的職能と表裏一体をなす形で展開しました。中世寺院社会の女装の稚児や、稚児装の白拍子、近世社会における陰間は、みな芸能者であり飲食接客者であり、セックスワーカーでした。そうした前近代的な兼業形態から、セックスワークが分離独立するのは、おそらく近代になってからでしょう。私は、セックスワーク専業の最初のトランスジェンダーは、昭和戦前期に東京浅草や銀座、あるいは大阪釜ケ崎で活動した女装の男娼たちだったと思っています。その系譜は、戦後の組織化された女装男娼を経て、現代のニューハーフ・ヘルスに受け継がれています。

最後の五つ目は、男女の仲介者的職能です。メキシコのフチタン地方の「ムシェ」や、タヒチ諸島のマフなどMtFのトランスジェンダーが女性の相談役や男女の仲介者的役割をつとめることは、前近代社会では、あちこちで見られたのではないかと思います。

現代日本でも、すぐれた女装の芸能者である美輪明宏さんは、長らく女性週刊誌の人生相談コーナーを担当し、著書も出されています。私でさえ、お店時代には、何度か「指名」で若い女性から人生相談をされたことがあり、その経験を踏まえて、ある女性専用コミュニティ・サイトで人生相談コーナーを立ち上げたところ、返答しきれないくらいの相談・質問が寄せられました。「男性のこともわかっているけども、女性の側に立って返事をしてくれる」「男性にはもちろん、同性の女性にも相談しにくいことを相談できる」という相談理由を知るにつけ、MtFのトランスジェンダーの女性の相談役としての機能は現代社会にも生きていること、双性的存在に対するジェンダーの緩衝装置的な需要は根強くあることを痛感しました。

聖性から「性」性へ

こうしたトランスジェンダーの多様な職能は、総体としてどのように理解されるべきでしょうか。私は、これまで述べてきたように、その原点は、性別越境者がジェンダー的に男でも女でもあること、すなわち双性（Double-Gender）的特性がもつことに由来する、ある種の神性にあると考えます。

原始的な社会では、双性的特性は通常の人間とは異なる異能として理解され、通常の人間ではないことから、神により近い人として聖視されました。そこから神と人との仲介者（巫人、シャーマン）という宗教的職能が生じます。つまり、人は女装・男装して双性的な存在になることによって、通常の人とは異なる力、聖性を身に帯びることができると考えられたのです（双性原理）。こうした考え方に基づいて、トランスジェンダー（異性装者）やインターセックス（半陰陽者）のような双性的な人たちは、社会の中で畏敬／畏怖され、特有の社会的役割を担わされたと思われます。

宗教的職能は、さまざまな展開をみせます。まず、音楽や舞踊などを神へ奉納するために芸能的職能が生じ、それはやがて神だけでなく人も見る演劇、さらにはショービジネス的なものに発展していきます。また、神と人との共同飲食に奉仕することから飲食接待的職能が生じ、飲食接客業が成立します。また神に近い者とセックスすることで聖性に通じるという考え方（聖婚）から性的サービス的職能（セックスワーク）が発生したと思われます。さらに、神と人との仲介者という役割が、人と人、男と女の仲介者的機能に転化して、女性の相談役などの職能につながっていったのでしょう。

これら四つの職能への展開は、生まれつきの女性で宗教的職能をもつ「巫女」の職能展開とまったく同様だったと思われます。

しかし、こうした性別越境者の職能は、きれいに分離していったわけではありません。江戸時代の陰間が、芸能的職能、飲食接客的職能、性的サービス的職能を兼ねていたように、一人の性別越境者が複数の職能を兼ねていることは、少なくとも前近代においては、常態だったと思われます。近代においてさえ、旅回りの年若い女形が興行主などの要請で

図7－6　京都、円山公園の女装の芸人
（小沢、1974）

酒席に侍ったり、贔屓筋に性的なサービスを行うことは珍しいことではありませんでした。

誤解を恐れずに言えば、性別越境者の職能は、歴史的に、聖性から「性」性へと展開（発展？）したと言えるでしょう。しかし、近世以降、芸能者やセックスワーカーへの賤視が強まるにつれて、トランスジェンダーへの畏敬／畏怖の念は次第に薄れ、蔑視／差別視がそれに取って替わっていきました。そして、トランスジェンダーへの蔑視／差別視は、最終的には近代的・西欧的な「変態概念」が移入され、「学問的」根拠が与えられたことで決定的になったのです。

放浪芸の記録と研究で知られる小沢昭一氏は、一九七〇年、京都の円山公園の花見の場で、四つ竹（カスタネット状の和楽器）を操る女装の芸人に出会っています（小沢、一九七四）。花見という本来は聖なる非日常的な共同飲食の場で、四つ竹を鳴らしながら手踊りを披露する女装者の姿に、私は、女装の巫人の零落したイメージを見ることができると思います

（図7—6）。

いずれにしても、性別越境者たちは、これらの五つの職能を駆使しながら、長い日本の歴史の中で、とりわけ近代以降は、困難な社会環境の中で偏見と差別に抗しながら、必死にその系譜と生とをつないできたのです。

3　なにがトランスジェンダー文化を抑圧したか——宗教規範の問題

性的マイノリティは「背教者」

一七二六年三月、フランスはパリのある広場で、一人の男が火あぶりの刑で生きながら焼き殺され、遺灰は空に撒き散らされました。起訴状に記された男の罪は肛門性交、つまり男性同性愛でした。一七二六年は、日本では享保一一年、八代将軍吉宗の時代。三都（江戸・京・大坂）の芝居町界隈には、女装の少年が色を売る陰間茶屋が賑わいはじめていたころです。

一五九九年、フランスのドールというところで、ある人物が火刑に処されました。この人は、医師の診察の結果、両方の性器を備えていることがわかり、それが魔王と交渉した証しとされたからでした。現代なら、このような生物学的に男性と女性の特性を合わせ持つ身体状態の人は、インターセックス（半陰陽者）として理解されますが、当時のフランスでは、魔女／魔法使いと同類で、「魔女狩り」の対象だったのです。

キリスト教社会が、同性愛者や半陰陽者にこのような苛烈な態度で臨んだのには明確な根拠があります。まず、同性愛については、『旧約聖書』「レビ記」第二〇章一三節に「男がもし、女と寝るように男と寝るなら、ふたりは忌みきらうべきことをしたのである。彼らは必ず殺されなければならない」と同性愛の禁忌が明記されています。実際、フランスだけでなく、イギリスでも、一八六一年まで（男性）同性愛は法制上、死刑でした（以後は、懲役・禁固刑に緩和）。

また、『旧約聖書』「申命記」第二二章五節には「女は男の着物を身に着けてはならない。男は女の着物を着てはならない。このようなことをする者をすべて、あなたの神、主《しゅ》はいとわれる」と、異性装の禁忌が見えます。さらに、同第二三章一節には「睾丸のつぶれた者、陰茎を切断されている者は主の会衆に加わることはできない」と、去勢の禁忌が記されています。

こうした宗教規範が、キリスト教世界で、そのまま文字通りに実行されていたわけではありません。たとえば、東方教会の守護者であったビザンチン帝国の宮廷には、数多くの宦官《かんがん》（去勢男性）がいました。彼らの中には、教会や修道院で活躍する者も多く、なんと東方教会の最高位である総主教の地位にまで上った者が七人もいます。また、一七世紀のヨーロッパの宮廷・教会では、高音域を維持するために少年時に去勢した男性歌手カストラートを「神の声」として珍重していたのですから、何をかいわんや、なのですが。

とはいえ、こうした禁忌が、キリスト教の基本教典に宗教規範として明記されていることの意味は大きなものがあります。欧米のキリスト教文化圏では、同性愛者／異性装者／性転換者／半陰陽者は、基本的に神の教えに背く者、「背教者」なのですから。もちろん、現代の欧米社会で、性的マイノリティを「背教者」視する人は主流ではないでしょう。しかし、現代でも聖書の原点に立ち返ろうとする原理的なキリスト教者は、かなりの数、存在していますし、アメリカなどのように地域によっては勢力を増しつつあります。そうした人たちの多くは、当然、『旧約聖書』に記された禁忌を目にします。現代のアメリカで、同性愛者や異性装者が、そうであるからというだけで殺されてしまうヘイト・クライムが跡を絶たないのは、こうした宗教規範が社会の根底にあるからなのです。

欧米社会の苛烈な抑圧

欧米では、同性愛者や性転換者などの性的マイノリティの社会的権利を保護するシステムが日本に比べれば充実していることから、欧米の方がトランスジェンダーにやさしい社会であるかのような認識が日本では広まっています。しかし、それは社会の一面だけをとらえた認識であり、誤解なのです。

前節で、私はトランスジェンダーな文化というものは、世界のどの地域にも本来、土着的に存在し、その残像はあちこちに見られることを述べました。しかし、現代世界の中で、土着的なトランスジェンダー文化の残存が最も乏しいのはヨーロッパ世界なのです。そのことは、ヨーロッパ地域にトランスジェンダー文化が存在しなかったからではなく、その後に成立したキリスト教世界によるトランスジェンダー文化に対する抑圧がいかに苛烈だったかを物語っていると思うのです。

第3章で触れましたが、一八八六年に『性的精神病質』を著したドイツの精神科医クラフト＝エービングのような精神科医が同性愛者／異性装者を精神病として位置付けようとしたのは、一九世紀末の西欧社会で、神に背く罪業を負った「背教者」とされ生命の危険にさらされていた同性愛者や異性装者を「病者」として保護救済しようとしたからにほかなりません。つまり、背教者として殺されるよりも、精神病者として病院に閉じ込められた方がましということです。また、現代の欧米社会で、性的マイノリティの人権を擁護する運動が活発で、社会的権利を保護する法制化も進んでいるのは、性的マイノリティの存在を否定する基本的な宗教規範がある社会環境の中で、法的な保護無くしては生存権が守れないという危機感があったからなのです。

その点で、芸能や接客業など限定的な形であっても、江戸時代の陰間や、現代のニューハーフ世界のような、トランスジェンダーという存在を社会が受け止めるシステム(受け皿)があった日本とは、社会構造が根本的に異なります。逆に言えば、だから日本では、性的マイノリティの人権運動も、法的な整備もなかなか進まないのですが。

第三の性に寛容な日本社会

日本人が意外に気づいていない欧米人の同性愛/異性装に対する強い忌避意識を垣間見せてくれたのが、一九九二年(平成四)に起こった「『欲望という名の電車』公演中止事件」でした。

同年一二月三日から東京の「こどもの城 青山円形劇場」で公演予定のテネシー・ウィリアムズ作『欲望という名の電車』(演出:鈴木勝秀)の主役、女教師ブランチには、現代女形の篠井《ささい》英介の起用が決定していました。ところが、公演チケットの前売りも始まった一〇月になって、上演権保有者（ウィリアムズの遺族）から公演の中止を要請するＦＡＸが届きます。理由はブランチを男性が演じることは許可できないというものでした。折衝が続けられましたが、男性がブランチを演じることは、ウィリアムズの名誉を著しく傷つけるものであり、篠井を女優に代えれば公演を許可するという上演権保有者の意志は固く、結局、上演は中止に追い込まれてしまいます。

篠井英介は、一九八九年（平成元）に『かぶき座の怪人』に主演するなど「花組芝居」の看板女形（一九九〇年七月退団）として活躍した実績のある俳優です。しかし、古典芸能ならともかく、現代演劇の女性役に男性が配役されることは、アメリカ人である原作者の遺族にはまったく理解不能な、不自然かつ「変態的」な演出であり、原作者に対する冒瀆と感じられたのです。

長い異性装芸能の伝統をもつ日本の演劇界では、篠井のブランチ役起用は、せいぜい「野心的な試み」くらいの受け止め方だったと思います。しかし、旧約聖書で異性装を明確に禁じているキリスト教文化に基礎を置き、異性装を犯罪とする法律・条例がいまだに残るアメリカ社会では、まったく異なるニュアンスで受け取られたのです。篠井が念願かなって『欲望という名の電車』のヒロインを演じるには、二〇〇一年まで待たなければなりませんでした。

これは過去の話ではありません。日本では『西遊記』の三蔵法師役に、女優がキャスティングされることが、少なくともこの何十年か定番化しています。夏目雅子に始まり、宮沢りえ、そして深津絵里という具合に、日本人は女優が演じる三蔵法師にすっかりなじんでしまっています。しかし、歴史上の三蔵法師、つまり中国唐代の求法僧《ぐほうそう》にして訳経者玄奘三蔵は、言うまでもなく男性です。しかも、女性に接することを戒律で厳しく禁じられた僧侶です。そうした人物にわざわざ女優を配することについて、「中国が生んだ偉大な僧侶に対する日本人の意図的な冒瀆だ」という声が、中国の知識人から上がっているそうです。

男女二元制と異性愛規範が比較的緩い社会では、性別越境者は特有の社会的役割を担わせられるものの、サード・ジェンダー的存在として許容される傾向が見られます。また、そうした社会は同性愛に対しても比較的寛容です。日本の前近代社会は、欧米のキリスト教文化圏とは異なり、性別越境や同性愛を一種の「文化」として許容した社会で、その文化的伝統は現在まで続いています。

たとえば、異性装を重要な要素とし、長い伝統をもつ歌舞伎は、現代でも日本を代表する伝統芸能として高い評価を与えられています。昭和後期を代表する女形だった六世中村歌右衛門（一九一七〜二〇〇一）は文化勲章受章者でした。「人間国宝」（重要無形文化財保持者）になった女形は、歌舞伎と新派を合わせて七人もいます。女装の芸能者をここまで大切にする国は世界の中で日本だけでしょう。

歌舞伎だけでなく、大衆演劇の女形、宝塚歌劇の男役、はとバスのニューハーフ・ショー、美輪明宏やピーターがテレビ・コマーシャルに登場し、ＩＫＫＯが「美のカリスマ」になり、あるいは、私のような者がフルタイムの「女」として平穏に社会生活を送れて、こうやって本まで書いていることこそ、日本が本質的にサード・ジェンダー的な存在に寛容な社会であり、日本人の多くが、そうした存在にある種の魅力を覚える感性を今もって保持していることを物語っているのです。

4　性転換する神と仏——日本の宗教の場合

性別を自在に転換する観音菩薩

一九九七年の秋、東京国立博物館で開催された「インドネシア　古代王国の至宝」展を見にいった私は、ある仏像の前に釘付けになってしまいました。「般若波羅蜜多菩薩坐像」と表示された東部ジャワ出土の石像の胸には、明確にお椀形の膨らみがあり、しかも乳首と乳輪までがリアルに表現されていたからです（図7—7）。解説によるとこの像は、シンガサリ王朝の初代王妃の姿を写したものとも、一三世紀の末に在位したクルタナガラ王の王女の姿であるとも言われる女体の菩薩像でした。

この像を見ているうちに、もう一つの女体の菩薩像を思い出しました。それは、私の故郷、埼玉県の秩父観音霊場三十四箇所第四番札所、金昌寺《きんしょうじ》の「子育て観音」です（次頁図7—8）。像高八八センチの江戸時代後期の石仏で、慈愛に満ちた表情で横抱きにした赤子に乳房を含ませる観音の身体は、完全な女身として造形されています。この寺は、境内に数多くの石仏が並ぶことで名高く、秩父の子供たちは、たいてい一度は遠足で行きますし、秩父路観光のポスターなどにもしばしば使われるので、地元の人たちは、女体の観音

図7—7　般若波羅蜜多菩薩坐像
（『インドネシア古代王国の至宝』東京国立博物館、1997年）

図7―8　金昌寺の子育て観音
(撮影：三橋)

像になんの違和感も抱いていません。

しかし、『妙法蓮華経』の「観世音菩薩普《ふ》門品《もんぼん》」で、衆生の苦悩を救う者とされる観世音菩薩は、本来男性です。そのことは、ガンダーラや敦煌莫高窟《とんこうばっこうくつ》などの観音像には立派な口髭があることから明らかです。ではなぜ女身の観音が存在するかと言えば、同経に観音菩薩は衆生の求めに応じて「三十三の身」を現して法を説くとされ、その化身の中に、比丘尼身《びくにしん》、長者婦女身《ちょうじゃぶにょしん》、童女身など七つの女身が含まれていることによります。つまり、本来は男身である観音菩薩は、衆生を救い法を説く方便として、時に女身になるのです。

性別を自在に転換する観音菩薩は、仏教の中でも最も双性的であると言えます。明確な女身でなくても、日本の観音像には、どこか女性性を感じる優美で中性的な造形のものが多く、それが人々の信仰を集めてきました（私はそうした観音像のモデルは女装の稚児ではなかったかと思っています）。それは、観音菩薩のそうした基本性格と、双性的なものに神性を見る日本人の心性とが合致して作り出した信仰の形態のように思えてなりません。

ところで、鎌倉時代、南都西大寺の再興に尽力した叡尊《えいそん》の自伝『感身学正記《かんじんがくしょうき》』の建長三年（一二五一）正月五日条には「大小尼衆、すべていまだ再興せざるを悲しみて、一比丘を変じて比丘尼となすこと、奇特常篇を越えたり」、つまり、比丘（男性の仏道修行者）が比丘尼（女性の仏道修行者）に変じたことへの驚きが記されています。

これだけでは委細がわからないのですが、律宗系の僧侶の伝記集『招提千歳伝記《しょうだいせんざいでんき》』巻上之二（覚盛《かくじょう》伝）と巻中之三（転男教円伝）によれば、こんな話だったようです。

覚盛師が活躍していた寛元年中（一二四三～四七）のこと、帝釈天が下ってきて教円という僧侶に「（唐招提寺派律宗では）比丘僧は備わったが比丘尼がまだいない。だから教円を尼にする」と言って消えました。すると、教円はたちまち男を変じて女になり、故郷に帰って姉を教化して出家させ、この姉こそが中宮寺を再興する信如尼《しんにょに》であると。

つまり、唐招提寺派律宗における尼衆誕生の契機が、教円という僧侶の性転換だったという話です。叡尊はこの話を知った驚きを日記に記したのでしょう。同様の話は『本朝高僧伝』などにも見え、少なくとも中世～近世にかけてはかなり流布していました。仏法興隆のためならば、菩薩も僧侶も方便として性を転換することを厭わない仏教の思想がよくわかる話です。そんな仏教が、性別の越境をタブー視するはずがありません。

美女になる神と祭礼の女装

それでは、神道はどうでしょうか。

尾張名古屋の熱田神宮と言えば、ヤマトタケル愛用の草薙剣《くさなぎのつるぎ》を御神体とする全国でも有数の著名な神社ですが、その熱田の神が「長恨歌《ちょうごんか》」で有名な唐の玄宗皇帝の寵妃《ちょうき》楊貴妃だという話があります。

たとえば『長恨歌并琵琶引私』という室町時代の写本には「玄宗ノ日本ヲ攻テ取ラントスル処ニ、熱田明神ノ美女ト成テ、玄宗ノ心ヲ迷スト云」とあります。このような熱田の神が美女楊貴妃となって、玄宗皇帝の心を蕩《とろ》かし、日本侵略の意図を挫折させたという話は、少なくとも室町時代中頃（一六世紀初め）にまで溯れます。

現代の私たちにとっては、まったく荒唐無稽な話ですが、「大国の 美人尾州に 跡を垂れ」という江戸川柳があるように、江戸時代にはかなり知られた話で、熱田神宮境内にはかつて「楊貴妃の墓」があり、現在でも墓石の一部と伝えられる岩（石材）が、境内の清水社の背後の水場に残っています。

熱田の神が楊貴妃という女性になるという発想は、熱田神宮と深い縁をもつヤマトタケルの女装譚がベースになって生まれたものだと思いますが、神道においてもまた、女身転換、女装は忌むべきものではなかったことがわかります。

女装を忌むどころか、神社で行われる祭礼には、現在でも女装の習俗が関わるものが、全国各地で見られます（野沢b、一九七六）。

図７—９　飛鳥坐神社の「御田植祭」（2006年）
（提供：相川純子さん）

和歌山県新宮市の熊野速玉大社の祭礼「御船祭」では、諸手《もろた》船《ぶね》の舳《へ》先《さき》に赤い頭巾に赤い衣、黒い襷《たすき》に黒い帯という女装の男性が立ち、手に櫂《かい》を持って踊ります。しかし、この女装の人物がなんと呼ばれ、どのような役目なのか、すでに伝承が絶えていてわかりません。逆にそれがきわめて古い習俗であることを思わせます。

女装が関わる祭礼の典型は、春に行われる豊作祈願のお田植え神事で、苗を植える早乙女を女装の男性がつとめる例はあちこちで見られます。中には奈良県明日香村の飛鳥坐《あすかにいます》神社の「御田植祭（おんだ祭り）」のように、女装の男性が扮したお多福が天狗を相手に「種付け」といわれる婚礼の儀式、もっとはっきり言えば、性行為を模擬的に演じる祭りもあります（図7―9）。他にも、春駒《はるごま》、左義長《さぎちょう》、風流踊り、盆踊りなど、女装の習俗を伴う祭礼は、数多く存在します。ただ、近年、女装の少年の役が少女にとって代わられて、次第に少なくなっているのが心配ですが。

女装の習俗をもつ祭は、大都市部にも残っています。東京江戸川区東葛西の雷不動真蔵院で二月に行われる「雷《いかずち》の大般若」と呼ばれる行事では、女装をした男衆が大般若経の入った箱を担ぎ、家々の玄関口で悪魔払いをして無病息災を願います。二〇〇六年には、お白粉に真っ赤な口紅、青のアイライン、頬紅という化粧をした地元の一八～四九歳の男性三七人が参加しました。ちなみに、化粧は、地元の美容院に依頼するそうです。

こうした祭礼と女装の関わりについては、女性が穢《けがれ》を理由に神事・祭礼の場から忌避されたため、その代役として女装した男性が登場したと解釈する説があります。確かにそうしたケースもあったでしょう。しかし、新潟県妙高市斐太《ひだ》神社の「春駒踊り」のように、蚕の一生を唄った歌にあわせて、男装の女性と女装の男性とが嫁・婿・姑の姿で面白おかしく「春駒」を舞う男女逆転の祭礼もあり、こうした事例は単純な代役説では説明できません。

また、三重県鳥羽市浦村町の浦神社の「弓祭」では、射手は女性の長襦袢《ながじゅばん》を六枚重ね着して、射るごとにそれを脱いでいくというパフォーマンスをしますが、三人いる矢の拾い手の中学生（男子）は、一人は男性の格好、一人は鬘をつけた女装、もう一人は男女半々の格好をします。たとえ女装の子が女性の代役だとしても、「男女半々」の子はいったい何なのでしょうか。そこに男・女どちらでもない、祭礼における第三の性の存在がほのかに見えるように思います。

毎年四月に行われる川崎市の若宮八幡の境内社、金山神社の祭礼「かなまら祭」では、氏子の男性たちが担ぐ神輿《みこし》（ご神体は鋼鉄の男根）のほかに、東京都内の女装クラブ「エリザベス会館」のメンバーが担ぐショッキングピンクの巨大ペニス型の神輿が街中を練り歩くのが見られます（図7―10）。この祭への女装者の参加は伝統的なものではなく、一九八〇年代に始まったものですが、女装者が祭礼の場で地元の人々に受け入れられていることに、祭礼と女装との深い関わりが、現在でも生きていることを思わせます。

図7―10　金山神社の「かなまら祭」（1993年）（撮影：三橋）

祭礼と女装の関係については、まだまだ調査も考察も足りないのですが、やはり私は、祭礼（神事に関わる芸能）と異性装（主に女装）との間には根源的に深い関係にあったのではないかと推測しています。聖と性が重なる祝祭を担う双性的な人、はるか昔、女装のシャーマンが主宰した儀式の残像がそこにあるように思うのです。

仏も神も性を転換する、神を祀る祭礼にも女装が深く関わる、そんな伝統宗教をもつ国で、性の越境や女装・男装がタブーになるはずがありません。欧米のキリスト教文化圏諸国と日本との性別越境を取り巻く環境の差異には、文化のベースをなす民俗宗教の異性装観の根本的な相違が存在するのです。

5　ふたたび「日本人は女装好き」——性別越境者の魅力

非日常的で超越的な美

二〇〇七年の夏、早乙女太一という大衆演劇の若手女形が人気になりました。大衆演劇の世界では、今までも、いわゆる「チビ玉」（ちびっこ玉三郎＝少年の女形）が次々に現れては消えていきましたが、今度はなかなか大物のようです。早乙女太一は、この年、一六歳。中世寺院の女装の稚児も、江戸の陰間も、このくらいの年齢がいちばんの華とされました。少年が女装することで双性的な美を具現化するのに最も適した年齢なのでしょう。

こうした現象をみるにつけ、日本人の双性的な存在へのあこがれ、トランスジェンダー好きはいまだに変わっていないと、私は思うのです。

ところで、観衆を魅了するトランスジェンダー芸能者の魅力とは何でしょうか。それは、性別越境という現象にともなう特有の美です。その第一は、男女の美的要素を兼ね備えた双性的・複合的な美。それは単に男女の中間的な美しさではなく、男女の美的要素が複雑に重なったものです。第二は、生得的な女性では表現しきれない「女性美」、あるいは生得的な男性では表現不可能な「男性美」。それらは、現実の女性美・男性美よりも、ずっと誇張された現実には有り得ないものだからこそ、魅惑的なのです。第三は、大衆演劇のスターが見せる女姿と男姿の早替りに典型的な、男と女を行きつ戻りつする変身の妙味です。

それらを総合すれば、生来の女性（男性）では容易に実現できない、妖艶かつ非現実的、超越的な美ということになるでしょう。それを生み出すのは、本来の身体的性と身につけたジェンダーとの間に生じる微妙なずれであり、男が演じる女、女が演じる男のフェイク性なのです。

比較文化論の研究者、佐伯順子さんは、女形の美について「女性が女性美を体現しただけでは不十分であり、男性が女性美を追求することによって初めて非日常的で超越的な美が現出」すると指摘し、「女性が女性のままであるだけでは現世の次元をのりこえることはできない」と述べています（佐伯、一九九三）。トランスジェンダー芸能の特質を捉えた至言であり、女形だけではなくトランスジェンダー芸能者の魅力として一般化できると思います。

男女の非対称な嗜好

ところで、先ほど、女装の稚児や陰間と、現代の少年女形との類似性を指摘しましたが、大きく異なるのは、そうした双性的美を鑑賞し愛《め》でる側の性別です。かつて、女装の稚児や陰間を愛でたのはもっぱら男性でした。しかし、現代においてトランスジェンダー芸能の主な観客は圧倒的に女性です。こうした傾向は、江戸歌舞伎の女形人気あたりから始まりますが、現代においては一九六八年の丸山（美輪）明宏の「黒蜥蜴《くろとかげ》」ブームに始まり、徐々に浸透して八〇年代の「下町の玉三郎（梅沢富美男）」ブームなどを経て、九〇年代にははっきり定着します。

この現象の基礎には、女性の社会的地位の向上、時間と金銭的自由の獲得、つまり、女性が自分の嗜好で見たい芸能を選択し、自由に見に出掛けられるようになったということがあるのですが、私が興味深く思うのは、その嗜好の先にトランスジェンダー芸能が、かなりの比重をもって存在するということです。

これに対して男性は、一九六〇年代のブルーボーイ・ブームの時にわずかな盛り上がりがあったものの、トランスジェンダー芸能への明確な嗜好は見られません。こうしたトランスジェンダー芸能に対する男女の非対称な嗜好は何に由来するのでしょうか。

女性にとってMtF（男性から女性へ）のトランスジェンダー芸能者は、自分が望んでも果たせない装飾性に富んだ美の具現者として、魅力的なあこがれの対象となり得ます。しかも、同じ女性と美を競って敗れた時に感じる屈辱を感じる必要はありません。なぜならMtFトランスジェンダーは「女」であっても女性ではないからです。

また、女性は男性に比べれば同性愛嫌悪が薄い傾向があります。宝塚歌劇団について論じた川崎賢子《けんこ》さんは、宝塚の男役の成立の背景に、女性の婚前異性愛を禁ずる社会規範、つまり、未婚の娘をもつ親にとって、男との異性愛よりも女性同士の精神的な同性愛「エス」に熱を上げられた方がましという考え方の存在を指摘していますが、その伝統は現代

図７―11　女友達と（2007年）

でも消滅していません（川崎、一九九九）。

宝塚の男役に対する女性の感情は精神的な同性愛（レズビアン）であると同時に、形態的には擬似異性愛の要素も持っていると言えます。一方、ＭtＦトランスジェンダーに対しては、精神的にも形態的にも擬似同性愛（レズビアン）ということになるでしょう。その場合、夫以外の男性との性愛を禁じられた既婚女性が、いくらＭtＦトランスジェンダーに熱を上げても、ＭtＦは「女」だから、既婚女性の異性愛を禁ずる社会規範（タブー）に触れないという理屈が成り立ちます。

私も親しい女友達（既婚）とよく二人連れで出掛けます。時には手をつないだり、軽い抱擁（ハグ）をしたり、別れぎわには軽いキスもします。一年に一度くらいは、お泊り旅行にも出かけます。身体的な性で論じられたら、男と女ですから「不倫」と言われてしまうかもしれません。しかし、当人同士の感覚は「女」と女、仲の良い女友達なのです。まあ、心の奥に微妙な同性愛感覚があることは否定しませんが（図7―11）。

頭の固い男性社会

柔軟かつ巧妙に、トランスジェンダーの特徴である性の二重性を受け止め、その双性的魅力を味わっている女性に比べて、男性はどうでしょうか。

男性がＭｔＦのトランスジェンダーに魅力を感じたとしても、それを表明することは、少なくとも一九九〇年代までは（あるいは現在でも）容易なことではありませんでした。なぜなら、自己に根強く内在し、周囲の人たちが事あるごとに表明するホモ・フォビア（同性愛嫌悪）がそれを妨げるからです。

近代以降の西欧化の結果、異性愛を絶対視し強制するようになった男性社会においては、ホモ・ソーシャル（同質社会的）な世界を攪乱するするホモ・セクシュアル（男性同性愛）に対する恐れは非常に強いものがあり、それと誤解されるような嗜好を表明することは、同質的男性世界から排除される危険性が高かったからです。「おまえ、ホモじゃないのか？」と仲間に疑われることは、男性社会では致命的なのです。

つまり、多くの男性にとっては、どれだけ女性性を獲得した魅力的なトランスジェンダーであっても、生まれた時の性別が男性であれば、それは男であり、性愛イメージの対象として見てはならないのです。もし、興味を抱く場合でも、あくまでも「ゲテモノ」を見る視線でなければなりませんでした。多くの男性たちが、私たちＭｔＦのトランスジェンダーに「化け物」という言葉を投げかけ、興味があるくせに、ことさら否定的な態度を示すのは、そうした事情があるからなのです。

私が日ごろ接する人たちを観察していると、女性の約八割は、程度の差はあれ、ＭｔＦのトランスジェンダーに親和的です。もちろん、こちらがそれなりのレベルで「女」をしていることが前提ですが。なかには戸惑うくらい対人距離を詰めてくる人もいます。また「なんか安らぎを感じるのね」と言ってくれる人もいます。これが男性では逆転します。約八割の人が、どこかぎこちないというか、対人距離の取り方にとまどい、そこに微妙な緊張感があります。言葉を換えれば、構えてしまう人が多いようです。

二〇〇七年の大晦日、ＭｔＦのシンガーソングライター、中村中《あたる》がＮＨＫ紅白歌合戦に紅組の一員として出場し、ヒット曲「友達の詩《うた》」を唄いました。彼女の澄み切った高音域の歌声、せつない歌詞に魅力を感じた人は多いはずです。彼女の生得的な性が男性であったとしても、その音楽の魅力にはなんら変わりはありません。ＭｔＦのトランスジェンダーであっても、魅力的なものは魅力的、男性たちも、早く硬直した姿勢から脱して、そう素直に感じ表明してほしいと思うのですが……。

フェイクならではの魅力

さて、今度は、トランスジェンダーの側からトランスジェンダーの魅力について考えてみましょう。女性的な美しい容姿を獲得することは、MtFのトランスジェンダー、とりわけ芸能・接客を職業とする者にとっては、その興行的・営業的価値を増すことにつながり重要です。しかし、さらに努力を重ねて身体と精神を本物の女性に限りなく近づけていくと、トランスジェンダーの双性的な魅力の源泉である身体的性とジェンダーとの間の微妙なずれは消滅し、トランスジェンダーとしての特徴は失われていきます。つまり、高度の女性化は、生得的な女性との差異を小さくし、トランスジェンダーであることの特性、双性性の喪失につながりかねないのです。言葉を換えるならば「ただの女」になってしまうということで、ここに大きなジレンマがあります。

昔、私がお手伝いしていた歌舞伎町の女装スナック「ジュネ」の薫ママに、「きれいな女なんて、歌舞伎町にはそれこそ五万といる。あんたたちは、男が女装してきれいだから価値があるんだよ」と言われたことがあります。たしかに、女装世界でトップクラスの容姿でも、歌舞伎町の女性の中に入れば、せいぜい「並の上」クラスでしょう。

また、あるニューハーフ系の店の大ママからも「ニューハーフが女になっちゃっては意味がないのよ」というお話を聞いたことがありました。技術的に言うなら、男性的な要素

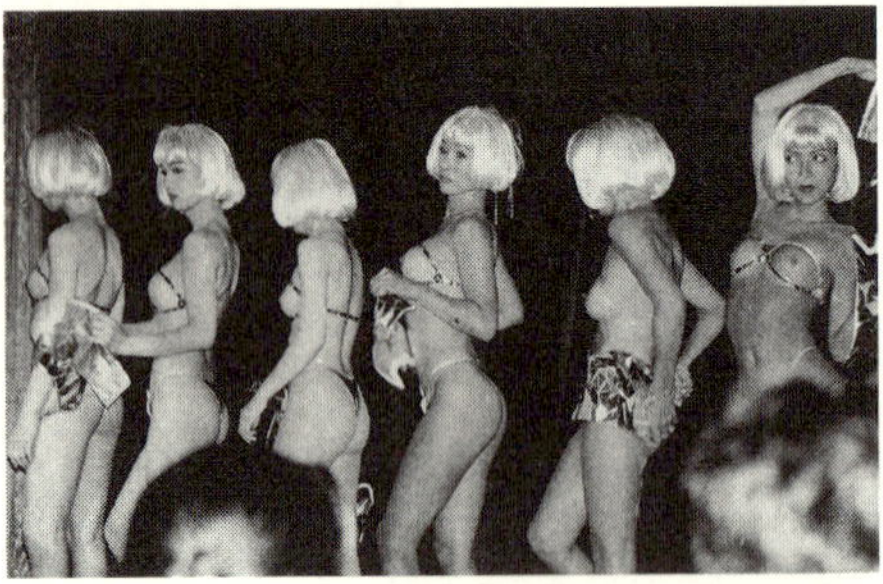

図7—12　「ベティのマヨネーズ」のショー（1994年）（撮影：三橋）

をあえて意図的に一部残すということ、つまり双性性を維持することが大事であり、その匙《さじ》加減こそが、従業員（ニューハーフ）を管理し、店をコーディネートするママの腕前なのです。ニューハーフの身体的な魅力は、女性をコピーしながらも、どこか本物とは違う部分があることにあります。その微妙なずれが、本物に似て非なるフェイクならではの魅力を生むのです（図7—12）。

たとえば、形の良い乳房を誇らしげに見せて踊る美しいお姐さんが、ダンスのラストで股間を覆う小さな布をサッと取ります。その瞬間にライトダウン、舞台が暗転するまでの零コンマ何秒かの間に見えた（ように思える）股間の一物。極言すれば、その意外性こそがニューハーフ・ショーの魅力なのです。そこが女性とまったく同じ外観だったとしたら、視覚的な意外性はなく、フェイクならではの要素は失われ、興行的価値は下がってしまいます。

つまり、女性化の追求とニューハーフとしての商業価値とは、あるポイントまでは比例しますが、そこから先は反比例するということです。また、女性化が進行すればするほど、今度は圧倒的多数の本物の女性との苛烈な競争が待っています。女性化の追求と双性的魅力の維持、そこにトランスジェンダー芸能者やニューハーフたちの悩みがあるのです。

二〇〇七年七月末、渋谷のあるホールで行われたニューハーフ・タレント、はるな愛さんのショーに行ってきました（図7—13）。はるなさんは、九〇年代中頃、大阪「冗談パブ」の看板娘として活躍し、テレビの特番などにも数多く出演するなどニューハーフ業界ではアイドル的な人気を誇り、その後、上京してタレント業界に進出した人です。最近、「エアあやや」（松浦亜弥の物まね）でブレイクして、テレビ出演も多くなったので、ご存知の方も多いでしょう。ニューハーフを見慣れた私の視線からしても、愛ちゃんのキュートな顔立ちと豊かなバストラインは女性そのものです。しかし、骨盤の張りのないスレンダー

図7—13　はるな愛さんのステージ（2006年）（撮影：三橋）

なヒップラインと甘いハスキーボイスは少年らしさを残していて、不思議な双性的魅力を形成しています。

　この夜、プライベートなイベントにもかかわらず一〇〇人以上の愛ちゃんの友人・知人・ファンが詰め掛け、魅力的な歌声とセクシーな踊りに酔いしれ、十八番の「松田聖子ライブショー」の物まねに大笑いしていました。その様子に、遠い昔、女装のシャーマンの儀式や、女装の稚児の芸能を取り巻いていた人たちの幻影を見たように思ったのは、私の妄想でしょうか。

　古代以来の双性原理は、現代にも生きているのです。

おわりに　トランスジェンダーを生きる

「はじめに」で、「私は『性同一性障害』という立場を取りません。私の自己規定は、単なる男性から女性への性別越境者（トランスジェンダー）です。なぜそうなのかは、本書をお仕舞いまで読んでいただけたら、理解していただけると思います」と述べました。やっと、そのお約束を果たすときが来ました。

日本では、一九九〇年代後半から性同一性障害（Gender Identity Disorder＝ＧＩＤ）という概念が急速に浮上しました。そして、心の性別と身体の性別にずれを感じる人たちの多くは、性同一性障害という精神疾患の診断カテゴリー（病名）のもとで医療の対象として囲い込まれていきました。こうした病理化の進行の結果として、性別を越えて生きようとする多くの人たちが、医療の恩恵に浴するようになり、性同一性障害者は病者としてケアされるべき存在であるとの認識が社会的にも広まり、社会的差別が徐々にですが減少しつつあります。二〇〇四年には、一定の条件を満たす（この条件が曲者なのですが）性同一性障害の戸籍の性別の変更を認める特例法も実施され、生得的な性別とは逆の性別で生きる道が大きく開かれました。

こうした事態の推移の中で、性別に悩む人たちが性同一性障害者として身体の性の形（性器の外形）を変え、戸籍の性別を変更することで幸せになれるのでしたら、それはそれでたいへん結構なことだと思います。しかし、私は、性別を越えて生きたいと願うこと、そうした生き方が、性同一性障害という精神疾患として認識されることに、どうしても強い違和感を覚えるのです。

性同一性障害という考え方は、性別違和感をもつ人、生得的な性別とは違う性で生きたい人に対して、医学という学問的権威を背景に「性同一性障害」という病名をつけ（レッテル貼り）、精神疾患をもつ者として囲い込み（病理化）、「治療」という形で「正常化（normalize）」しようとする性格をもっています。その根底には、性別を越えて生きようとすることを社会悪とし、「変態性慾」と決めつけた一九世紀以来の欧米の精神医学の基本思想がいまだに息づいています。「変態性慾」、「異常性欲」、「性的逸脱」、「性同一性障害」と名称こそ変えてきたものの、精神医学が、あいまいな性の存在を許さない性別二元制と異性愛絶対主義に立ち、性別を越えて生きるということに負の価値付けをしている点で、昔も今も変わりはないのです。

こうした性同一性障害概念が広がった結果、最近では、性別を越えて生きることを「病」ではなく自分の個性・特性と考え、あえて「治療」「正常化」を求めないトランスジェンダーを、抑圧する動きも目に付くようになってきました。「せっかく医療が手を差し伸べているのに、性を正常化しようとしないような奴らは変態だから、差別されて当然だ」という論理です。私も、ある性同一性障害者に、「性別違和感があると言うのなら、なぜちゃんと治療をうけないのか？」と詰問されたことがあります。心の性と身体の性の不一致を放置してはならない、治療しなければならないという考え方は、医学の皮を被った性規範の強制にほかなりません。

なぜ、男女どちらかの性別に「正常化」されなければいけないのでしょうか？　なぜ、「あいまいな性」「第三の性」のままで生きてはいけないのでしょうか？

自分の生き方、自分の「性」のあり様、自分にとっての心地よい身体は、自分で決める、私はそうあるべきだと思います。そうした自己決定に、医学（医者）が過剰に介入している感がある日本の性同一性障害医療のあり方に、私はどうしても疑問を抱かざるをえないのです（三橋h、二〇〇六）。

ここまで説明すれば、なぜ私が、性同一性障害という立場を取らないか、お解りいただけると思います。私は、この本で、性別を越えて生きる人は古くから存在し、人間社会はそうした人々の特性を生かす社会システムをもっていたことを明らかにしてきました。日本でも、そうした社会システムの中で異性装（女装・男装）の多彩な芸能や職能が育まれ、それは、日本文化を構成する一つの文化要素となってきました。そうした考えの私が、性別を越えて生きることを「病」とする立場に立てないのは、当然のことなのです。

私は、男性大学教員（研究者）としての生活の中で、次第に強まる性別違和感に悩み続け、最終的に「もうひとりの私」つまり閉じ込められた女性人格の解放を容認しました。そして、四年間、女装クラブで女装のための技術を習得し、女装者のミスコンで「女」を磨き、さらに、六年間の新宿歌舞伎町での「ホステス」修業の中で、「女」としての社会的訓練と、「女」としての社会的関係性を作ることに努めました。そして、一〇年間のMtFトランスジェンダーとしての執筆・講演活動を通じて、「女」としての自分を社会的存在にすること、夜の世界から昼の世界へ出る努力をしてきました。その結果、大勢の方の力添えをいただき、男性時代とは異なる研究分野で「女」性研究者として再出発し、曲がりなりにも、調査・研究・執筆活動を続け、「女」性教員として再び大学の教壇に立つことができました。

こうして振り返ってみると、つくづく数奇な半生だったように思いますし、その一方で、ぐるりと廻って、社会的性別を変えただけで、同じ所（研究者）に戻ってきたような気もします。他人から見たら、なんとも愚かな人生かもしれません。しかし、私はこのようにしか生きられなかったわけで、微塵も後悔はありません。

　そうした体験の中で、いくつか見えてきたものがあります。その一つは、立場が変わると、世の中の見え方がまったく変わるということです。男性から「女」性へ変わったことで、男・女双方向の視点が得られましたし、大学講師から歌舞伎町の「ホステス」になったことで、世の中の裏表、からくりがずいぶん見えるようになりました。それは世間知らずだった私にとって、なによりの生きた社会勉強でした。

　また、立場が変わるということは、他者からの扱われ方もまったく変わるということです。女として、しかも水商売の女として、あるいは「おかま」として扱われた経験は、私に差別されるということはどういうことなのかということを実感として教えてくれました。そして、それまで希薄だった人権問題への関心を芽生えさせてくれました。

「女」としての一八年間の経験は、私の知識と思考だけでなく、人間性をも豊かにしてくれたように思います。そうした意味で、いちいちお名前は記せませんが、この間に出会ったすべての人たちに、心からお礼を申し上げたいと思います。

　二つ目は、人と違うことは個性・特性であるという自覚、自己肯定感をしっかり持てたということです。身体的には男性、社会的には女性、前半生は男性、後半生は「女」性という経験は、そう誰でもができることではありません。ある時から私は、そういう体験をもつ者だからこそできる仕事をしよう、と思うようになりました。この小さな本は、そのささやかな成果です。

長い日本の歴史の中を生きた性別越境者の存在を記録し、文化・社会史として叙述すること、日本におけるトランスジェンダー・スタディーズの基礎を作ること、それが、天が私に与えた仕事（天命）だと思って、これからも励んでいこうと思います。

三つ目は、世の中にはいろいろな人がいる、いていいのだ、という当たり前のことに改めて気づいたことです。いろいろな人種・民族・国籍、いろいろな出自、いろいろな宗教、いろいろな職業、いろいろな「性」の人がいて、世の中は成り立っている、多様性をもつ社会の大切さ、多様性がもたらす豊かさということです。しかし、残念ながら、この当たり前のことを認めようとしない人たちがまだまだ世の中にはいるのが現実です。

私は、二一世紀の日本の社会が性別越境に寛容だった文化伝統を継承して、多様な「性」をもつ人たちが社会的に差別されずに暮らせる社会の実現を目指すことを心から願っています。そして、そのためにも、ヤマトタケルの末裔《まつえい》である日本のトランスジェンダーとしての誇りをもって、残りの人生を歩んでいこうと思います。

参考文献

秋葉隆『朝鮮巫俗の現地研究』（養徳社、一九五〇年）
浅野美和子「出雲お国像と民衆意識」（『歴史評論』四四九、一九八七年）
足立直郎『歌舞伎 劇場女形 風俗細見』（展望社、一九七六年）
阿部泰郎a「性の臨界を生きる――中世の宗教と芸能の境界領域から」（『環』一二、藤原書店、二〇〇三年）
阿部泰郎b「性の越境――中世の宗教／芸能／物語における越境する性」（いくつもの日本六『女の領域・男の領域』岩波書店、二〇〇三年）
石井達朗『異装のセクシュアリティ』（新宿書房、二〇〇三年）
石川武志『ヒジュラ――インド第三の性』（青弓社、一九九五年）
井上章一『愛の空間』（角川書店、一九九九年）
井上章一「芸者とホステスと日本と」（園田英弘編著『逆欠如の日本生活文化』思文閣出版、二〇〇五年）
岩崎佳枝『職人歌合――中世の職人群像』（平凡社、一九八七年）
小沢昭一『日本の放浪芸』（番町書房、一九七四年）
加藤征治「天保改革における『かげま茶屋』の廃止」（『風俗史学』二三、二〇〇三年）
金関丈夫「双性の神人」（『発掘から推理する』朝日新聞社、一九七五年）
川崎賢子『宝塚――消費社会のスペクタクル』（講談社、一九九九年）

黒田日出男「『女』か『稚児』か」(『姿としぐさの中世史』平凡社、一九八六年)
国分直一「二重の性」(『日本民族文化の研究』慶友社、一九七〇年)
国分直一「双性の巫人」(『えとのす』三、一九七五年)
国分直一「双性の巫人——特に南西諸島の事例について」(『環シナ海民族文化考』慶友社、一九七六年)
斎藤光「解説 性科学・性教育編」(『性と生殖の人権問題資料集成』別冊、不二出版、二〇〇〇年)
佐伯順子「『美人』の時代」(『文明としての徳川日本』中央公論社、一九九三年)
笹の家「男色」(『風俗画報』六六、一八八四年)
柴山肇『江戸男色考(悪所篇・若衆篇・色道篇)』(批評社、一九九二〜九三年)
白倉敬彦『江戸の男色——上方・江戸の「売色風俗」の盛衰』(洋泉社、二〇〇五年)
杉浦郁子・三橋順子・矢島正見「松葉ゆかりのライフヒストリー」(矢島正見編著『戦後日本女装・同性愛研究』中央大学出版部、二〇〇六年)
曾我廼家桃蝶『芸に生き、愛に生き』(六芸書房、一九六六年)
高田衛『完本 八犬伝の世界』(筑摩書房、二〇〇五年)
瀧川政次郎「男姦」「鶏姦事例」(『法史零篇』五星書林、一九四三年)
瀧川政次郎「白拍子と男色」(『倩笑至味』青蛙房、一九六三年)
武田佐知子『衣服で読み直す日本史——男装と王権』(朝日新聞社、一九九八年)
田中貴子「『稚児』と僧侶の恋愛——中世『男色』のセックスとジェンダー」(『性愛の日本中世』洋泉社、一九九七年)
田中優子・白倉敬彦『江戸女の色と恋——若衆好み』(学習研究社、二〇〇三年)

土谷恵「中世寺院の童と児」（『史学雑誌』一〇一―一二、一九九二年）
堂本正樹「『稚児之草子』――本文紹介」（『夜想』一五、ペヨトル工房、一九八五年）
富田英三『ゲイ』（東京書房、一九五八年）
『ニューハーフ大図鑑』（山王社、一九八三年）
野沢謙治a「双性と古墳の被葬者」（『古代学研究』八一、一九七六年）
野沢謙治b「女装の民俗覚書」（『日本宗教の歴史と民俗』隆文社、一九七六年）
橋本治「ひらがな日本美術史 三一 稚児草子」（『芸術新潮』四七―六、一九九六年）
長谷川善雄『女形の研究』（立命館出版部、一九三二年）
畠山篤「ヤマトタケルの女装」（『女装の民俗学――性風俗の民俗史』批評社、一九九四年）
花咲一男『江戸のかげま茶屋』（三樹書房、一九九二年）
花柳章太郎『きもの随筆　わたしのたんす』（三月書房、一九六三年）
早川聞多『浮世絵春画と男色』（河出書房新社、一九九八年）
平野恵「『洛中洛外図』風流踊の女装」（『明治大学大学院紀要（文学篇）』二九、一九九二年）
『プティ・シャトー25周年記念アルバム』（私家版、一九九四年）
古川誠「近代日本の同性愛認識の変遷――男色文化から『変態性欲』への転落まで」（『季刊　女子教育もんだい』七〇、一九九七年）
ヴェロニカ・ベンホルト＝トムゼン『女の町フチタン――メキシコの母系制社会』（藤原書店、一九九六年）
細川涼一「中世寺院の稚児と男色」（『逸脱の日本中世』ＪＩＣＣ出版局、一九九三年）

松尾恒一「延長風流——華麗なる越境」（大系日本歴史と芸能 九『豪奢と流行』平凡社、一九九一年）
松岡心平「稚児と天皇制」（『宴の身体——バサラから世阿弥へ』岩波書店、一九九一年）
松岡正剛『日本流——なぜカナリヤは歌を忘れたか』（朝日新聞社、二〇〇〇年）
光石亜由美「女形・自然主義・性欲学——《視覚》とジェンダーをめぐっての一考察」（『名古屋近代文学研究』二〇、二〇〇三年）
三橋順子a「トランスジェンダーと興行——戦後日本を中心に」（現代風俗研究会年報二六『興行イッツ・ショウタイム！』新宿書房、二〇〇五年）
三橋順子b「現代日本のトランスジェンダー世界——東京新宿の女装コミュニティを中心に」（矢島正見編著『戦後日本女装・同性愛研究』中央大学出版部、二〇〇六年）
三橋順子c「『女装者』概念の設立」（矢島正見編著『戦後日本女装・同性愛研究』中央大学出版部、二〇〇六年）
三橋順子d「女装者愛好男性という存在」（矢島正見編著『戦後日本女装・同性愛研究』中央大学出版部、二〇〇六年）
三橋順子e「『性転換』の社会史（1）——日本における「性転換」概念の形成とその実態、1950~60年代を中心に」（矢島正見編著『戦後日本女装・同性愛研究』中央大学出版部、二〇〇六年）
三橋順子f「『性転換』の社会史（2）——「性転換」のアンダーグラウンド化と報道、1970~90年代前半を中心に」（矢島正見編著『戦後日本女装・同性愛研究』中央大学出版部、二〇〇六年）
三橋順子g「戦後東京における『男色文化』の歴史地理的変遷——『盛り場』の片隅で」（『現代風俗学研究』一二、二〇〇六年）

三橋順子h「往還するジェンダーと身体――トランスジェンダーを生きる」(『身体をめぐるレッスン一　夢みる身体 Fantasy』岩波書店、二〇〇六年)
三橋順子・杉浦郁子・矢島正見「女装者愛好男性A氏のライフヒストリー」(矢島正見編著『戦後日本女装・同性愛研究』中央大学出版部、二〇〇六年)
南孝夫「同性愛の一類型（男娼）について――戦後上野公園に屯した男娼群の観察を通して」(小峰茂之・南孝夫『同性愛と同性心中の研究』小峰研究所、一九八五年)
矢島正見編著『戦後日本女装・同性愛研究』(中央大学出版部、二〇〇六年)
安田宗生「鹿児島県十島村の男巫女」(『西郊民俗』六六、一九七四年)
脇田晴子『女性芸能の源流――傀儡子・曲舞・白拍子』(角川書店、二〇〇一年)

講談社現代新書　1960

女装《じょそう》と日本人《にほんじん》

二〇〇八年九月二〇日第一刷発行　二〇一八年四月一七日第三刷発行

著者　三橋順子《みつはしじゅんこ》　

発行者　渡瀬昌彦

発行所　株式会社講談社
東京都文京区音羽二丁目一二—二一　郵便番号一一二—八〇〇一

電話　〇三—五三九五—三五二一　編集（現代新書）
〇三—五三九五—四四一五　販売
〇三—五三九五—三六一五　業務

装幀者　中島英樹

印刷所　凸版印刷株式会社

製本所　株式会社国宝社

定価はカバーに表示してあります　Printed in Japan

N.D.C. 210　374p　18cm
ISBN978-4-06-287960-6

「講談社現代新書」の刊行にあたって

教養は万人が身をもって養い創造すべきものであって、一部の専門家の占有物として、ただ一方的に人々の手もとに配布され伝達されうるものではありません。

しかし、不幸にしてわが国の現状では、教養の重要な養いとなるべき書物は、ほとんど講壇からの天下りや単なる解説に終始し、知識技術を真剣に希求する青少年・学生・一般民衆の根本的な疑問や興味は、けっして十分に答えられ、解きほぐされ、手引きされることがありません。万人の内奥から発した真正の教養への芽ばえが、こうして放置され、むなしく滅びさる運命にゆだねられているのです。

このことは、中・高校だけで教育をおわる人々の成長をはばんでいるだけでなく、大学に進んだり、インテリと目されたりする人々の精神力の健康さえもむしばみ、わが国の文化の実質をまことに脆弱なものにしています。単なる博識以上の根強い思索力・判断力、および確かな技術にささえられた教養を必要とする日本の将来にとって、これは真剣に憂慮されなければならない事態であるといわなければなりません。

わたしたちの「講談社現代新書」は、この事態の克服を意図して計画されたものです。これによってわたしたちは、講壇からの天下りでもなく、単なる解説書でもない、もっぱら万人の魂に生ずる初発的かつ根本的な問題をとらえ、掘り起こし、手引きし、しかも最新の知識への展望を万人に確立させる書物を、新しく世の中に送り出したいと念願しています。

わたしたちは、創業以来民衆を対象とする啓蒙の仕事に専心してきた講談社にとって、これこそもっともふさわしい課題であり、伝統ある出版社としての義務でもあると考えているのです。

一九六四年四月　野間省一